VIII Jornadas de Intercambio en Psicoanálisis

Barcelona, 8 y 9 de noviembre de 2013

EL PACIENTE LÍMITE
Y SU LOCURA PRIVADA

GRADIVA

Associació d'Estudis Psicoanalítics

xoroi edicions

Créditos

Título original: El paciente límite y su locura privada

© GRADIVA - Associació d'Estudis Psicoanalítics, 2015

© de esta edición: Pensódromo 21 / Red Ediciones S.L., 2015

Esta obra es una coedición de GRADIVA - Associació d'Estudis Psicoanalítics y de Xoroi Edicions

Publicada en el marco de la Comunidad de Editores

Diseño de cubierta: Pensódromo

Editor: Henry Odell

e-mail: henry@pensodromo.com

ISBN rústica: 978-84-943404-4-4

GRADIVA

Associació d'Estudis Psicoanalítics

JUNTA DIRECTIVA

Presidenta	María Elena Sammartino
Vicepresidenta	María José García
Secretaria	Blanca Granada
Tesorera	Carmen Ferrer
Vocales	Magda Blanch
	Perla Ducach
	Jerónimo Erviti
	Alicia Golijov
	Mariona Solé

ORGANIZACIÓN JORNADAS

Coordinación: María José García y Blanca Granada

Perla Ducach	Jerónimo Erviti
Carmen Ferrer	Joana Hernández
Ana Sanjurjo	María Elena Sammartino
Antonio Soler	

PUBLICACIÓN

María Elena Sammartino

GRADIVA
Associació d'Estudis Psicoanalítics
C/ Vallirana 58
08006 Barcelona
www.gradivabarcelona.org
gradiva@gradivabarcelona.org

ÍNDICE

Prólogo 9

**Apertura de las VIII Jornadas
de Intercambio en Psicoanálisis**

El paciente límite y su locura privada
María Elena Sammartino 15

**El paciente límite pensado desde
las diferentes líneas teóricas**

La personalidad más allá de los límites
Guillermo Bodner 21

Los sujetos fronterizos: ¿estructura o estado?
Marcelo Edwards 35

Paseando por los textos metapsicológicos de Freud
Margarita Solé 53

Homenaje a André Green

El narcisismo negativo
María Elena Sammartino 65

Conferencia de Christian Delourmel

Estados límite y estados operatorios: quiasma,
complementariedades, diferencias
Christian Delourmel 79

Desarrollos teóricos: psicogénesis y funcionamiento del paciente límite

Contribuciones para la comprensión de una estructura limítrofe
Eduardo Braier.. *101*

Sobrevivir en la frontera
Jerónimo Erviti.. *113*

Trabajando en las fronteras: los duelos vividos pero no pensados
María José García Gómez.. *125*

ArquiteXtura de la personalidad límite: estructura, función y formaS
Alicia Golijov *135*

La función-puerta en la clínica del límite
Joan Pijuan i Pintó.. *149*

La funció-porta en la clínica del límit
Joan Pijuan i Pintó.. *163*

El fenómeno psicosomático (FPS), frontera de la patología límite
Mercè Rigo Grimalt.. *177*

El fenomen psicosomàtic (FSP), llindar de la patologia límit
Mercè Rigo Grimalt.. *187*

La clínica en las fronteras

Alejandra Pizarnik, la escritura y la vida
Graziella Baravalle *197*

«Tienda de los milagros»
Carlos Blinder 209

La cicatriz. Las heridas del alma perduran más que las físicas
Gemma Cánovas Sau 217

El adolescente límite en un dispositivo institucional de justicia
Glòria Esteve Nadal 225

El soñar, los sueños, los límites y el derrumbe en un largo
tratamiento
Octavio García 233

¿Hacia una nueva clínica psicoanalítica?

Una mente devastada
Aurora Angulo Carrasco 247

Hilo-palabra
Miguel Díaz 261

Límites difusos
Hilda Guida 271

Análisis en los límites del análisis
Joseph Knobel Freud 279

Cambio social y desarrollo subjetivo

El sujeto de las nuevas tecnologías o el sujeto a las nuevas
tecnologías
Ignacio Rodríguez 289

El trastorno fronterizo y su estatuto metapsicológico
Luis Sales 303

Prólogo

Desde hace tiempo, el eje central de las investigaciones en psicoanálisis ha dado por hecho el conocimiento de la clínica dirigida al desvelamiento del inconsciente reprimido para centrarse en la escucha de lo antes inaudible, lo no simbolizable, en un espacio clínico atravesado por las escisiones, el vacío y el acto. Los cambios sociales, que han aportado un sesgo particular a la subjetividad, y el interés de los psicoanalistas en estudiar las patologías más severas, han propiciado el nacimiento de una clínica psicoanalítica que ha extendido los límites de la analizabilidad no solo hacia los cuadros psicóticos sino también hacia los trastornos del narcisismo no psicóticos, cuadros que sin caer en la locura escenifican las angustias y defensas propias de un déficit severo de la estructura edípica.

Muy pronto en la historia del psicoanálisis la escuela inglesa realizó estudios sobre los llamados *borderlines* y sobre funcionamientos psicóticos en pacientes que no presentaban signos manifiestos de psicosis. Otros autores de todas las corrientes fueron aportando descubrimientos, a partir del corpus teórico freudiano, que dieron lugar a diversas denominaciones: «como si», «falso *self*», fronterizos o límite; psicosis no desencadenadas, estructuras «sinthomadas», personalidad limítrofe, trastorno o estructura límite, cuadros basados en elaborados desarrollos teóricos. Pero el paciente límite sigue poniendo en jaque al analista y a los dispositivos clínicos. Teoría y técnica han de ir un paso más allá en la construcción de esa clínica psicoanalítica que cuestiona el trípode clásico, neurosis-perversión-psicosis, incluyendo en su territorio el funcionamiento fronterizo, un nuevo paradigma para la teoría que pone en juego tanto la metapsicología como la psicopatología y la teoría de la cura.

Los días 8 y 9 de noviembre de 2013, se realizaron en Barcelona las VIII Jornadas de Intercambio en Psicoanálisis organizadas por GRADIVA - Associació d'Estudis Psicoanalítics, dedicadas a escuchar y debatir los trabajos realizados por psicoanalistas de distintas escuelas sobre *El paciente límite y su locura privada*. El título de las Jornadas esconde un secreto homenaje a un libro de André Green, *De locuras privadas*, punto de partida de numerosos estudios freudianos sobre el funcionamiento fronterizo. La mayor parte de los trabajos presentados se recogen en este libro que desarrolla un amplio abanico de temas. Se inicia con el estudio de la patología límite desde una perspectiva teórica y metapsicológica para avanzar luego en la delimitación psicopatológica del cuadro y del espacio fronterizo respecto de otros cuadros o estructuras. Bajo el título *La clínica en las fronteras* se incluyen distintos vértices que van dando forma al sufrimiento del paciente límite y permiten reflexionar sobre las dificultades del trabajo psicoanalítico en los límites de la analizabilidad. Se describen, a continuación, propuestas técnicas innovadoras dentro del marco psicoanalítico y se estudian cambios subjetivos que propician las transformaciones en la sociedad.

El libro incluye una conferencia dictada por el profesor Delourmel sobre *Estados límite y estados operatorios* y un homenaje a André Green, recientemente desaparecido, en reconocimiento a sus aportes al estudio de la patología fronteriza.

La variedad y apertura de los enfoques teóricos y clínicos incluidos en este libro son un eco acotado de la libertad y la profundidad de los debates que caracterizan las Jornadas de Intercambio en Psicoanálisis, lugar de encuentro que ofrece GRADIVA cada tres años, y que son el reflejo de su forma de trabajar y pensar el psicoanálisis. Son miembros de GRADIVA: Andrés Cabo, María Luisa Siquier, Susagna Aisa, Regina Bayo-Borrás, Magda Blanch, Eduardo Braier, Daniel Bruzzese, Montse Cruellas, Graciela Davidovich, Perla Ducach,

Jerónimo Erviti, Carmen Ferrer, Norma Gamalero, M.ª José García, Octavio García, Roser Garriga, Alicia Golijov, Blanca Granada, Joana Hernández, Paulo Padilla, Lidia Issaharoff, Luis Sales, M.ª Elena Sammartino, Carlos Sánchez, Ana M.ª Sanjurjo, Margarita Solé, Mariona Solé, Antonio Soler, M.ª Carmen Sánchez.

Dado que estas Jornadas se llevan a cabo en Cataluña, comunidad que posee una lengua propia dentro de España, GRADIVA quiere conjugar el derecho a expresarse en catalán con el deseo de que el libro pueda llegar a los lectores de habla castellana. Por este motivo, algunos de los trabajos han sido editados en catalán junto con su correspondiente traducción.

GRADIVA - Associació d'Estudis Psicoanalítics
Noviembre de 2014

APERTURA DE LAS VIII JORNADAS DE INTERCAMBIO EN PSICOANÁLISIS

El paciente límite y su locura privada

María Elena Sammartino
Presidenta de Gradiva

Voldria donar-vos la benvinguda a aquestes VIII Jornades d'Intercanvi en Psicoanàlisi sobre *El pacient límit i la seva follia privada*.

Quisiera también dar la bienvenida a todos los colegas que han venido a participar en las Jornadas desde otras comunidades autónomas y también desde otros países: Francia, Italia y Argentina.

Las Jornadas de Intercambio en Psicoanálisis nacieron en el año 1995, cuando en GRADIVA decidimos abrir un espacio de encuentro científico entre las distintas corrientes del psicoanálisis para escucharnos y pensar juntos, para intentar crear puentes entre todos los que mantenemos firme nuestra convicción acerca del valor teórico y clínico de los grandes descubrimientos freudianos, más allá de las múltiples miradas que han hecho crecer la obra de Freud. Esas miradas han dado a luz diferentes concepciones psicoanalíticas que enriquecen el conocimiento del psiquismo humano y que, siguiendo a veces caminos que entran en contradicción con otras corrientes, no dejan de hablar de aquello que nos une y que nos hace psicoanalistas, como es la creencia en el fundamento inconsciente y pulsional de la conducta humana.

En tiempos difíciles como este, en el que tantos ciudadanos ven afectados sus derechos fundamentales al trabajo, la educación y la salud, en tanto que otros sectores acrecientan sus bienes sin pudor; tiempos en los que el poder silencioso del dinero muestra su rostro más descarnado en todos los frentes de la sociedad, hoy más que ayer, es fundamental que mantengamos nuestro laboratorio en marcha, como un lugar desde el que resistir los embates contra el pensamiento y la complejidad, pero también como un espacio creativo desde el cual elaboremos juntos las vías de crecimiento del psicoanálisis para abordar nuevas realidades.

¿Han cambiado los pacientes al ritmo de los cambios sociales? ¿O ha cambiado la escucha del psicoanalista que ahora tiene oídos para lo antes inaudible, la locura privada, el vacío y la ausencia, las fisuras del yo, la ceguera o la anestesia del objeto primario? Un debate abierto. Pero hay algunas realidades tal vez no controvertibles: las transformaciones socioeconómicas producidas desde finales del siglo XX no favorecen la constitución subjetiva en la primera infancia. Los fallos en el desarrollo simbólico de los sujetos encuentran su doble complementario en la respuesta social que busca acallar los síntomas sin preguntarse por aquel que sufre y sus motivos históricos.

La palabra, hoy, no funciona bien. El acto, a veces, es un primer intento de contacto. Tal vez por ese motivo la segunda tópica freudiana se ofrece en este momento como una fuente de reflexión clínica inestimable: el ello pulsional no representado desafía no solo la teoría sino también la clínica del siglo XXI.

El analista que devela los enigmas del inconsciente a partir de los sueños, que trabaja con un sujeto constituido y atravesado por el conflicto, hoy coexiste con el analista que se ofrece como objeto para la creación de un espacio que permita dar representación a la violencia ciega de la pulsión que busca su descarga. El juego del *fort-da* como modelo de elaboración de la ausencia deja paso al acto, a la repetición que excluye al repetidor. Y no es casual que el jarrón se enfrente al carretel del *fort-da*. Se trata de un jarrón ya mítico en el psicoanálisis contemporáneo, aquel que rompe con toda su furia en la sesión una paciente de Winnicott, Margaret Little, quien ha publicado su propia visión del análisis con Winnicott. Allí queda reflejado el dramático desafío que significa para el analista de hoy el trabajo con los pacientes límite, sus demandas imperiosas, su angustia sin nombre, sus fantasmas en acto.

Ampliar los límites de la analizabilidad a partir del corpus teórico consolidado por la historia del psicoanálisis es la inmensa y apasionante empresa en la que nos encontramos inmersos desde hace años.

En los años 40 las escuelas norteamericana e inglesa se preocuparon por el paciente *borderline*, fronterizo o límite. La escuela freudiana, bajo la influencia de Lacan, pospuso su estudio hasta que algunos autores como André Green y Piera Aulagnier incluyeron en el seno de sus obras el estudio del yo, instancia severamente afectada en las organizaciones fronterizas.

El estudio de la patología límite fue paralelo al desarrollo metapsicológico y clínico del narcisismo a través de autores como André Green, David Maldavsky, Norberto Marucco, César Botella, Bella Grunberger o Joyce McDougall, que ampliaron el modelo vigente al desarrollar aspectos complementarios entre la teoría freudiana, centrada en la pulsión, y la teoría de las relaciones de objeto, incluyendo el funcionamiento del objeto primario en la constitución del psiquismo.

Este nuevo escenario teórico vuelve más porosas las fronteras entre las corrientes psicoanalíticas; la metapsicología y la clínica se expanden, se amplían los límites de la analizabilidad incluyendo al paciente narcisista a la vez que se genera un nuevo paradigma: la patología fronteriza como concepto clínico genérico.

Efectivamente, en el psicoanálisis freudiano contemporáneo el funcionamiento fronterizo se presenta como un nuevo paradigma que pone en juego la metapsicología pero también la psicopatología y la teoría de la cura. Ya no se trata de pensar una patología en las fronteras sino un paciente incapaz de asegurar sus propias fronteras.

Los límites se desvanecen al calor de un abrazo viscoso que no permite diferenciar con claridad los rasgos del sujeto y del objeto, unidos por necesidad de supervivencia, destruyéndose por falta de espacio para ser.

De la misma forma yerra la pulsión que descarga su lava impenitente en un acto violento sin nombre ni sentido arrasando las fronteras del psiquismo, desconociendo la barrera dentro-fuera o psique-soma.

La escisión y la confusión difuminan la relación dentro-fuera y psique-soma provocando la evacuación de la realidad psíquica que es expulsada por el acto o descargada en el cuerpo.

De estos y otros muchos temas hablaremos esta tarde y a lo largo del día de mañana. Son 30 los compañeros que pondrán a debate sus reflexiones sobre el paciente límite y su locura privada desde distintas posiciones psicoanalíticas, como en la mesa redonda que iniciaremos a continuación.

También se hablará de los cambios sociales y su incidencia en la subjetividad actual, de los aportes a la teoría para dar lugar a la comprensión del funcionamiento límite y de las dificultades en la clínica fronteriza con niños, con adolescentes, con adultos.

Esta noche, al finalizar las mesas simultáneas, intentaremos desplegar el núcleo teórico del pensamiento de André Green, recientemente fallecido, como homenaje a un gran pensador de la patología fronteriza.

Mañana por la mañana escucharemos la conferencia del profesor Christian Delourmel sobre los estados límite y los estados operatorios propios del paciente psicosomático.

Y finalizaremos nuestras jornadas con una representación teatral, un psicodrama, *Crónica de un corte anunciado*, que pondrá en escena el cuadro familiar de una adolescente límite; una manera diferente, lúdica y emotiva, de poner punto final a dos días de trabajo intenso.

En nombre de todos mis compañeros de GRADIVA les agradezco hoy su presencia. Deseamos que sean estas unas Jornadas para compartir, debatir, aprender y confraternizar, que dejen un cálido recuerdo en la mente de cada uno de vosotros.

El paciente límite pensado desde las diferentes líneas teóricas

Mesa redonda

La personalidad más allá de los límites

Guillermo Bodner

Las diferentes denominaciones que reciben estos trastornos reflejan la complejidad de cuadros clínicos diversos que, sin embargo, tienen rasgos comunes. Por otro lado, el pluralismo teórico existente en el pensamiento psicoanalítico refleja la inabarcable complejidad del psiquismo. La descripción de los síntomas de los trastornos límite suele hacerse a partir de las organizaciones psicopatológicas típicas como las psicosis o las neurosis. De ahí que se justifiquen los términos fronterizo o límite, a pesar de no ser plenamente satisfactorios.

El diagnóstico clínico depende en buena medida del punto de vista y las referencias teóricas del observador. Las categorías nosográficas se modifican al introducir la dinámica psicológica y la dimensión del inconsciente; pero además la evaluación continuada en el curso del tratamiento psicoanalítico incorpora otras variables al incluir el seguimiento frecuente del paciente por lo que la presencia, las actitudes y las interpretaciones del analista influyen en el cuadro clínico y extienden el campo de observación desde lo que manifiesta el paciente hasta la resonancia contratransferencial que registra el analista.

La cuestión del límite o frontera surge de pensar el psiquismo, su funcionamiento y sus perturbaciones a través de metáforas espaciales. La mente ocuparía un espacio virtual, poblado de objetos, representaciones y otros elementos de acuerdo al modelo teórico que adoptemos.

Este espacio se caracteriza por la cualidad de los objetos que lo habitan, del tipo de relación entre ellos y la que mantiene el sujeto con «sus objetos». Muchos autores están de acuerdo en que según el tipo de defensas dominantes, en especial si predomina la represión o la escisión se organizan modos de personalidad diferente. En la clínica encontramos personalidades con un claro predominio de una u otra defensa, pero también casos intermedios que fundamentan una denominación específica.

El concepto de límite o fronterizo se justifica además por el uso frecuente, intenso y persistente que hacen estos pacientes de la identificación proyectiva que desvanece el límite entre sujeto y objeto. El objeto es el receptor de características del sujeto, a través de un mecanismo inconsciente que modifica su juicio de realidad. En individuos no psicóticos la atribución de cualidades al objeto no tiene por qué ser inadecuada; lo que el sujeto ignora es que sobre ciertas características del objeto ha colocado aspectos de sí mismo que desconoce o no tolera. La identificación proyectiva que atribuye al objeto, cualidades pertenecientes al sujeto, además de una defensa frente a la separación, tiene una función comunicativa pre- y paraverbal indispensable en el desarrollo de los vínculos. Lo patológico no reside en la identificación proyectiva misma, sino en el hecho de ser o no reversible; es decir si se lo toma como un hecho o como una creencia, susceptible de modificación. Si se lo toma como un hecho surge una creencia firme que no puede ser confrontada y da rigidez al estado mental que la sostiene.

La inestabilidad característica de estos trastornos plantea problemas difíciles de resolver cuando intentamos describir su «organización», porque los modelos deben dar cuenta de determinados rasgos comunes y a la vez de la movilidad y su tendencia al desequilibrio. Han de ser modelos dinámicos y en ese sentido, la relación analítica concebida como un campo dinámico de transferencias resulta apropiado para aproximarnos a una descripción válida.

Esto plantea cuestiones psicopatológicas y clínicas sobre cómo se produce y cómo se aborda el paso de una zona, región o modo de funcionamiento al otro. En el curso de una sesión analítica esta transición ocurre a veces de manera súbita que desconcierta por su dramatismo al mismo paciente y al analista.

Las tópicas freudianas refuerzan el planteo en términos espaciales, lo mismo que las posiciones de Klein. Estas y otras metáforas como también el área transicional de Winnicott o los repliegues psíquicos de Steiner entre otros, son modelos para comprender la fenomenología del cuadro y su abordaje clínico. La idea de Bion de una parte psicótica y una no psicótica de la personalidad ofrece otra perspectiva de explicación. Dando por supuestos estos antecedentes teóricos y clínicos, deseo aportar otras ideas que surgen de la llamada escuela postkleiniana que no sustituyen sino que complementan los modelos anteriores. Si tuviera que definir las características de esta corriente del pensamiento psicoanalítico diría que toma como fuente la obra de Klein con muchos matices conceptuales, a la vez que recupera fuertemente a Freud, se apoya en las investigaciones de discípulos de Klein como Segal, Bion, Rosenfeld, Betty Joseph o Meltzer, pero desarrolla un pensamiento propio con sus continuidades y sus rupturas. Sus autores más conocidos son Ron Britton, Michael Feldman y John Steiner a los que habría que añadir una gran cantidad de autores más jóvenes (Priscilla Roth, Ignes Sodré o Robin Anderson, entre otros) tanto de Londres como de los EE. UU. donde fueron introducidos por Roy Schaffer, que los llamó «los kleinianos de Londres».

Melanie Klein describió la identificación proyectiva, como defensa en su artículo de 1946. Pero ya a comienzo de los años 50, Paula Heimann y Heinrich Racker aplicaron esos descubrimientos a la clínica con valiosos aportes sobre la relación entre identificación proyectiva y la contratransferencia y, poco después, Bion describía que, además de una defensa, la identificación proyectiva tenía funciones comunicativas favorables al desarrollo.

El «espacio mental» está ocupado por diferentes elementos: representaciones de cosa, de palabra, objetos internos con sus acompañantes pulsionales, defensas más o menos organizadas. Pero no basta con que un objeto o representación esté alojado en el mundo interno: ese «elemento» puede ser asimilado, establecido con algún grado de consistencia o permanecer enquistado como elemento interno aunque no totalmente integrado. Cuando se le ofrece una interpretación al paciente, este puede escucharla, entenderla, pero necesita un paso más para hacerla suya, modificarla, para que la interpretación integrada favorezca el cambio psíquico y emocional. De modo algo esquemático diría que cuanto más integrado esté un elemento, más estabilidad tiene la estructura de la personalidad, ya sea normal o patológica. Insisto en no confundir estabilidad con normalidad ni la inestabilidad con patología.

Antes de considerar las personalidades límite, quisiera hacer algunas reflexiones sobre algunas funciones y los modos de relación de objeto en el psiquismo primitivo del sujeto.

Acerca de la creencia inconsciente

Además de un «espacio» adecuado, objetos o representaciones internas sólidamente establecidas es necesario que existan elementos que den coherencia, ligazón y flexibilidad a esta estructura. Sugiero que uno de estos elementos es la creencia. Si bien esta noción tiene connotaciones religiosas o místicas, pienso que puede describirse sin pretensiones trascendentales.

En su significado más simple, según el diccionario de la Real Academia la creencia es lo que refleja el «firme asentimiento y conformidad con algo» o «completo crédito que se presta a un hecho o noticia como seguros o ciertos». Es decir, a la forma de estar con las cosas que tenemos habitualmente y ejecutamos apenas sin darnos cuenta, como andar, sentarnos, encender la luz o apretar un botón, con la confianza, creencia o fe de que aquello ha de funcionar. Esto parece obvio, pero basta con que no lo sea para que la confianza o creencia con que hacemos estos actos sea frustrada y nos invada un sentimiento de inseguridad. Por otro lado cuando vivimos en la desconfianza, echamos de menos la creencia básica que nos permite vivir con naturalidad.

La creencia desde el punto de vista del psicoanálisis es un factor que da estabilidad a la estructura psíquica y favorece el desarrollo de la personalidad. La creencia surge de fantasías previas que tienen consecuencias emocionales tanto en el paciente como en el analista, con independencia de que sean conscientes o inconscientes.

Cuando una creencia está adherida a una fantasía y no se diferencia de ella se la trata como si fuera un hecho. Llegar a admitir que se trata de una creencia y diferenciarla del hecho depende del proceso secundario que observa la creencia desde fuera del sistema de la creencia misma. El creyente puede pensar en la existencia divina como un hecho, no como un producto de su creencia. Es la distancia entre decir «Dios existe» o «creo en Dios».

Esta distancia está en la base de la objetividad interna, que depende de que el individuo pueda colocarse en una posición desde la cual observar su creencia subjetiva «como un objeto». Esto depende de la internalización y tolerancia de la situación edípica temprana.

Una vez reconocida como creencia se contrasta con otras percepciones, recuerdos, hechos conocidos así como con otras creencias. Cuando una creencia fracasa en su confrontación con la prueba de realidad deberá ser abandonada como se abandona un objeto que ha dejado de existir. El sujeto se enfrenta a una labor de duelo por la experiencia de pérdida de una creencia-objeto que forma parte de su organización. En el análisis forma parte del proceso de elaboración.

La falta de conciencia en la función de las creencias puede conducirnos a confundir las creencias con los hechos objetivos, como hemos señalado antes. Sin embargo, la creencia en algo es imprescindible para combinarse con las percepciones y pruebas de realidad para abrir el camino del conocimiento empírico. No obstante, en el mundo interno las creencias son funciones que confieren estado de realidad psíquica al mundo de la fantasía y la imaginación, son recursos de la creatividad y también de la comprensión del funcionamiento mental.

No obstante, es importante señalar que individuos con perturbaciones serias en la introyección estable de sus objetos primarios, recurren sistemáticamente a la proyección sobre objetos o figuras externas que le brindan seguridad o equilibrio. En algunos de estos casos el «objeto» que da seguridad a su estructura es una creencia, consciente o inconsciente, en cuyo caso la persona se aferra a dicha creencia como único soporte de su estabilidad. En estos casos es más difícil abandonar una creencia, porque para el sujeto significa no solo un cambio de opinión, sino el hundimiento de una estructura.

Creencia y conocimiento

Una creencia es una fantasía investida con las cualidades de un objeto psíquico y por lo tanto creer es una forma de relación de objeto. Pero creer algo no es lo mismo que conocerlo. Tiene que ver con la consistencia o con la posible falsedad de la proposición. El énfasis en este punto radica en que saber algo significa aceptar que es seguramente verdadero, mientras que admitir que uno cree en algo supone que se lo acepta como verdadero admitiendo la posibilidad de que no lo sea.

Sin embargo muchas veces nuestras emociones no esperan el conocimiento, sino que se basan en la creencia. Somos propensos a tratar las creencias como conocimientos y como hechos por lo que quedamos cautivos de nuestras creencias que se resisten a admitir el fracaso de la prueba de realidad.

Por ello, tomar conciencia de que nuestras creencias son tales, es un acto de emancipación y en eso radica una de las funciones del psicoanálisis. El desarrollo cognitivo, científico y cultural no se limita a la adquisición de nuevas ideas, sino que requiere la emancipación de creencias preexistentes. Esto implica reunir la experiencia subjetiva con la conciencia objetiva para observarnos en el acto de creer.

Britton sugiere que diferenciar que uno tiene una creencia y no que está en posesión de un hecho, requiere de una estructura mental interna que es el espacio psíquico triangular, que permite una tercera posición desde la cual observar el *self* en relación con una idea. Cuando un vínculo cognitivo, un conocimiento o un *insight*, externo al sistema establecido de creencias, es vivido como un peligro, serán destruidos como mostró Bion en «Ataques al vínculo» (1959) lo que aniquila la capacidad para creer.

Las creencias conscientes o inconscientes no pueden ser probadas ni abandonadas sin hacerse conscientes. La prueba de realidad tiene lugar a través del mundo externo o de la correlación interna con otros hechos conocidos y otras creencias. También existe la certeza delirante que puede ocupar en algunos casos el lugar de la creencia, o superponerse a la percepción dando lugar a la alucinación.

La aniquilación de la creencia y la suspensión transitoria de la incredulidad

Para que las creencias puedan dar cohesión al mundo interno y también la flexibilidad necesaria para enfrentar las dificultades de la realidad externa y las exigencias pulsionales, es necesario que posean algunas características funcionales. Es decir, una creencia rígida e inflexible será un obstáculo, en todos los ámbitos de la vida psíquica, desde lo emocional hasta el conocimiento pasando por las relaciones con los otros.

Como señalamos antes, la creencia es suficientemente segura si permite ser observada desde el propio *self*, pero desde una posición externa al propio sistema. Es decir si se tolera la observación y las ansiedades que la observación despierta. Una situación habitual es una intervención del analista que arroja luz sobre un conflicto, pero que no era previsible para el paciente. Es inevitable que estimule ansiedades, pero si se toleran el señalamiento se podrá integrar, produciendo un crecimiento en el aparato psíquico. Si las ansiedades paranoides o la amenaza de desorganización son excesivas, puede quedar enquistada en el mundo interno, como una proposición racionalmente aceptable pero sin integrarse.

Existe una función que fue sagazmente descripta por poetas románticos ingleses que consideraban que para dejarse llevar por la atmósfera y el relato imaginario del teatro de Shakespeare, era necesaria «la suspensión transitoria de la incredulidad». Esto significa una flexibilidad respecto de las creencias existentes, dejar momentáneamente de lado las creencias establecidas y disponerse a creer lo irreal del mundo fantástico de la poesía. Una actitud análoga es deseable para el analista en momentos del análisis si queremos compartir la irrealidad del mundo fantaseado que nos comunica el paciente pero que es *su realidad psíquica.*

Britton sugiere que la *suspensión de la creencia* es una forma no psicótica de desautorización mediante la cual uno cree y no cree en algo al mismo tiempo. En la vida cotidiana se puede suspender una creencia para evitar las consecuencias emocionales, de lo que resulta un estado de irrealidad psíquica. La incredulidad puede ser usada como defensa frente a fantasías y percepciones y juega un papel en las neurosis y en la vida cotidiana.

En algunos cuadros psicopatológicos, como los descritos por Steiner como «repliegues», las creencias quedan suspendidas junto con la desconfianza; las fantasías son tratadas como si no fuesen verdaderas ni falsas. Se adquiere la calma al precio de la irrealidad. El espacio mental creado por esta suspensión de la creencia se relaciona con el «espacio transicional» de Winnicott, que lo describió como un área intermedia de experiencia.

Si la situación triangular interna es un requisito para el funcionamiento de un espacio mental para observar lo subjetivo, el predominio de las relaciones de objeto narcisistas y las organizaciones patológicas de la personalidad son interferencias para un funcionamiento adecuado.

Cualesquiera que sean los fundamentos teóricos en que se basen, se tiende a admitir que existen límites insuperables para que el sujeto luche con éxito frente a sus propias fuerzas destructivas. Estas fuerzas interfieren con la capacidad de amar y la creatividad, amenazan al sujeto desde dentro y su existencia puede ser tan difícil de aceptar que se movilizan defensas omnipotentes para manejarse con ellas. La omnipotencia en lucha con la destructividad crea problemas serios en el análisis como se manifiestan en las organizaciones patológicas de la personalidad, dentro de las cuales tiene su lugar la personalidad límite. Según Steiner existen áreas de repliegue en las que se evita el desarrollo realista; en su opinión el repliegue sirve como lugar de reposo que aporta alivio frente a la ansiedad y el dolor; cuando el paciente sale de él, puede recuperar el desarrollo, al precio de enfrentar sus ansiedades. El repliegue sería un lugar apartado de las ansiedades de la posición depresiva y de la posición esquizoparanoide: su ubicación entre estas dos justifica pensarlo con una posición límite, sin que necesariamente el paciente sea portador de su patología.

Desde la dinámica inconsciente, cuando predominan los rasgos narcisistas, la aceptación del otro con su estado mental propio es un paso complejo. Aceptar la separación y la diferencia es decisivo en este proceso y por eso el uso de defensas que niegan la separación y la diferencia como la identificación proyectiva, interfieren en el desarrollo.

La identificación proyectiva da lugar a un estado en el que no se experimenta la verdadera separación, lo que procura aliviar la ansiedad, la frustración y la envidia. Meltzer (1973) describió un tipo de organización narcisista basada en la destructividad enfatizando la crueldad y la tiranía. Rosenfeld hizo una descripción detallada de estas relaciones de objeto narcisistas basadas en la idealización de las partes destructivas del *self*. Se trata de convertir el *self* de paciente en adicto del *self* omnipotente y de atraer a las partes sanas dentro de su estructura delirante.

Las estructuras «altamente organizadas»

Los autores kleinianos abordaron desde hace muchos años el problema clínico planteado por pacientes difíciles de analizar y cuyas resistencias parecían conducir a un inevitable fracaso. Se destacó la resistencia de un superyó muy rígido, el sentimiento inconsciente de culpa que bloquea cualquier avance y también estructuras en las que predominan las relaciones de objeto narcisistas.

Las patologías límite o *borderline* quedarían incluidas en este apartado de estructuras patológicas altamente organizadas, dentro del cual se pueden diferenciar algunas características específicas.

Recordaré brevemente algunos de los desarrollos sobre el tema que abarcan desde trabajos pioneros hasta los desarrollos actuales.

En 1936 J. Riviere señaló casos en que las resistencias narcisistas se hacían muy pronunciadas, produciendo una falta de *insight* característica y una pobreza de resultados terapéuticos; estas resistencias, sugería, son defensas frente a una condición depresiva más o menos consciente. A partir de su trabajo muchos autores han denominado de diferentes maneras este tipo de estructura poniendo el énfasis en la «organización patológica» de la personalidad. La idea de una organización patológica de las defensas pretende señalar una dificultad en los análisis que muestran una resistencia encarnizada porque las defensas se organizan de manera que el debilitamiento de una de ellas activa otra, complementaria, de manera automática, lo que mantiene un equilibrio psíquico patológico, que es preferido frente al cambio, temido como una catástrofe. Esto hace que el trabajo de elaboración sea muy difícil y requiere paciencia por parte del analista y del analizado. La calma del refugio defensivo se idealiza y la restricción de la vida de relación se prefiere a las ansiedades propias del desarrollo y de la vida afectiva y de relaciones normales.

La organización se basa en escisiones de la que resultan partes del *self* en identificación o en alianza con objetos de maneras complejas. H. Rey (1994) estudió pacientes que mostraban «un modo esquizoide de ser», que se relaciona con las organizaciones patológicas de la personalidad. Rey usa la palabra esquizoide en la tradición de Fairbairn y Guntrip para designar estados de la mente en los que predomina la escisión y también para referirse a un tipo especial de pacientes fronterizos o límite que tienden a perder el contacto consigo mismos y con sus objetos.

El sentido de «límite» en la terminología de Rey no se refiere solo a una categoría de pacientes sino a un aspecto de su estructura mental y al lugar y la función del *self* en esa estructura. Se trata de personas que obtienen la estabilidad dentro de la organización mediante una vida emocional limitada que no es neurótica ni psicótica sino un estado limítrofe (Rey, 1994).

Rosenfeld (1987) reconoció que estos estados narcisistas son responsables de muchos *impasses* en el análisis. En su libro póstumo enfatiza la situación traumática precoz que puede repetirse involuntariamente en el análisis debido a actitudes del analista. Es posible considerar la existencia de organizaciones patológicas de la personalidad como una medida destinada a tratar con la destructividad interna que se apoya en la idea de Rosenfeld del narcisismo destructivo idealizado. A su vez la falta de control de la destructividad interna se puede deber no solo a intensas fuerzas pulsionales, sino también a la falta de objetos internos contenedores donde confluyen las experiencias frustrantes y carenciales de los objetos reales y cierta disposición interna hacia esa organización patológica defensiva.

Buena parte de la actividad omnipotente se basa en la necesidad de restaurar objetos y funciones perdidas del yo. Segal utiliza la palabra restitución más que reparación porque los elementos destructivos dominan y todo el sistema funciona como un ataque a la realidad. En ese momento Segal estaba centrada en la posición esquizoparanoide y los elementos de amor y preocupación por el objeto que predominan en la reparación depresiva aquí juegan un papel menor, si bien no están totalmente ausentes. Aunque se active para evitar una catástrofe, la organización patológica es una catástrofe crónica.

Riesenberg Malcolm discute un tipo particular de organización mental que se estructura en torno a elementos perversos masoquistas. El paciente se vuelca al autocastigo usando la expiación y el sufrimiento para evitar la percepción del daño a sus objetos internos y evadir la culpa. El papel de la perversión en las organizaciones patológicas de la personalidad es muy importante y es uno de los elementos que busca mantener la estabilidad de la organización. A veces los elementos perversos como estructura mental se organizan en torno al dominio y al control o sumisión que pueden quedar solo en el plano de la fantasía produciendo sufrimiento en el sujeto.

En 1989 Britton sugirió que, para algunos pacientes, la salida de la situación edípica no era algo simplemente doloroso, sino que era una catástrofe. Indicaba que el encuentro con la escena primaria en la fantasía o en la realidad resulta insoportable si antes no se ha establecido un objeto materno contenedor seguro. Consecuencia de ello es que *la creencia en un buen objeto materno* solo puede retenerse mediante la *escisión de la mala experiencia y atribuirla a un tercer objeto*: la pareja de la madre de la situación edípica. En tales casos el padre encarna lo maligno; la unión fantaseada de los padres reúne el objeto comprensivo con el maligno, creando una figura combinada que personifica la contradicción, el sinsentido y el caos.

En el desarrollo normal la percepción del niño de la unión de los padres, independientemente de él, unifica su mundo psíquico. Crea un mundo en el que caben diferentes relaciones de objeto, más que una serie de mundos inconexos con sus propias relaciones de objeto.

Si el vínculo con los padres percibidos con amor y odio puede ser tolerado en la mente del niño se forma un prototipo de relación de objeto en la que el individuo es testigo, no participante. Esto favorece esa tercera posición desde la cual se pueden observar los objetos y sus relaciones, lo que permite observarnos en interacción con otros y apreciar otro punto de vista mientras retenemos el nuestro. La libertad aportada por este proceso depende de la existencia, solidez y estabilidad de este espacio triangular.

Cuando este espacio falta, o es excesivamente inestable, la existencia de otro punto de vista se hace intolerable. Hay situaciones clínicas en que los pacientes temen que, si surge la realidad psíquica del analista, la suya quedará destruida. La contratransferencia complementaria del analista es que, si adopta la realidad psíquica del paciente, quedará aniquilada la propia. La única salida a este *impasse* puede darse en la mente del analista si este lucha por acomodar ambas visiones, la suya y la del analizado. En cambio, si el analista intenta forzar a que el paciente lo haga puede surgir la explosividad o la sumisión masoquista. En estos casos el intento de integración de las formas de pensar objetiva y subjetiva del paciente o la reunión de la comprensión empática e intelectual que hace el analista es vivida como una catástrofe.

El resultado temido es la aparición del terror sin nombre como consecuencia del fracaso en la contención de la relación entre el niño y la madre. En algunos casos cualquier esfuerzo del analista por introducir una visión objetiva donde estaba la experiencia subjetiva del paciente puede desencadenar una catástrofe. En los análisis, la situación edípica básica existe siempre que el analista funcione con su mente en forma independiente de la relación intersubjetiva entre analista y analizado.

Rosenfeld describe pacientes cuya estructura narcisista les construye una piel gruesa de tal forma que se hacen insensibles a los sentimientos más profundos; cuando finalmente las interpretaciones les tocan sienten el alivio del contacto, aunque sea doloroso. Por el contrario, los pacientes de piel fina son hipersensitivos y se sienten fácilmente heridos en la vida diaria y en el análisis. Más aún, cuando los pacientes narcisistas sensitivos son tratados en el análisis como si fuera un narcisista de piel gruesa, se sentirán severamente traumatizados.

En la práctica los dos tipos de narcisismo se encuentran mezclados. Estos dos tipos clínicos resultan de dos modos de relación del *self* con el objeto observador en la situación edípica interna. En ambos estados el tercer objeto es ajeno al *self* subjetivo. En la modalidad de piel fina el *self* busca evitar la objetividad del tercer objeto y se adhiere a la subjetividad; en la situación de piel gruesa, el *self* se identifica con el tercer objeto, adopta su objetividad y renuncia a su propia subjetividad.

De acuerdo con los autores mencionados, el predominio de la «piel fina», describe al paciente *borderline* mientras que del predominio de la «piel gruesa», resulta una personalidad esquizoide. En el modo hipersubjetivo el paciente busca incorporar al analista a su mundo subjetivo. Para ello debe eliminar toda diferencia entre la versión del analista que tiene el paciente y el analista real. En el modo hiperobjetivo se busca la alianza con el analista en un mundo de comprensión razonada basado en la negación de la experiencia subjetiva de su relación.

Britton considera que la creencia es un estado concedido por el yo a las fantasías o ideas, lo que les otorga la fuerza de la realidad, correspondan o no a la realidad externa, es decir que les da realidad psíquica. Hay un momento de comprobar la correspondencia con el mundo exterior a través de la evidencia de los sentidos, pero también de comprobación interna con evidencias como la memoria, la lógica y los hechos conocidos. Este proceso de prueba de la realidad interna es de particular interés para los analistas porque vemos cómo resulta impedido por procesos como la escisión o distorsionado por una variedad de mecanismos psíquicos.

Hay alteraciones psíquicas que resultan del contenido de creencias individuales lo que ocurre cuando las creencias son inconscientes. Las ideas, fantasías y hechos que no están sostenidos por una creencia no tienen fuerza afectiva. Pero hay alteraciones en la función de la creencia misma que producen deterioro psíquico, que puede ser pasajero como en muchos análisis o prolongado y grave en sus efectos.

Bibliografía

Bion, W. (1959), «Attacks on linking». *Int. J. Psycho-Anal.* 40
Britton, R. (1989), «The missing link». *The Oedipus Complex Today*
—. (1998), *Belief and Imagination.* London: Routledge
Heimann, P. (1950), «On countertransference». *Int. J. Psycho-Anal.* 31
Klein, M. (1946), «Notes on some schizoid mechanisms». *Int. J. Psycho-Anal.* 27
Meltzer, D. (1973), *Sexual States of Mind.* Perth: Clunie
Racker, H. (1953), «A contribution to the problem of countertransference». *Int. J. Psycho-Anal.* 34
Rey, H. (1994), *Universals of Psychoanalysis: In the Treatment of Psychotic and Borderline States.* London: Free Associations
Riviere, J. (1936), «A contribution to the analysis of the negative therapeutic reaction». *Int. J. Psycho-Anal.* 17
Rosenfeld, H. (1971), «A clinical approach to the psycho-analytical theory of the life and death instincts: an investigation into the aggressive aspects of narcissism». *Int. J. Psycho-Anal.* 52
—. (1987), *Impasse and Interpretation.* London: Tavistock
Steiner, J. (1993), *Psychic Retreats.* London: Routledge
Winnicott, D. W. (1971), *Playing and Reality,* 1-156. London: Tavistock Publications

Los sujetos fronterizos: ¿estructura o estado?

Marcelo Edwards

Introducción

Mi experiencia con los sujetos en estado límite remite a algunos pacientes que he recibido en mi consulta, pero sobre todo a los que he tratado o supervisado en la institución a la que asesoro desde hace treinta años, y en la que se atiende a pacientes psicóticos o con diagnóstico de TLP, pero también a niños y adolescentes con graves carencias familiares y sociales (abandono, maltrato, etc.) algunos de los cuales presentan una sintomatología que preanuncia un futuro estado límite.

Como es sabido ni Lacan, ni la mayoría de los autores «lacanianos» —salvo algunas excepciones recientes— se han ocupado del tema, remitiendo la clínica con la que se encontraban a las tres estructuras clásicas de neurosis, perversión y psicosis. Aun así, Lacan (1975) con su teoría de nudos, abrió un campo de investigación para abordar estos casos.

Es conocido que hay un número importante de sujetos que presentan a nivel fenomenológico una serie de síntomas, conductas, rasgos de carácter y afectos que no entran fácilmente en esas tres estructuras, y que nos interrogan sobre aquello que es el título de mi ponencia: ¿se trata de un *estado* o de una *estructura*?

Hay autores que se han decantado claramente por responder en la segunda dirección, incluso aunque no utilicen la noción de estructura sino la de organización, como Kernberg (1975).

Quizás convenga en todo caso, precisar qué entiendo por *estructura* y por *estado*.

En el medio analítico se habla de *estructura* con frecuencia, pero en muchas ocasiones la significación del término es muy diferente para unos y para otros. En el ámbito freudiano se lo utiliza básicamente en relación con la segunda tópica, es decir en referencia a la relación entre el ello, el yo y el superyó, con la realidad.

Lacan lo introdujo en el campo psicoanalítico a partir de la lingüística y la antropología, y comenzó articulando la relación del sujeto con la *estructura significante*, es decir con lo que denominó el gran Otro. Es lo que escribe la metáfora paterna: el Nombre-del-Padre es un significante que viene a metaforizar el deseo de la madre, localizando así la significación fálica, es decir el falo faltante de la madre: Φ. De esta forma se inscribe la castración del Otro materno. En este sentido, la metáfora paterna es una escritura resumida que precisa el complejo de Edipo freudiano.

Cuando dicho significante resulta forcluido, la falta en el Otro no se localiza, y el resultado es la psicosis. En cambio, cuando esta función opera, el significante amo o fálico, representa al sujeto ante los otros significantes, instituyendo su división y la causa de su deseo: el objeto *a*. Es lo que escribe la fórmula lacaniana del fantasma que articula el deseo del sujeto por un objeto: (\$ ◊ *a*).

Más adelante, Lacan (1975) pasó a dar una versión topológica de la estructura en términos de nudos: «Es necesario lo Simbólico para que aparezca individualizado en el nudo algo que yo no llamo el complejo de Edipo, no es tan complejo. Lo llamo el Nombre-del-Padre. Lo que no quiere decir más que el Padre como Nombre, lo que no quiere decir nada más al comienzo, no únicamente el padre como nombre, sino el padre como nombrante».

En las neurosis, el Nombre-del-Padre —en tanto nombrante— es un agujero (cuarto redondel) que a su vez permite constituir un verdadero agujero inscribiendo la castración, y por ello hace posible el anudamiento que articula de manera discriminada los tres registros de la subjetividad: lo simbólico, el significante —que Freud denominaba representaciones de palabra—, lo imaginario, es decir todo lo que es representación o significación (imagen narcisista del cuerpo, de los otros y de los objetos) —que para Freud eran las representaciones de cosa—, y lo real, es decir lo imposible de inscribir, que Freud denominó *Das Ding*, la cosa. Un real, que en tanto incomprensible puede generar angustia, y que cuando se desanuda de lo imaginario y lo simbólico, llega a traumatizar.

Para Lacan, lo universal —en el sentido lógico del término— es el edipo: *todos los seres hablantes están sometidos a la castración*, mientras que lo real es lo imposible de simbolizar o de representar imaginariamente.

Cuando la función del Nombre-del-Padre —o en términos freudianos, el complejo de Edipo— no opera, el sujeto se ve abocado a inventar una suplencia de la misma, para intentar mantener su estabilidad psíquica.

Así cuando hablamos de *estructuras clínicas* diferenciadas, se trata de cómo una clase de sujetos incorporan la estructura del Otro, que a su vez los estructura dándole un lugar simbólico en la cultura y en la sociedad, constituyendo la imagen narcisista de su yo en relación a sus semejantes, y haciendo posible un manejo —mediante la intrincación pulsional— de lo no simbolizable, que puede o no devenir traumático.

Esto implica distintas modalidades de anudamiento y por ende diferentes efectos sintomáticos y yoicos, característicos de las neurosis, las psicosis o las perversiones, lo que comporta además, tipos clínicos particulares.

No obstante, las soluciones que el sujeto encuentra en los momentos decisivos de su historia vital, para anudar mediante un sinthoma (Lacan, 1975)[1] las tres dimensiones, es algo singular para cada cual —y como tal inclasificable—.

En cuanto a la noción de estado me refiero al modo transitorio —que en ocasiones puede abarcar un largo período vital— mediante el cual el sujeto articula sus tres dimensiones en la relación con los otros, y por ende podemos hablar de estados del sinthoma, es decir de aquello que anuda y del anudamiento mismo, más allá de la estructura

---

1. Lacan considera al padre y al edipo mismo como un sinthoma o un síntoma: es el cuarto redondel que anuda los otros tres registros, y permite que la estructura se sostenga. Puede ser cualquier significante que venga a cumplir con esa función.

y el tipo clínico. Lo uso en el sentido que se utiliza, por ejemplo, para hablar de perversiones transitorias o de estados depresivos.

En todo caso, encuentro muy pertinente el uso de la noción de *locura* utilizado por diversos autores (Green, 1972; Maleval, 1985; Vappereau, 2000), que se ha de distinguir claramente de la de psicosis, puesto que estados o períodos de locura pueden producirse en cualquiera de las tres estructuras clásicas, a partir de ciertos traumatismos.

La locura es algo que afecta al yo, es decir al narcisismo del sujeto, que como sabemos se caracteriza por el *desconocimiento* (Lacan, 1946). En la dialéctica especular, el sujeto se enajena en su yo-ideal desconociendo su yo-real actual, aquel que se caracteriza por sus carencias. Por lo tanto, la noción es pertinente para entender a estos sujetos que ven alterado su funcionamiento narcisista de manera profunda, pues suelen presentar habitualmente una frecuente falta de responsabilidad, tanto respecto de sus actos como de lo inconsciente que los afecta.

I) ¿Qué tipo de sujetos se suele incluir entre los estados límite?

Como es sabido, a lo largo de estos últimos setenta u ochenta años —el tema tiene antigüedad— se han emitido diversos diagnósticos para estos pacientes. No haré aquí la lista, bien recogida por Kernberg (1975).

Se han incluido en esta categoría desde fenómenos psicosomáticos hasta psicopatías, por no mencionar los diagnósticos erróneos que luego se verifican como una franca psicosis o una neurosis grave.

En este sentido, me parece necesario acotar el campo.

a) Creo que es mejor excluir las psicosis disociativas no desencadenadas (prefiero este término al de «ordinarias» o «blancas») aunque en ocasiones cueste hacer el diagnóstico diferencial. Hay muchos pacientes que se diagnostican en el ámbito psiquiátrico como TLP durante la adolescencia —quizás por prudencia— y luego se revelan como una franca psicosis.

b) También conviene distinguir estos casos de aquellos en que aparecen alucinaciones o delirios generados por tóxicos. Es cierto que hay sujetos en estado límite que recurren con frecuencia a ellos, pero hay estados inducidos por los tóxicos que son semejantes a algunas manifestaciones de estos pacientes, sin que el sujeto tenga el mismo funcionamiento de base que ellos.

c) Me parece necesario, además, no incluir a los pacientes psicosomáticos que padecen esos fenómenos de manera constante, puesto que aunque compartan con los sujetos en estado límite ciertas dificultades de simbolización de la castración, lo que en ellos queda afectado es lo real del cuerpo y no la acción, pues suelen manejarse mejor tanto en su vida social y familiar como laboral. La otra razón es que estos fenómenos pueden aparecer en cualquier estructura.

d) Por otra parte, estimo que no se pueden confundir ciertas conductas impulsivas o pseudoperversas que suelen tener un carácter más bien defensivo, con la perversión en sentido estricto.

En las perversiones, la renegación[2] (Freud, 1927; Mannoni, 1963) recae específicamente sobre la carencia fálica del Otro materno, pero como mecanismo opera en todo sujeto humano. Cada vez que hay un exceso de goce en el plano pulsional, se produce una identificación con el falo materno, lo que sirve para renegar de la castración del Otro. Además, tampoco basta con que haya renegación de la falta en el Otro, puesto que lo que define a la perversión como tal es la instrumentación de un semejante como a un objeto para hacerle padecer la propia objetivación despersonalizante —aquella a la que él estaría sometido, por ser el falo del Otro materno—.

Existen otros aspectos diferenciales, como el de la culpabilidad, pero estimo que hay algo más que los distingue muy claramente. El sujeto perverso sabe sobre su goce, mientras que en la clínica del sujeto en estado límite, se puede ver que la mayoría de las veces, no saben lo que quieren, tanto a nivel sexual como social, cosa que los deja en dependencia y a merced de los otros.

e) Entiendo que también convendría mantener las diferencias que

---

2. Me parece conveniente mantener la traducción que López Ballesteros ha hecho de la noción freudiana de la *Verleugnung* como renegación, que corresponde al *déni* francés. Además, tal como indica Octave Mannoni, la percepción de la diferencia sexual desmiente la premisa universal del pene y la creencia en la madre fálica que el sujeto quiere preservar —como se dice cuando los hechos desmienten una teoría— y por ello ha de renegar de lo que implica lo percibido, es decir de la idea —tal como indica Freud— de la madre castrada (dado que interpreta lo percibido, con la teoría de la castración).

presentan estos sujetos, respecto de las caracteropatías neuróticas (fóbica, obsesiva o histérica) o de otros trastornos de la personalidad: narcisistas, esquizoides, paranoides, antisociales o dependientes.

f) Finalmente creo que no se pueden confundir estos casos con la locura histérica. Tal como la ha descrito J. C. Maleval (1985), se trata de pacientes —particularmente de sexo femenino— en los que se ha producido una colusión entre el fantasma y lo real, provocada por abusos, violaciones o seducciones importantes, llevada a cabo por algún personaje o sustituto paterno. El efecto suele ser siderante produciendo resultados alucinatorios, delirantes y pasajes al acto —en ocasiones autolíticos—. Sin embargo, no se trata de psicosis, puesto que la interpretación simbólica permite la restitución de la significación de esas producciones que generalmente tienen un marcado carácter fálico-sexual.

No obstante, esas delimitaciones aún dejan un amplio campo de manifestaciones clínicas que merecen una atención específica.

II) ¿Qué fenomenología clínica presentan?

A nivel sintomático nos encontramos con fobias, fenómenos psicosomáticos, síntomas asociados a la despersonalización y, en ocasiones puntuales, episodios alucinatorios o delirantes que no implican una psicosis disociativa, sino que pueden ser producidos por la ingesta de tóxicos o por acontecimientos traumáticos.

La vida pulsional se caracteriza por una insatisfacción constante, la intolerancia a la frustración y una vida sexual que es más bien pre- o pseudogenital, en la que lo que prima muchas veces es un intento de colmar las carencias amorosas a través del sexo.

En cuanto a la conducta, aparecen la impulsividad, la hetero- y la autoagresividad que en ocasiones pueden desembocar en intentos autolíticos, *acting outs*, pasajes al acto, ludopatías y abuso de tóxicos, alcohol o medicamentos.

Respecto del narcisismo, se aprecia una imagen del yo carente, desvalida y deprimida, contrarrestada en ocasiones por momentos de omnipotencia. El carácter presenta un marcado infantilismo.

A nivel afectivo encontramos un estado casi permanente de inquietud y de depresión-ansiosa, sentimientos de vacío y de abandono, pero también de persecución —que a veces desembocan en un ataque de pánico—.

En el lazo social, pueden presentar tres modalidades básicas en relación con los otros: el retraimiento esquizoide, una conducta manipuladora o la dependencia anaclítica, pero también una combinación de estas.

A muchos sujetos, este funcionamiento les impide alcanzar logros a nivel de los estudios, en el plano laboral o de la sublimación.

En todo caso, todas estas manifestaciones responden básicamente a un profundo sentimiento de abandono y de vacío, y a un intento constante de encontrar reconocimiento por parte del Otro, con el que suelen mantener un vínculo de dependencia, siendo que los fracasos en este sentido, desencadenan su impulsividad y su violencia.

III) ¿Cuáles son las características de su funcionamiento psíquico?

1) Los traumas precoces o pregenitales

Es algo que todos los autores recogen, y es bien cierto que en los historiales de estos sujetos, nos encontramos en el plano de la familia de origen —incluso a nivel transgeneracional— con rupturas familiares importantes, abandonos, maltratos tanto de la pareja como de los hijos, instrumentaciones diversas, consumo de tóxicos, conductas delictivas menores y hasta abusos o violaciones sexuales.

Se ha puesto mucho énfasis en lo que Green (1983) denominó «la madre muerta» y la depresión correspondiente. Los autores de la escuela inglesa y Winnicott (1958-63) en particular, también subrayaron las carencias del lado materno, es decir, las producidas por una madre abandonante, intrusiva, caótica o no «continente».

En nuestros términos diríamos que se trata de *una madre que no es capaz —debido a su patología— de hacer el don de su deseo, es decir de su castración, ni de expresarlo de una forma ritmada en su demanda de amor.* En estas condiciones la madre deviene un Otro absoluto y caprichoso que no otorga seguridad al sujeto y dificulta el acceso a la función castradora/separadora del padre real. No es extraño que eso produzca un tipo de dependencia regresiva y al mismo tiempo profundamente conflictiva del sujeto con ese Otro, puesto que aunque sentido como abandonante, permanece idealizado y se espera de él que en algún momento exprese su amor y su reconocimiento. De allí que estos sujetos oscilen entre el intento de separarse —a veces violentamente—, y el retorno a una demanda sin fondo, por *la culpa por existir* que les genera la independencia.

No obstante, mi experiencia me lleva a pensar que en muchos casos es fundamental también lo que sucede con lo que Lacan (1975) denominó el padre real: es decir, aquel que desea sexualmente a su mujer de manera efectiva y se ocupa paternalmente de los hijos. Padre real que, gracias a ese deseo, introduce la castración simbólica impulsando a los hijos —merced a la identificación con el ideal del yo paterno— hacia la promesa, la esperanza —que es otro nombre del fantasma— y la exogamia. El superyó paterno prohíbe el incesto, mientras que el ideal del yo paterno, orienta hacia los sustitutos posibles.

A veces, hay hombres que no ponen en juego ese deseo. Otros son mentirosos, drogadictos o alcohólicos, rechazantes o violentos, y en ocasiones excesivamente seductores con los hijos. Estas características que suelen combinarse en mayor o menor medida, les dificulta ejercer su función castradora en el plano simbólico.

En otros casos, el hijo/hija nace en un momento en que la pareja se ha destruido.

Este tipo de relaciones con la madre y el padre minan la confianza básica y la capacidad de amar del sujeto, generando confusión y persecución.

Además su yo-ideal, la representación de sí mismo, que depende de los ideales del yo materno y paterno, resulta dañado puesto que el materno los suele dejar ante un profundo sentimiento de desvalimiento, mientras que el segundo no les sirve para impulsarlos hacia la exogamia, generando frustración e impotencia.

Ahora bien, tal como Freud nos enseñó, el trauma se produce en dos tiempos —como mínimo— y retroactivamente, y Lacan mostró que eso depende de la estructura del lenguaje a la que nos incorporamos. Por lo tanto, la cuestión es cómo lo acontecido en determinado momento de la historia subjetiva —que puede ser muy precoz— resulta resignificado *a posteriori*, y en particular al final del complejo de Edipo.

En este sentido, los «lacanianos» coincidimos con Kernberg (1975), quien habla de lo pregenital y no de lo preedípico, puesto que para nosotros, la articulación edipo/castración es algo que opera o no, desde el inicio de la vida, aunque se precise durante la fase fálica y sobre todo en la retroacción del final del edipo.

Ahora bien, para el psicoanálisis un acontecimiento o un vínculo devienen *traumáticos* cuando el sujeto no puede responder mediante lo simbólico y lo imaginario a lo que tal acontecimiento o vínculo evoca de la castración, ya se trate de la del Otro materno, o de la del propio sujeto.

El *trauma* originario es aquel que se produce por nuestra introducción en «el malentendido entre los padres» correlativo de nuestra incorporación al lenguaje. Dicho trauma nos confronta con el agujero de la estructura significante, que toma su encarnación en la castración del Otro materno y en la identificación del sujeto con el falo faltante de la madre, que como tal, equivale a un vacío. La *angustia* que corresponde a esta identificación regresiva con ese vacío es *de despersonalización* en las neurosis y perversiones, y de *fragmentación o devoración* en las psicosis.

Como sabemos, en los sujetos en estado límite es frecuente la *angustia de despersonalización*, que en ocasiones se presenta de manera aguda y prolongada.

Todo niño —para preservar el amor del Otro materno— *rechaza primordialmente* la carencia materna y su identificación al falo, y cada movimiento de separación respecto de la madre engendra la *culpa por existir*.

El secundario es el *traumatismo* referido a la castración por el padre, y la angustia correspondiente es la *angustia ante la amenaza de castración*. El sujeto —tal como nos enseña Freud— reprime secundariamente las fantasías incestuosas y parricidas propias del edipo, identificándose al superyó paterno para preservar el propio narcisismo de la castración. Como consecuencia de ello constituye, en el caso de las neurosis, un fantasma de seducción (histeria), que mantiene insatisfecho el deseo del sujeto, o de escena primitiva (neurosis obsesiva) que lo sostiene imaginariamente como imposible. En los dos casos, esos fantasmas preservan al sujeto de la castración, que solo se pone en acto —de modo contingente— en las relaciones genitales efectivas y las responsabilidades de la adolescencia y la edad adulta. Aun así, el fantasma hace posible la proyección del sujeto en el espacio-tiempo, estructurando sus actos y su devenir en la búsqueda de un objeto con valor fálico que cause su deseo y que venga a colmar —imaginariamente— su división.

La separación respecto del padre implica el deseo parricida que, salvo que se articule metafóricamente, también produce *culpa.*

Por ello, la cuestión es cómo se articulan en la historia de cada sujeto, la castración del Otro, y la castración del sujeto, siendo que lo traumático es lo real que no se inscribe —ni en la consciencia, ni lo inconsciente— de esas castraciones, y por ende lo que según los casos, retorna repetitivamente de modo diferente al del retorno de lo reprimido.

En los sujetos en estado límite, el trauma precoz producido porque la madre no puede hacer el don de su deseo (castración) deja fuera de la inscripción simbólica (consciente o inconsciente), es decir en lo real, a esas experiencias de desvalimiento (*Hilflosigkeit*) que quedan escindidas y reaparecen en el cuerpo o la acción bajo forma de afectos y de impulsos no ligados, produciendo efectos de extrañeza y despersonalización. Sobre todo porque el sujeto suele buscar denodadamente el reconocimiento por parte del Otro, y ello le lleva a regresar a la identificación con el falo, que no es otra cosa que un *vacío.*

Pero conviene estudiar su articulación con los otros dos momentos constituyentes: la culminación del complejo de Edipo y la crisis adolescente.

2) Los trastornos de la resignificación edípica

Tal como ha indicado Víctor Korman (2006), este tipo de sujetos presentan dificultades en la simbolización retroactiva a partir del final del complejo de Edipo.

Si bien hay que pensar que de una forma u otra —y habría que investigar cómo en cada caso— la metáfora paterna se ha de haber inscripto en el inicio de la vida puesto que no se trata de pacientes psicóticos, los efectos del trauma precoz y el desistimiento del padre real dificultan la operación de castración simbólica que este ha de introducir.

Cuando el deseo del padre real se efectiviza, reinscribe retroactivamente el significante del Nombre-del-Padre, validando así al superyó y al ideal paterno con el que el sujeto neurótico se identifica al final del proceso. En las neurosis el amor por el padre, más allá de las ambivalencias, está presente. El padre es amado porque separa de la madre, aunque se le tema porque es un potencial castrador. En las psicosis es *rechazado* y en las perversiones, *desafiado o burlado*.

En los sujetos que nos ocupan, esta dimensión de la paternidad y el amor correspondiente resultan obturados, y la consecuencia es no poder articular el deseo en un fantasma ($ \Diamond$ a), que proyecte al sujeto hacia la esperanza en el futuro, introduciendo así la temporalidad que implica la espera. No se llega a establecer un objeto de deseo, que en tanto que radicalmente perdido, venga al lugar de la cosa (*Das Ding*) (Rassial, 1999).

Esto mismo constituye una nueva situación traumática, puesto que eterniza una posición en la que el sujeto no acaba de organizar retroactivamente su neurosis infantil, entrando así en la latencia. Permanece en cambio en un estado propio de la fase fálica, allí donde habría de elegir entre el camino de la perversión, mediante un objeto-fetiche o el de la neurosis, a través de un objeto fóbico, por lo que la latencia deviene entonces una pseudolatencia.

No obstante, esta elección no se llega a producir, porque permanece en la lógica del ni-ni (ni una cosa ni la otra) (Green, 1972; Rassial, 1999), lo que implica que quede en un estado en que no acaba de renunciar ni al objeto incestuoso ni a los impulsos parricidas —lo que sería un progreso— padeciendo entonces la angustia de castración que ello comporta; pero al mismo tiempo ha de defenderse respecto de la regresión a un Otro materno vivido como absoluto, regresión que le haría sentir la angustia de despersonalización y de vacío que conlleva la identificación con el falo faltante de la madre.

Esto explica su polimorfismo defensivo: renegación —con su efecto de escisión yoica—, y otros más arcaicos como la proyección o la identificación proyectiva —sobre todo cuando fracasa la represión secundaria, que al fin de cuentas es una simbolización—. En algunos casos, se pueden producir forclusiones parciales o locales (Freud, 1914; Lacan, 1958; Nasio, 1987). Es el ejemplo famoso de la alucinación del dedo cortado, en el Hombre de los lobos, en la que el sujeto vive como imaginariamente real lo que no ha podido simbolizar de su castración en ese momento puntual.[3, 4] No obstante, en estos pacientes estos fenómenos son pasibles de resimbolización.

Esta posición intermedia de no elección hace vulnerable al sujeto ante situaciones traumáticas, producidas por acontecimientos de violencia o de excesiva seducción, donde el valor simbólico de la palabra queda corroído, generando pérdida de confianza, de seguridad, confusión y persecución, puesto que se produce una colusión entre lo imaginario y lo real. Esta colusión tiene varias consecuencias.

---

3.   Freud, al abordar esa alucinación dice: «La posición inicial de nuestro paciente ante el problema de la castración nos es ya conocida. La rechazó (*verwerfung*) y permaneció en el punto de vista del comercio por el ano. Al decir que la rechazó nos referimos a que no quiso saber nada de ella en el sentido de la represión. Tal actitud no suponía juicio alguno sobre su existencia, pero equivalía a hacerla inexistente. Ahora bien: esta posición no pudo ser la definitiva ni siquiera durante los años de su neurosis infantil. Más tarde hallamos, en efecto, pruebas de que el sujeto llegó a reconocer la castración como un hecho. [...] Se había resistido al principio y había cedido luego; pero ninguna de estas reacciones había suprimido la otra, y al final coexistían en él dos corrientes antitéticas, una de las cuales rechazaba la castración, en tanto que la otra estaba dispuesta a admitirla, consolándose con la feminidad como compensación». Cabe pensar que el hecho de que Freud hiciera cada año una «colecta» para el paciente y que Ruth Mac Brunswick —que señala la importancia negativa de este hecho— lo atendiera gratuitamente —tal vez por indicación de Freud— tuvieron un efecto iatrogénico sobre él, al impedirle terminar con la transferencia manteniéndolo en una posición «femenina» y paranoide.

4.   Lacan, a propósito de un sueño relatado por Ella Sharpe, comenta: «el temor a la *aphanisis* en los sujetos neuróticos, debe ser comprendida en la perspectiva de una articulación insuficiente, de una parcial forclusión de la castración».

En primer lugar, la impulsividad. En las neurosis el fantasma constituido gracias a la función paterna permite diferir la acción, proyectando la temporalidad. Implica una conjunción-disyuntiva respecto del objeto, que articula las pulsiones de forma ritmada. Esto permite que las dimensiones de vida y de muerte de cada pulsión perman,0ezcan intrincadas. Cuando ello no ocurre, las pulsiones buscan la satisfacción inmediata, haciendo intolerable la espera con su corolario de agresividad en caso de frustración.

Pero la no instauración definitiva del fantasma tiene otro efecto: un estado permanente de depresión-ansiosa. En las neurosis, hay un ciclo fantasmático imaginario que implica una secuencia lógica y temporal que marca un cierto ritmo: el sujeto pasa, inconscientemente, de las fantasías parricidas a las incestuosas con el Otro materno —que son su reverso—, lo que lo lleva a una identificación con el falo de la madre. De allí que lo que prima inicialmente sea la angustia de castración, luego —una vez ejecutada real o imaginariamente la transgresión— un estado depresivo producido por la culpa debida al goce obtenido, y finalmente la angustia de despersonalización, de la que solo puede salir, renovando el circuito.

El fantasma parricida, al fin de cuentas, pone en marcha nuevamente el deseo del sujeto, aunque sea al precio de una cierta angustia de castración. Esto explica la alternancia temporal de los estados afectivos, es decir, la ciclotimia «normal» del neurótico.

En cambio, el sujeto en estado límite cortocircuita esta primera secuencia parricida, puesto que busca la satisfacción inmediata permanentemente con el objetivo de evitar el sentimiento de vacío. De allí que se encuentre a nivel afectivo en una depresión-ansiosa, porque la satisfacción inmediata de la pulsión implica el goce incestuoso (segunda secuencia) y la culpa consiguiente, es decir un estado depresivo, y no libera al sujeto de la identificación con el falo (tercera secuencia), lo que lo retrotrae a aquello de lo que pretendía escapar: la angustia de despersonalización y de vacío. Es lo que ocurre también en las toxicomanías.

3) La crisis en la adolescencia

Así como en la primera infancia se hace necesaria una función de nominación (Nombre-del-Padre) que haga posible una primera separación entre el sujeto y el Otro, y que la misma sea validada por el padre real, en la retroacción del final del edipo, en la adolescencia, es el propio sujeto quien pone en tela de juicio la nominación paterna, lo que lo coloca en la difícil situación de encontrar otra más o menos transitoria que la sustituya y le permita pasar a la adultez, momento en el que podrá actuar en su propio nombre, ya sea en el campo profesional o del amor y el sexo.

Al poner en cuestión la nominación paterna, tanto la función del superyó como la del ideal del yo que sostiene su yo ideal, quedan también en entredicho. Justo en un momento que su imagen corporal ya no es la de un niño, puesto que sus pulsiones sexuales se han reactivado, y ha de responder tanto ante la sociedad como ante el otro sexo.

Tal como indica Rassial (1999), para que el nuevo anudamiento se lleve a cabo sin mayores contratiempos, es necesario que los dos primeros se hayan consolidado, haciendo posible una latencia en el que el sujeto pueda esperar fantasmáticamente una reconciliación entre el cuerpo imaginario (su yo ideal) y lo simbólico (su ideal del yo).

El adolescente se encuentra en un cierto estado de inexistencia, de vacío, «por querer y no poder», es decir por no disponer aún de la capacidad material ni simbólica de materializar en acto sus deseos. Así pues, se encuentra particularmente fragilizado en cuanto a poder asimilar situaciones traumáticas, sobre todo si, como en los sujetos de los que hablamos, los dos primeros tiempos, en la primera infancia y al final del edipo, la operación de nominación ha resultado problemática.

En estos casos, al haberse producido una escisión del yo ante el trauma precoz, la conjugación de lo imaginario y lo simbólico que hace posible la retroacción edípica ha quedado en entredicho, por lo que el sujeto ha quedado fijado a ese primer tiempo, exigiendo la repetición de la operación. Por ello, su cuerpo permanece siendo el de un niño, cuando él ya ha roto el pacto, por lo que queda en dependencia respecto de la familia, es decir, de la madre y el padre imaginarios (Rassial, 1999).

De allí que el pasaje hacia la adultez que la pubertad y la adolescencia representan tampoco se llegue a producir, dejando al sujeto en una especie de niñez-adolescente aparentemente eterna.

IV) La cura y sus dificultades

Casi todos los autores han puesto de relieve que estos pacientes requieren una estrategia diferenciada por nuestra parte.

Kernberg (1975) señala que las diferentes posiciones psicoanalíticas al respecto se pueden ordenar en un *continuum* que va de un extremo en que están los que entienden que solo es posible efectuar una terapia de apoyo, o en todo caso la ven necesaria como paso previo a un análisis, a los que en el otro extremo piensan que un análisis es posible —que este autor identifica con la escuela inglesa—. Por su parte, él se ubica en un lugar intermedio, planteando una técnica modificada del análisis clásico puesto que este podría producir lo que denomina una «transferencia psicótica», y que yo llamaría momentos de locura generados por la regresión al narcisismo o estadio del espejo.

La técnica que él propone consiste en establecer una estructuración del *setting* para intentar bloquear los *actings* del paciente, la utilización de recursos hospitalarios cuando esto se ve sobrepasado, la elaboración sistemática de la transferencia negativa tanto en la cura como en la vida del paciente, la confrontación del paciente con sus defensas patológicas y su interpretación en la transferencia y el señalamiento de cómo dichas defensas fragilizan su yo y disminuyen la prueba de realidad.

En función de mi experiencia tanto privada como institucional, entiendo que estos pacientes requieren un tiempo previo de entrevistas preliminares —que a veces puede ser prolongado— necesario para que establezcan una mínima confianza básica tanto en los otros como en sí mismos, y para que algo del orden del amor de transferencia se pueda establecer. Un tiempo en el que el sujeto alcance a reconocer la responsabilidad que le corresponde en su malestar —en lugar de desconocerlo, renegando o proyectando—, y en que aflore el deseo de saber necesario para el análisis de lo inconsciente.

Esto requiere sin duda un *setting* sostenido con firmeza y claridad —cara paterna de la transferencia— pero al mismo tiempo una presencia continente —lado materno de esta— que permitiendo la deflección de la pulsión de muerte y el lado negativo de la transferencia, haga posible que esta se elabore simbólicamente, tal como en cualquier otra cura. A fin de cuentas, la agresividad apunta a la castración del Otro, para poder separarse, e importa particularmente que el sujeto pueda hacer —en la transferencia— el duelo de ese Otro materno cuyo deseo ha fallado, pero que paradojalmente ha quedado como idealizado y absoluto. Solo a partir de eso, es posible que el sujeto pueda efectuar la elección que hasta ese momento no ha podido realizar.

Esta nueva situación lo confronta a la castración por el padre. Es este momento, en el que el analista, en tanto sustituto paterno, puede activar la angustia de castración y devenir potencialmente traumatizante para el paciente, lo que empuja a la elección. Así el sujeto se verá confrontado, ya sea a *desafiarlo* y elegir un fetiche que vele la castración materna, o bien a *amarlo*, aunque sea de forma ambivalente, e identificarse con el superyó que él le atribuye, cosa que implica la renuncia a los goces inmediatos, y la instauración de la espera fantasmática de lo posible.

No obstante, dado que el sujeto no es realmente un niño, los objetos del mundo a los que se enfrenta, tanto a nivel sexual y amoroso, como en el plano profesional y social, son los propios de un adulto, y por ello, este momento es el de la posible instauración de una perversión o de una neurosis adulta, con las angustias y los síntomas que le son propios.

A partir de allí, si él lo quiere y su responsabilidad lo hace posible, se puede pasar a un análisis propiamente dicho, que haga posible —en el horizonte— la destitución del sujeto supuesto saber.

Margaret Little (1985) nos ha brindado el testimonio inapreciable de su análisis con Winnicott. Ella relata todo un primer y extenso período en el que reproducía lo que denominaba «el caos» de la relación con su madre. Un período con momentos de locura y depresión en los que el suicidio planeaba con insistencia, y en el que los ataques de ira y las actuaciones eran frecuentes. Winnicott tuvo que internarla más de una vez. No obstante, su presencia, su sostén —que en ocasiones rayaba en el maternaje— y su firmeza le permitieron construir un espacio de confianza básica que hizo posible pasar a una segunda fase en la que, tal como ella dijo, pudo analizar su edipo.

El resultado final parece haber sido bueno: logró inscribir su nombre (sinthoma) en la historia del mundo psicoanalítico a través de sus obras, lo que le permitió un nuevo anudamiento de los tres registros de su subjetividad, pacificándola.

V) ¿Estructura o estado?

Este ejemplo, el de algunos casos que he tenido la oportunidad de tratar, en los que se ha producido un trayecto semejante al de Margaret Little, y la experiencia institucional con niños y jóvenes abandonados, a los que se brinda las condiciones de sostén que antes he mencionado —produciendo cambios positivos con relativa rapidez—, me llevan a pensar que no estamos ante una nueva estructura psíquica, sino ante *sujetos que están en un estado límite*, no porque permanezcan en un espacio diagnóstico más o menos bien delimitado para psicoanalistas, psicólogos y psiquiatras, en el que compartirían frontera con las otras estructuras, sino porque su no elección los deja estancados en esa *frontera* que se sitúa entre la regresión siempre amenazante a un Otro materno Absoluto —de allí el vacío— y una progresión hacia la castración por el padre, y por medio de él hacia la vida… que no se acaba de afrontar —por eso la depresión—.

Bibliografía

Freud, S. (1914-15), *Historia de una neurosis infantil (El Hombre de los lobos)*. Biblioteca Nueva
—. (1927), *Fetichismo*. Biblioteca Nueva

Green, A. (1972), *De locuras privadas*. Amorrortu Editores

—. (1983), *Narcisismo de vida, narcisismo de muerte*. Amorrortu Editores

Kernberg, O. (1975), *Les troubles limites de la personnalité*, pp. 100 y 107. Dunod

Korman, V. (2006), *Cuadros con insuficiente resignificación retroactiva edípica* (CIRRE)

Lacan, J. (1946), *Acerca de la causalidad psíquica*, Homo Sapiens Ediciones

—. *Seminario El deseo y su interpretación (1958-59)*, (sobre un sueño analizado por Ella Sharpe), versión de la Association Lacanienne Internationale

—. *Seminario RSI*, Lección del 15-04-1975, pp. 63 y 160, versión Association Lacanienne Internationale. Trad. Marcelo Edwards

—. *Seminario El sinthoma*, Lección del 18-11-1975, pp. 18 y 21, versión Association Lacanienne Internationale. Trad. Marcelo Edwards

Little, M. (1985), *Relato de mi análisis con Winnicott*, Lugar Editorial

Maleval, J.-C. (1985), *Folies histériques et psychoses dissociatives*, Payot

Mannoni, O. (1963), *La otra escena, Claves de lo imaginario*, Amorrortu Editores

Nasio, D. (1987), «La forclusión local», en *Los ojos de Laura*, Aubier

Rassial, J.-J. (1999), *Le sujet en état limite*, pp. 82 y 96, Denoël

Vappereau, J.-M. (2000), *Conferencias en Barcelona*

Winnicott, D. W. (1958-63), *Los procesos de maduración y el ambiente facilitador*, RBA, Biblioteca de Psicoanálisis

Paseando por los textos metapsicológicos de Freud

Margarita Solé

Es indudable que el desenlace de tales situaciones dependerá de las constelaciones económicas [...]. Y además: el yo tendrá la posibilidad de evitar la ruptura hacia cualquiera de los lados deformándose a sí mismo, consintiendo menoscabos a su unicidad y eventualmente segmentándose y partiéndose. Las inconsecuencias, extravagancias y locuras de los hombres aparecerían así bajo una luz semejante a las de sus perversiones sexuales; en efecto: aceptándolas, ellos se ahorran represiones.

S. Freud (1924 [1923]), p. 158

[...] sobre las «inconsecuencias extravagancias y locuras de los hombres». Lejos de considerar a estas últimas como supervivencias, «fueros», según la comparación de Freud, habría que anclarlas más bien en un núcleo pasional que reacciona en caliente a todo lo que pueda sentir como amenaza para su narcisismo.

A. Green (1993), p. 171

Quisiera expresar mi agradecimiento a mis compañeros de Gradiva y al Grupo de los Miércoles coordinado por Jorge Aragonés y formado por Montserrat Canal, Jerónimo Ervti, José M.ª Franco, Roberto Goldstein, Oriol Martí, Lluís Zaera y yo misma; sin las enriquecedoras discusiones teórico-clínicas que en ambos grupos de estudio se generan, este trabajo no hubiera sido posible. También agradezco a mis alumnos, su interés por aprender y sus preguntas, que me hacen pensar y repensar los conceptos sin dejar que considere nada por ya sabido. Y, por supuesto, mi agradecimiento a mis pacientes.

Debo a un paciente la película *Punch-Drunk love*, en ella vemos a un hombre, Barry, que va arriba y abajo sin dirección; el presente le desborda y sin embargo nada de lo que sucede justifica ese estado. Como espectadores sentimos desconcierto y no entendemos nada; vivimos con el protagonista un sinsentido y nos da la impresión de que los estímulos del mundo exterior penetran en él como si estuvieran muy amplificados; para poderlo entender sirve pensar cuán dolorosa sería una suave caricia si no tuviéramos piel. Se suceden las escenas, inconexas, Barry va acumulando sensaciones que se quedan en lo sensorial y nosotros nos sentimos cada vez más aturdidos. De repente, sin previo aviso, la descarga: da un puñetazo y rompe un cristal; por fin, podemos volver a pensar. El director de esta película, Paul Thomas Anderson, logra escenificar tanto la vivencia de un paciente límite como el aturdimiento contratransferencial que nos hace sentir en muchas sesiones.

Escuchemos ahora las palabras de Lucía: «no paro de hacerle sentir mal todos los días, por todo, a Daniel. Que si no me hace caso, que sí que me hace, que hace, que si no hace, que si ha dicho esto, que si ha dicho lo otro. Y no me puedo aguantar. Es horrible hacerle sentir así a alguien, todo el tiempo, y encima en un momento tan delicado como está. Pero no lo puedo evitar. Pienso que estoy yendo a verle, siempre pagando todo, siempre entendiendo lo que tiene que hacer, pienso que está con otras chicas. No quiero hacerle eso, pero es que me siento mal. Ya no puedo pedir más perdón, no puedo parar...». Y así se puede pasar toda la sesión, sin interrupciones, sin dirigirse a mí en realidad. Son palabras que nos dan la impresión de que no acaban de ser comunicativas, sino que actúan como meras salidas a borbotones que no sirven para ligar ni para formar un verdadero pensamiento; palabras que desbordan a quien escucha y que no podemos confundir con la asociación libre.

Al otro extremo nos encontramos con pacientes aprisionados en una hipernormalidad. Sus palabras son conexas y sus actuaciones coherentes. Sin embargo, a pesar de su narración de contenido traumático, encontramos a faltar la emoción y el dolor psíquico que, al escucharles, nosotros sentimos de manera unidireccional. Ellos nos confunden con un lenguaje sin fallas ni dobles sentidos, no escuchamos ni una pizca de locura privada (Green, 1972), sin embargo la podemos percibir proyectada en el cuerpo a través de la enfermedad. Recuerdo a un paciente, Pedro, con cáncer, que tras varios años de terapia me decía: «puede que esto [refiriéndose a la terapia] me ayude a superar el cáncer, pero no sé si quiero, el dolor, la rabia y el desconcierto que estoy empezando a sentir es demasiado fuerte y tengo miedo, mucho miedo a mis propios pensamientos, a volverme loco».

A pesar de que fenomenológicamente Barry, Lucía y Pedro son muy diferentes, los tres me provocaban un mismo sentimiento contratransferencial: aturdimiento.

A mi entender tanto Pedro como Lucía como Barry pertenecen a esta gran familia que hoy hemos llamado «paciente límite». Y ello a pesar de ser muy diferentes, tanto en los síntomas que presentan como en su manera de utilizar las defensas. Con Lucía y Barry nos encontramos ante un exceso, con Pedro ante un déficit. La pregunta que me despertaron y que es el hilo conductor de este paseo por los textos metapsicológicos de Freud (en compañía de otros autores y al cual os invito) es: a pesar de sus diferencias ¿qué tienen en común en la estructuración de su aparato psíquico?

Para poder acercarnos a lo común en los tres os propongo detenernos en un concepto metapsicológico de Freud: el factor cuantitativo. Pensemos en una cantidad pulsional que al no poder quedar ligada a través de las representaciones solo puede utilizar dos caminos: el de la evacuación en esa especie de desangrado sin plaquetas (como vemos en Lucía a través de sus palabras o en Barry en sus actuaciones), o el del aislamiento tras un muro de cemento que desconecta al yo de su mundo pulsional (como percibimos en Pedro); desconexión que abre la puerta para que la evacuación se realice a través del cuerpo poniendo en peligro su integridad orgánica (a diferencia de la utilización del cuerpo en la conversión de la histeria).

Al hablar del paciente límite André Green nos dice en su libro *El trabajo de lo negativo* que nos encontramos, no ante un primitivismo psíquico sino ante las consecuencias de la extrema violencia de la pulsión no canalizada por las vías del deseo. Para este autor son pacientes que no disponen de las estructuras del deseo que permiten representar al psiquismo y nos dice que, como consecuencia, en ellos la experiencia de satisfacción se transforma en experiencia de dolor. Sabemos como es el deseo el que hace posible la fantasía que permite ligar, esperar y disminuir la cantidad de la frustración; y también desde Freud, y su *Proyecto de psicología,* como el dolor (que es un exceso de cantidad), a diferencia del displacer, arrasa al psiquismo y a sus representaciones (Solé, 2010).

Sigmund Freud nos enseña, a lo largo de toda su obra, la gran importancia del factor cuantitativo. Por ejemplo podemos pensar en uno de sus últimos libros: *Análisis terminable e interminable.* En él nos habla del valor incuestionable de dicho factor en la causación de la enfermedad, nos dice (p. 229): «Y, en efecto, siempre nos hemos comportado como si lo supiéramos; solo que en nuestras representaciones teóricas las más de las veces hemos omitido tomar en cuenta el punto de vista *económico* en la misma medida que el *dinámico* y el *tópico.* Mi disculpa es, pues, advertir así sobre esa omisión». Es también en esta obra (p. 227) donde nos expone tres factores causantes de enfermedad cual nueva serie complementaria: el influjo de los traumas, la intensidad de la pulsión y la alteración del yo. Como veis los tres están relacionados con la cantidad ya que para Freud el trauma aumenta la energía no ligada y la alteración en el yo lo deja débil ante los requerimientos pulsionales del ello.

Antes hemos visto como Freud en 1937, casi al final de su vida, se disculpaba por haber omitido el factor económico. Si recordamos los artículos metapsicológicos a lo largo de todos sus textos nos sorprende este pedido de disculpas ya que realmente nunca dejó de tener en cuenta la importancia del elemento cuantitativo. Entonces, ¿por qué tiene esta impresión? Quizás la explicación esté relacionada con el giro de su interés teórico a partir de la introducción de la pulsión de muerte en *Más allá del principio de placer* y de la creación de la segunda tópica presentada en *El yo y el ello*.[5] En este momento Freud ya no solo está interesado en las neurosis como negativo de la perversión sino que vuelca su atención en las neurosis como negativo de la psicosis.

Muchos autores nos hablan de este cambio. Para poderlo pensar en toda su compleja amplitud hemos de tener en cuenta que a partir de *Introducción del narcisismo* (a pesar de que pudiera parecer que en los artículos posteriores no volviera a retomar este tema) introduce conceptos teóricos (de todos conocidos y que por falta de tiempo no desarrollaremos) sumamente importantes para escuchar a este tipo de analizantes: la pulsión de muerte, la segunda tópica, la renegación, la escisión del yo y la angustia automática.

Vayamos ahora a otra de las obras de Sigmund Freud, *Inhibición, síntoma y angustia*. En ella no solo nos introduce la angustia señal sino que también le da un lugar a la antigua, a la angustia por acúmulo de cantidad, nominándola angustia automática y definiéndola como una angustia sin representación psíquica y asociada al trauma. Xavi, el paciente que me dio a conocer la película, también me enseñó lo siguiente: él distingue lo que llama ansiedad de lo que denomina angustia; a la ansiedad la describe como mucho ruido en la cabeza y un estado de aturdimiento y desconexión con la realidad, a la angustia como un fuerte dolor en el estómago y opresión en el corazón. ¿No os parece que la primera podría describir a la angustia automática y la segunda, que detalla sensaciones que acompañan al miedo, a la angustia señal, angustia de castración?

Volvamos ahora a Lucía, a Barry, a Pedro y a nuestra pregunta inicial sobre lo que ellos pudieran tener en común, podemos pensar en estos momentos que los tres son esclavos de la cantidad (M'Uzan, 1984) y que su angustia principal es la angustia automática. En mis dos pacientes existía tanto el factor traumático como la debilidad del yo y en ellos primaba el mecanismo de defensa de la renegación

---

5.   Pienso que también puede tener un peso importante el hecho de que abandonara su *Proyecto de psicología*, texto donde desarrollaba fundamentalmente el punto de vista económico. Retazos de este escrito nos los encontramos a lo largo de toda su obra.

sobre el de la represión. Y la renegación escinde. Lo podemos ver muy claro en pacientes que sufren como Lucía, pero queda más oculto en pacientes cuyo sufrimiento es mudo, como el de Pedro. Pensando en él, en sus palabras se me fue formando una hipótesis de trabajo: quizás en Pedro la renegación no escinda su yo sino que actúe entre el yo y sus raíces en el ello, provocando una escisión entre él y su mundo pulsional. Si esto fuera así, recordando lo que supone para un paciente el retorno de lo escindido, podríamos comprender sus palabras, su angustia, su miedo a volverse loco.

Este tipo de patología nos desafía constantemente como psicoanalistas. Uno de los múltiples retos es invitarnos a realizar el esfuerzo de investigar de manera fina las relaciones entre la primera y la segunda tópica.

Freud nos enseña como el yo es una diferenciación del ello (que, no lo olvidemos, es el reservorio de la cantidad). Lo hace en *El yo y el ello* y nos lo vuelve a recordar en *Análisis terminable e interminable* (p. 242) cuando escribe «[...] pero no descuidemos que ello y yo originariamente son uno».

¿Podríamos pensar que en este proceso de diferenciación del yo se construye la primera tópica y que, al mismo tiempo, esta es la que permite una buena diferenciación al yo, en una suerte de sistema autopoyético? En *Esquema del psicoanálisis* (p. 200) Freud nos dice del yo: «Su operación psicológica consiste en elevar los decursos del ello a un nivel dinámico más alto (p. ej., en mudar energía libremente móvil en energía ligada, como corresponde al estado preconsciente)», y sabemos que, al mismo tiempo, es el trabajo del preconsciente el que ofrece recursos al yo para ir diferenciándose del ello.

Es en los trabajos donde desarrolla la primera tópica, que escribió en su primera época, donde Freud introduce los mecanismos de defensa previos a la represión: la vuelta en lo contrario, la vuelta hacia sí mismo y la proyección. André Green, a lo largo de su obra, desarrolla la importancia de dichos mecanismos para atemperar la fuerza pulsional y ayudar al yo a generar proceso secundario a partir del proceso primario (en otras palabras preconsciente). Este proceso secundario irá, al mismo tiempo, fortaleciendo al yo en su diferenciación del ello. Así mismo, Green en su libro *De locuras privadas* señala que es en la relación entre estos dos procesos donde se crean los procesos terciarios, que son los síntomas neuróticos, los sueños, y todas las formaciones de la *Psicopatología de la vida cotidiana*.

En su libro *El trabajo de lo negativo* André Green señala que el pensamiento secundario en el paciente límite no logra establecer una frontera que le permita funcionar a distancia suficiente de los procesos primarios, y son de todos conocidas las consecuencias de ello (además sin distancia no hay relación, sin relación no hay creación, en este caso de procesos terciarios). En pacientes como Pedro podemos pensar que ante esta situación se ponen en marcha mecanismos de defensa, como la renegación y la desinvestidura de la pulsión de muerte, sobre sus procesos primarios (que pueden ser vividos como externos), realizando un borrado de la frontera y apareciendo en su lugar un muro prácticamente infranqueable. Como hemos indicado antes, tanto la frontera como la distancia son necesarias para que se puedan formar los procesos terciarios, por ende nos encontramos con pacientes que tienen serias fallas en la creación de estos procesos; dicho de otra manera, con serias dificultades para elaborar todas las formaciones del preconsciente que tan útiles le son al yo del neurótico para realizar su labor ante las demandas pulsionales del ello.

En la lectura de *Esquema del Psicoanálisis* me di cuenta de un detalle: Freud cuando nos habla del aparato psíquico define la segunda tópica y es en el capítulo «Cualidades psíquicas» cuando nos describe la primera. Recordemos el siguiente párrafo del libro (p. 160): «Lo inconsciente es la cualidad que gobierna de manera exclusiva en el interior del ello». Podemos presumir que, además de explicarnos que el ello es inconsciente, nos dice que el inconsciente es ya cualidad (en él se liga la energía pulsional del ello, que en un principio sería pura cantidad, a través de la creación de las representaciones cosa).

Pero, ¿cómo se inaugura el inconsciente? Para responder a esta pregunta hemos de volver a uno de los primeros textos freudianos, el

Proyecto de psicología, y al concepto de represión primaria, relacionado con la vivencia de satisfacción y la satisfacción alucinatoria del deseo. En la descripción que hace Freud de la inauguración del psiquismo en el bebé nos deja entrever la importancia que tiene en esta etapa lo que ofrece la madre (objeto primario); importancia que ha desarrollado de manera sublime otro gran autor, Donald Winnicott (por ejemplo, en su libro *Los procesos de maduración y el ambiente facilitador*).

Acuerdo con Jorge Aragonés (2010) cuando matiza que el objeto de la descarga no es aún un verdadero objeto y que para que este se pueda crear es la madre quien ha de tomar al bebé como objeto y quien, a su vez, se le ha de ofrecer a él como objeto. Esto nos invita a pensar que sería en esta fusión madre-hijo cuando el instinto, al cabalgar sobre la díada, acabaría transformándose en pulsión. En este momento quiero nombrar, sin detenerme por limitación del tiempo, la importancia que tiene para la creación de la subjetividad del bebé que la madre traiga consigo y le pueda ofrecer el espacio de la terceridad.

Para Jorge Aragonés (2010) la pulsión se hace autoerótica como producto secundario de la organización narcisista; en otras palabras, el autoerotismo sería en realidad secundario a su relación con el objeto, o sea, secundario a la díada madre-hijo. Para otro autor, Michel Fain, el narcisismo primario es un narcisismo secundario, porque están primero las investiduras narcisistas que provienen de la madre. Vemos pues la importancia de esta carga libidinal que la madre ofrece al bebé y la podemos comprobar en el fenómeno del hospitalismo descrito por Renée Spitz (1965).

Como veis estamos hablando de His Majesty the Baby (Freud 1914c), de las identificaciones primordiales, del yo ideal, precursor del ideal del yo, precursor este a su vez del superyó (Solé, 2006). Y también estamos hablando del nacimiento del deseo.

Y este es otro de los dramas de los pacientes límite: los desencuentros con el objeto primario en estas inaugurales fases del desarrollo. Estos desencuentros forjan, como muy bien lo expresa André Green en *El trabajo de lo negativo*, que sean pacientes que sustituyen al objeto como objeto de deseo por el de objeto de la pulsión, diferente por ser apenas figurable (representable). El objeto de la pulsión (que para Jorge Aragonés sería objeto de la descarga) ejerce, según Green, una captación imperiosa que no permite formarse la idea de poder recuperar un bienestar a no ser como tensión por agotar.

Tensión por agotar: como veis volvemos al principio, a la cantidad. A ese exceso de cantidad no ligada que hace que la realidad objetiva se vuelva insoportablemente dolorosa, y de la cual Freud en uno de sus últimos libros, *Esquema del Psicoanálisis* (p. 201) nos dice: «En primer lugar intensidades pulsionales hipertróficas pueden dañar al yo de manera semejante que los 'estímulos' hipertróficos del mundo exterior. Es verdad que no son capaces de aniquilarlo, pero sí de destruir la organización dinámica que le es propia, de mudar de nuevo al yo en una parte del ello».

Ahora quizás podamos entender mejor el significado del puñetazo de Barry, su valor de descarga, y lo que significa para Pedro no poder ni tan siquiera representarse la posibilidad de romper un cristal. Quizás podamos acercarnos un poco más a poder entender el sufrimiento de estos pacientes atrapados en (con palabras de Michel de M'Uzan, 1984: p. 161) «[...] esa suerte de posesión diabólica que es el imperio de una excitación intolerable, con su curso y su desenlaces fatales. La cantidad es el destino cuando se constituye en trauma verdadero».

Bibliografía

Aragonés, R. J. (2010), «Los tres modelos del yo y del narcisismo en Freud». *Revista de Psicoanálisis*, vol. 67, núm. 1-2, pp. 83-104. Buenos Aires: Asociación Psicoanalítica Argentina, 2010

Green, A. (1972), *De locuras privadas*. Buenos Aires: Amorrortu Editores, 2001

—. (1993), *El trabajo de lo negativo*. Buenos Aires: Amorrortu Editores, 2006

Freud, S. (1901), *Psicopatología de la vida cotidiana*. Obras Completas (OC). Vol. VI. Buenos Aires: Amorrortu Editores, 1989

—. (1914c), *Introducción del narcisismo*. OC. Vol. XIV

—. (1920g), *Más allá del principio de placer*. OC. Vol. XVIII

—. (1923), *El yo y el ello*. OC. Vol. XIX

—. (1924 b [1923]), *Neurosis y psicosis*. OC. Vol. XIX

—. (1926d [1925]), *Inhibición, síntoma y angustia*. OC. Vol. XX

—. (1937c), *Análisis terminable e interminable*. OC. Vol. XXIII

—. (1940 [1938]), *Esquema del psicoanálisis*. OC. Vol. XXIII

—. (1950 [1895]), *Proyecto de psicología*. OC. Vol. I

M'Uzan, M. (1984), *Los esclavos de la cantidad. La boca del inconsciente*. Buenos Aires: Amorrortu Editores, 1995

Solé, M. (2006), «S'ha de ser per poder sentir-se culpable». VV. AA.: *Luces y sombras del superyó*. Barcelona: Gradiva. Associació d'Estudis Psicoanalítics, 2006

—. (2010). «De la cantidad a la cualidad». VV. AA.: *De la angustia y otros afectos*. Barcelona: Gradiva. Associació d'Estudis Psicoanalítics, 2010

Spitz, R. (1965), *El primer año de vida del niño*. Méjico: Ed. Fondo de cultura económica, 1969

Winnicott, D. (1965), *Los procesos de maduración y el ambiente facilitador. Estudios para una teoría del desarrollo emocional*. Barcelona: Paidós Ibérica, 1994

Homenaje a André Green

El narcisismo negativo

María Elena Sammartino

En octubre de 1998, Gradiva invitó a André Green a participar en las III Jornadas de Intercambio en Psicoanálisis como conferenciante principal. El encuentro no fue posible. Pero el interés por su obra ya había calado profundamente y continuó vivo a lo largo de estos quince años en los que el diálogo con la obra de Green y los psicoanalistas de la Sociedad Psicoanalítica de París se fue profundizando hasta llegar a estas Jornadas, las primeras que Gradiva realiza después de la muerte de Green, que falleció el 22 de enero de 2012.

El título de las Jornadas encierra un secreto y apenado recuerdo a la vez que una propuesta de futuro. «El paciente límite y su *locura privada*» nació como un eco del título de un libro de Green, *De locuras privadas*, recopilación de artículos que iniciaron su larga contribución a la teoría y la clínica de los casos límite. El eco de esa obra en la puerta de entrada a estas Jornadas, a la vez que un sentido recuerdo, puede escucharse como una invitación a conocer y a poner a *jugar* su pensamiento en la clínica y en los desarrollos teóricos.

El jugar. El jugar acaba de deslizarse entre las palabras como si buscase su lugar desde el momento en el que uno piensa en Green. ¿Se trata de una imagen del hombre que juega? No, ese es Winnicott, no Green, un hombre serio, de carácter duro. Se trata del jugar como propuesta clínica, el jugar a partir de conocer profundamente la obra de Winnicott y transformarla en fuente de inspiración para dos de los grandes temas que desarrollaría a lo largo de muchos años:

En primer lugar, el espacio transicional como teoría del desarrollo simbólico del sujeto y como punto de partida para repensar la clínica con pacientes no neuróticos.

La otra vertiente que crece en su obra a partir del mundo winnicottiano estudia el lugar subjetivo de aquello que debería haber sucedido y no sucedió en los orígenes del psiquismo, lecho por donde transita la pulsión de muerte arrasando a su paso el narcisismo de vida. Se trata de la presencia acuciante de una forma de lo negativo en la vida psíquica, una permanente actualización de la marca dejada por una ausencia temprana, sufrida en tiempos en que la ausencia deja una oquedad en la trama psíquica.

El interés que Green comparte con Winnicott por la renovación del pensamiento psicoanalítico atraviesa la mayor parte de su obra pero se expresa de forma directa en el «Espacio Potencial en psicoanálisis» (*De locuras privadas*) donde afirma que «la obra de Winnicott plantea, con notable agudeza, la cuestión del futuro del psicoanálisis. Por un lado, si mantiene con rigidez su postura clásica, el psicoanálisis tal vez se aferre a un cadáver embalsamado y tieso, y omita la evaluación crítica de sus teorías tal como la reclama la práctica contemporánea. En ese caso se condenaría a la custodia de sus logros sin cuestionar nunca más la teoría que los sustenta. La alternativa es un psicoanálisis que, renovándose periódicamente, trate de extender su campo, repensar sus conceptos hasta la raíz, exponerse a la autocrítica» (p. 313).

Y si el encuentro teórico de Green con Winnicott se vuelve encaje de bolillo que sutilmente va haciendo crecer la obra de Freud, ampliando los límites de la analizabilidad hacia las patologías del narcisismo más severas, no es menos valioso el encuentro de Green con Bion, con quien sostuvo un diálogo personal. Se trata de las dos grandes figuras de la escuela inglesa que dieron estatus teórico al lugar del objeto externo en la constitución del psiquismo. No en vano Lacan había sido un referente en su juventud. Sus huellas las reconoce Green una y otra vez, al mismo tiempo que desarrolla sus diferencias con la teoría lacaniana, originadas en el lugar de los afectos en la teoría y en la clínica.

Los maestros de la escuela inglesa permitieron a Green repensar los afectos sobre el suelo profundo y firme de la obra freudiana y construir una teoría compleja del psiquismo, de base pulsional, que pone siempre en relación lo intra- con lo intersubjetivo, la vida fantasmática como fruto de los avatares de la pulsión, pero nunca ajena a la posición del objeto externo como agente de la vida o de la muerte.

Personalmente creo que el poder de atracción y convicción que genera Green al lector que se inicia en su obra es su posición en la encrucijada de las grandes corrientes psicoanalíticas; la capacidad de Green para crear una metapsicología freudiana, sólida y compleja, que articula la pulsión y el objeto, la representación, el lenguaje y los afectos, el narcisismo y la pulsión de muerte.

Al mismo tiempo, parafraseando su opinión sobre Winnicott, podríamos afirmar que Green trajo un aire nuevo al espacio psicoanalítico freudiano, despojó la técnica clásica de su rigidez y concedió libertad al par analista-analizando (1972-1986, p. 20).

Llegados a este punto, no puedo sino evocar algunas de sus obras más leídas: *El discurso vivo: una concepción psicoanalítica del afecto*; *De locuras privadas*; *Narcisismo de vida, narcisismo de muerte*; *El trabajo de lo negativo*; *El pensamiento clínico*; *Ideas directrices para un psicoanálisis contemporáneo*.

Al preguntarme acerca de cómo homenajear a un autor de tan rica producción teórica y que ocupa un lugar central en los desarrollos del psicoanálisis freudiano contemporáneo, recordé al profesor Christian Delourmel, el psicoanalista que mejor conoce la obra de Green, según decía el propio Green. Delourmel piensa que la mejor manera de homenajear a un creador es poner su pensamiento a germinar en nuestra propia clínica y desarrollar más allá sus propuestas. Creo que es así. Pero también creo que Green aprobaría que en su homenaje se desarrollara alguno de sus hallazgos más nucleares con el deseo de estimular su lectura en aquellos que desconozcan su obra. Y esta es la vertiente que he escogido: les hablaré del narcisismo negativo.

Pero antes de comenzar con el tema, quisiera añadir alguna faceta más para acercarnos no solo al pensador, sino también al hombre que piensa, ya que la pasión de Green no se agotaba en el ancho mundo de la teoría y la clínica psicoanalítica.

Amante de la novela, la tragedia, el teatro y la poesía, Green fue actor en el grupo de teatro antiguo de la Sorbona. Más tarde escribiría sobre la tragedia griega, sobre Proust, Conrad y Henry James; consideraba que Shakespeare le había permitido continuar su propio análisis (Duparc, 1999: p. 79) ya que pensaba que «el analista es analizado por el texto» literario (ídem), que moviliza sus procesos inconscientes. Así concibe que el psicoanalista escriba sobre las obras de arte.

Se explica en el prefacio de *La letra y la muerte* (p. 16) que en el último capítulo de *La desligazón* Green rinde un bello homenaje a Borges, quien se anticipa en sus textos a los descubrimientos del psicoanálisis, y comparte con él, además de la erudición, ese punto secreto que une al poeta y al analista, «esa misma insumisión a las apariencias de la realidad». Borges siempre estuvo convencido de que la sustancia de lo real se escabulle entre el follaje de las palabras.

En 1974, el escritor recibió a Green en Buenos Aires y su primer encuentro se ocupó del poema titulado *El otro tigre*, escrito en 1959.

Última estrofa de *El otro tigre*:

> Un tercer tigre buscaremos. Este
> Será como los otros una forma
> De mi sueño, un sistema de palabras
> Humanas y no el tigre vertebrado
> Que, más allá de las mitologías,
> Pisa la tierra. Bien lo sé, pero algo
> Me impone esa aventura indefinida,
> Insensata y antigua, y persevero
> En buscar por el tiempo de la tarde
> El otro tigre, el que no está en el verso.

«Si el poema me emocionó tanto», escribe André Green, «es

porque sentía que, en mí, enfrentaba cara a cara al hombre de palabra que intento ser y la fiera que no dejo de ser» (ídem: p. 17).

Y si el hombre de palabra tejió la grilla de un modelo teórico y clínico, es posible que del lado de su fiera escondida se encontrara la sensibilidad necesaria para entrar en contacto con la locura privada, el vacío de la alucinación negativa, el frío de la madre muerta, la destrucción en el narcisismo negativo, que han sido sus grandes aportes al psicoanálisis freudiano contemporáneo y a la clínica con pacientes fronterizos.

El narcisismo negativo

Para introducir uno de los núcleos conceptuales más importantes de la obra de Green, el narcisismo negativo, he elegido una frase hermosa y oscura: «Lo negativo celebra indefinidamente el naufragio de un vínculo» (1993: p. 92).

Intentaré en el tiempo que nos queda, dar vida a esta frase que recorre como un escalofrío la arquitectura del narcisismo negativo.Para ello, comenzaré situando el narcisismo positivo, el narcisismo de vida.

De locuras privadas (1972-1986), dedicado al estudio de los cuadros fronterizos, recoge el núcleo teórico puesto en marcha en 1966 en su artículo «Narcisismo primario: estructura o estado» (publicado más tarde como un capítulo de *Narcisismo de vida, narcisismo de muerte*).

Se trata de un modelo estructural del narcisismo primario fundado en el doble retorno de la pulsión y en la alucinación negativa de la aprehensión de la madre. El proceso decanta el nacimiento de una estructura encuadrante que es a la vez interiorización del estatus de la ausencia del objeto, «representación de la ausencia de representación», y marco para la inscripción de todas las representaciones de sí y del mundo.

Dice Green en «El narcisismo primario: estructura o estado» (1983: p. 120): «Si Freud establece como sucesos contemporáneos la pérdida del pecho y el momento en que es capaz de aprehender la persona total de la madre, lo que precede a esta aprehensión debe incluir en potencia el contenido de la apropiación ulterior. No en la forma de una percepción, puesto que en ese caso el objeto estaría afuera, […] sino, al contrario, de una *alucinación negativa* de esa aprehensión global. El autoerotismo en las puertas del cuerpo signa la independencia frente al objeto; la *alucinación negativa* signa, […] el acto de ponerlo fuera del yo» constitutivo de la diferenciación entre el yo y el no-yo que fundará las identificaciones.

Esa constitución se consuma por la inversión de polaridades entre el bebé y la madre a través del doble retorno pulsional: la mudanza de actividad en pasividad y la vuelta contra sí mismo.

Añade Green: «La madre es tomada en el cuadro vacío de la alucinación negativa y se convierte en estructura encuadrante para el sujeto mismo. El sujeto se edifica ahí donde la investidura del objeto ha sido consagrada al lugar de su investir», es decir, se edifica allí donde ha sido investido por el objeto y no donde se ha realizado su propia investidura.

Para Green, la madre inviste al niño desde todas sus dimensiones: es afecto, lenguaje, cuerpo y pensamiento a la vez. «Es a través de la mirada sobre el cuerpo emocionado que se constituye la primera representación de uno mismo, en negativo, como una marca de la separación del sujeto. Es a partir de la ausencia sobre fondo de presencia que el envoltorio vaciado, tomado prestado al objeto, constituye para el sujeto la estructura de su psique» (Duparc, 1999: p. 91).

El niño toma prestado del objeto un sentimiento de autosuficiencia, de unidad del yo, posibilitado por la función paraexcitadora materna; se trata de una suerte de interiorización del *holding* materno a través de la inversión de polaridades entre el niño y su madre que revierte sobre el trato que el niño se da a sí mismo.

La estructura encuadrante inhibe la descarga pulsional, liga la pulsión de muerte y abre así paso a la satisfacción alucinatoria del deseo, fuente de la vida psíquica, y a su correlato, el autoerotismo.

Un paso más allá en este complejo texto inaugural de todos los grandes temas que Green irá desarrollando a lo largo de más de 40 años, dirá: «El narcisismo es la borradura de la huella del Otro en el Deseo de lo Uno. La diferencia instaurada por la separación entre la madre y el hijo es compensada por la investidura narcisista» (1983: p. 121).

«Cuando las condiciones favorecen la inevitable separación entre la madre y el hijo, se produce en el seno del yo una mutación decisiva. El objeto materno se borra como objeto primario de la fusión, para dejar el lugar a las investiduras propias del yo, fundadoras de su narcisismo personal [...] esta borradura de la madre, no la hace desaparecer verdaderamente. El objeto primario se convierte en estructura encuadradora del yo, que da abrigo a la alucinación negativa de la madre» (Green, 1983: p. 231).

Es fundamental el momento en que el niño negativiza la presencia materna para crear ese espacio psíquico personal e imaginariamente autosuficiente que funcionará como fondo secreto de su propio mundo representacional. Es el momento que Winnicott describe a través de una paradoja, «jugar a solas en presencia de la madre», y que da vida a la creencia narcisista de ser autosuficiente sobre el fondo de la dependencia del objeto.

El éxito de ese proceso de constitución de la estructura encuadrante garantiza la ligadura y neutralización de la pulsión de muerte en tanto que vuelve estructura psíquica la función paraexcitadora del objeto primario.

Green desarrolla hasta aquí el origen pulsional de la estructura narcisista, el narcisismo primario, que incluye en su procesamiento al objeto primordial como fuente de las bases narcisistas del yo y condición del nacimiento de la matriz de la capacidad de representar.

Las huellas de este proceso las conoceremos por los productos de su transformación a través de la palabra, los sueños, las creaciones, los síntomas o por las señales clamorosas del fallo en la construcción de la estructura encuadrante y, por consiguiente, en el mundo representacional: los trastornos del pensamiento, la imposibilidad de asociar libremente, la actuación, las desorganizaciones psicosomáticas, y aún más allá, los cuadros a partir de los cuales Green elaboró su teoría del narcisismo negativo: la psicosis blanca, el duelo blanco, el vacío, la inexistencia y la anestesia, el deseo de nada.

Porque junto a ese narcisismo primario estructurante, narcisismo de vida, Green postula «la existencia de un *narcisismo negativo*, doble sombra del Eros unitario del narcisismo positivo, [...] que aspira a un retorno regresivo al punto cero».

Green diferencia ese narcisismo negativo del masoquismo que, aunque sea originario, es un estado que aspira al dolor como única forma de existencia. «A la inversa, el narcisismo negativo se dirige a la inexistencia, la anestesia, el vacío, *lo blanco* (del inglés *blank,* que se traduce por la categoría de lo neutro), sea que eso blanco invista el afecto (la indiferencia), la representación (la alucinación negativa) o el pensamiento (psicosis blanca)» («Uno, otro, neutro», 1983: p. 38)

El narcisismo primario positivo, reconducible a Eros, tiende a la unidad y la identidad. El narcisismo primario negativo no se manifiesta en el odio hacia el objeto, sino que se expresa en la «tendencia del yo a deshacer su unidad para tender al Cero. Esto se manifiesta clínicamente en el sentimiento de vacío» («La madre muerta», 1983: p. 233).

El *narcisimo negativo*, como aspiración al nivel cero, es expresión de una función *desobjetalizante* característica de la pulsión de muerte cuyo principal instrumento es la desligazón.

El objetivo esencial de las pulsiones de vida es asegurar la *función objetalizante* a través de la investidura libidinal.

Del lado opuesto, el designio de la pulsión de muerte es desempeñar de la manera más extrema posible una *función desobjetalizante*, por medio de la desligazón.

Esta calificación permite comprender que no solo es atacada la relación con el objeto sino que son atacados también todos los sustitutos de este: el yo o el pensamiento, por ejemplo, y *el hecho mismo de la investidura en tanto que ha sufrido el proceso de objetalización.*

Es verdad que la mayoría de las veces asistimos al mero funcionamiento concurrente de actividades vinculadas a los dos grupos de pulsiones. Pero la manifestación propia de la destructividad de la pulsión de muerte es la desinvestidura.

A partir de este razonamiento, Green sostiene la hipótesis de un *narcisismo negativo* como aspiración al nivel cero, expresión de una función desobjetalizante que no se conformaría con recaer sobre los objetos o sus sustitutos, sino que recaería sobre el proceso objetalizante mismo (1993: p. 123).

La función desobjetalizante de la pulsión de muerte propia del narcisismo negativo no solo mostrará su actividad destructiva en la melancolía, las formas no paranoides de la psicosis o el autismo, sino también en otras formaciones psicopatológicas como la anorexia mental, la depresión blanca del lactante o cuadros de desorganización psicosomática del niño o del adulto en los que domina el deseo —en general inconsciente— de autodestrucción.

Green complementa así la teoría de Freud y da un paso más allá en su reflexión teórica y clínica sobre el narcisismo al pensar la relación entre el narcisismo y la pulsión de muerte. Despeja una estructura, un marco psíquico responsable de ligar la pulsión de muerte y una forma de narcisismo propia del fracaso de ese proceso, el narcisismo negativo, en el que predomina el trabajo autodestructivo de la pulsión de muerte.

Los fallos en la constitución del marco psíquico que liga la pulsión de muerte habla de un desencuentro en el origen o de una ruptura temprana de la continuidad existencial, ya sea porque el objeto primario ha rehusado el abrazo libidinal o, por el contrario, porque el exceso de presencia no ha permitido su negativización.

El dolor que comporta para el niño la carencia o el exceso, la falta de investimiento tanto como la intrusión pulsional, acaba siendo coagulado por la vía de la retirada de su propia investidura dirigida al objeto y a todo aquello que pudiera evocarlo, incluyendo las representaciones del mundo y de sí.

La propia pulsión —a veces multiplicada por la del objeto— no encuentra las vías para ser ligada a través de la representación por lo que solo es posible convocar al último aliado, aquel que buscará conjurar el desbordamiento destructivo por la vía de la autodestrucción: la pulsión de muerte en su potencial de nadificación, la que busca romper las cadenas que atan al yo a su propia subjetividad, a sus deseos, a sus objetos.

De aquí en más, esa área psíquica solo buscará deshacerse de sus pensamientos, de sus sentimientos, de sus recuerdos, de sus vínculos significativos, como fórmula para evitar toda conexión con un dolor antiguo que amenaza con hacer estallar al yo.

En el peor de los casos, la desinvestidura alcanza a todos los aspectos de sí que pudiesen entrar en contacto con el dolor: pensamiento, sentimiento, cuerpo, palabra, en una aspiración al no ser, a la muerte psíquica propia de algunos cuadros psicóticos (psicosis blanca, autismo).

Pero con frecuencia la desinvestidura de la representación de la madre —ausente en su presencia— deja un blanco, un hueco, un vacío sobre el que se tejen las texturas neuróticas y los excesos de ámbito fronterizo. Así ocurre en el *síndrome de la madre muerta* —descripto por Green en 1983— en el que está en juego una madre que no puede ser representada ni como ausente ni como mala; está como ausente de sus funciones maternas, absorbida ella misma en un duelo imposible de elaborar.

La metáfora de la madre muerta corresponde a la seria blanca de la desinvestidura, del vacío, de lo no representado. El sujeto queda identificado con el agujero dejado por la desinvestidura y por consiguiente sufre de una carencia invisible y de su propia incapacidad de vivir los afectos, es incapaz de amar. Ese núcleo frío, blanco, «quema como el hielo» dice Green y agujerea el corazón del narcisismo en el paciente límite, robándole su capacidad de amar (1983: p. 223).

Bibliografía

Delourmel, C. *Seminario sobre la obra de André Green (2011-2013)*. Gradiva, Associació d'Estudis Psicoanalítics. Barcelona
Duparc, F. (1999), *André Green*. Madrid: Biblioteca Nueva
Green, A. (1972-1986), *De locuras privadas*. Buenos Aires: Amorrortu Editores, 1990
—. (1973), *El discurso vivo*. Valencia: Editorial Promolibro, 1998
—. (1983), *Narcisismo de vida, narcisismo de muerte*. Buenos Aires: Amorrortu Editores, 1993

—. (1993), *El trabajo de lo negativo*. Buenos Aires: Amorrortu Editores, 1995

—. (1995), *La metapsicología revisitada*. Buenos Aires: Eudeba, 1996

—. (2003), *Ideas directrices para un psicoanálisis contemporáneo*. Buenos Aires: Amorrortu Editores, 2005

—. (2009), *La letra y la muerte*. Valencia: Editorial Promolibro

CONFERENCIA DE CHRISTIAN DELOURMEL

Estados límite y estados operatorios: quiasma, complementariedades, diferencias

Christian Delourmel

1. Introducción

Los estados límite y los estados operatorios son dos configuraciones esenciales en el extenso campo de los funcionamientos no neuróticos. En mi conferencia me propongo reflexionar sobre sus complementariedades y diferencias, desde el punto de vista de su funcionamiento mental, partiendo de las modalidades de depresión subyacente: depresión esencial (en el sentido de Pierre Marty) en el caso de los estados operatorios, depresión infantil, cuyo paradigma es la «madre muerta» (descrita por André Green), en el caso de los estados límite.

Para hacerlo, me apoyaré sobre dos secuencias de la cura analítica de una paciente *borderline*. La primera secuencia se caracteriza por la aparición de un cáncer de tiroides en el tercer año de análisis; la segunda, por una brusca pasión homosexual actuada en el séptimo año. Hay dos preguntas que me permitirán avanzar una hipótesis sobre el sentido y la naturaleza de la depresión subyacente a los procesos de somatización y transferencia lateral. La primera pregunta tiene que ver con la aparición paradójica de la somatización, puesto que se manifiesta en un momento de progreso psíquico; la segunda se refiere a las relaciones entre somatización y transferencia lateral. Estas dos preguntas permitirán que nos interroguemos sobre el funcionamiento de la economía psíquica de la paciente en esos dos momentos precisos de la cura y además permitirán también proponer la hipótesis de que la aparición de la somatización y luego de la transferencia lateral podrían comprenderse como dos modalidades del retorno de un pasado traumático precoz que tiene que ver con ese estar fuera del tiempo y de la rememoración del que habla Freud en *Construcciones en análisis* y que André Green llama una «memoria amnésica». Siguiendo esa línea, la aparición de una somatización primero y luego de la transferencia lateral serían dos modalidades de reviviscencia —y no de reminiscencia— de una depresión infantil precoz que se manifestaría en primer lugar bajo la forma de una depresión esencial (inductora del proceso de somatización) y luego de una «madre muerta» inductora de la aparición brusca de una transferencia lateral. Ya André Green ha subrayado la gran frecuencia de transferencias laterales en las curas de pacientes portadores de huellas de la «madre muerta».

La actualización de un pasado traumático precoz primero bajo la forma de una depresión esencial —que subyace a la vida operatoria— y luego bajo la forma de un «duelo blanco» («madre muerta») que subyace al funcionamiento límite, sería el testimonio de las transformaciones del funcionamiento psíquico de la paciente bajo la acción del trabajo analítico. A medida que se produzca un despliegue del campo de representaciones concernientes al edipo en sus dos vertientes y a la relación con el objeto primario, la paciente podrá emerger de esa transferencia lateral y años después se podrá plantear el final del tratamiento en condiciones satisfactorias tanto para la paciente como para el analista.

2. Clínica
Los inicios, cara a cara

Cuando tomó contacto conmigo con la esperanza de que el psicoanálisis pudiera aportar un alivio a un malestar que la abrumaba desde la infancia, la señora C tenía cuarenta y dos años.

Con una voz débil y uniforme, sin ninguna gestualidad, la señora C evocó sus angustias; estas eran de carácter difuso y ligadas habitualmente a situaciones de abandono aunque a veces tenían un carácter fóbico cuando se vinculaban a dolores crónicos de la mandíbula: entonces se imaginaba afectada por un cáncer, con un sentimiento muy penoso de muerte próxima. También habló de su «dormir de plomo», sin sueños, de sus noches de adolescente con el terror de las crisis de sonambulismo que, aparecidas en la primera infancia, todavía continuaban intermitentemente; también de sus crisis de asma que habían aparecido en la misma época. Y, asimismo, de sus problemas sexuales, que habían sido origen de muchos conflictos conyugales y que finalmente condujeron al divorcio.

Su horario estaba muy ocupado: aparte de su actividad profesional, tocaba el piano en una orquesta amateur, bailaba y leía muchísimo: «leo todo el rato, caminando, lavándome los dientes». Pero sus actividades —incluyendo las sublimatorias— eran vividas de una manera maquinal y no llegaban a colmar la impresión de vacío que sentía en su vida. La antigüedad y la importancia de sus angustias, su carácter difuso, la tonalidad hipocondríaca de sus fobias, la ausencia de sueños, su sonambulismo, su asma, su hiperactividad comportamental que evocaba un funcionamiento operatorio, me condujeron a proponerle un trabajo analítico en cara a cara más bien que sobre el diván, diciéndole al mismo tiempo que estas condiciones podrían quizá ser modificadas en el futuro.

Durante los primeros meses, las sesiones estuvieron dominadas por un discurso recitativo-narrativo en el que de manera lapidaria explicó acontecimientos de su vida tanto pasada como reciente: operación de amígdalas en su infancia, histerectomía de su madre y gastrectomía de su padre cuando ella tenía diez años, breves alusiones a la enfermedad del marido, a su divorcio y a la muerte de este, sus visitas a ginecólogos para que la trataran de frigidez, sus visitas a dentistas…

Desde nuestro primer encuentro, y así fue durante muchos meses, tuve que luchar contra un fuerte sentimiento de entumecimiento psíquico. Aunque la señora C me miraba al hablar, no parecía, sin embargo, preocupada por el efecto que sus palabras pudieran tener en mí: ninguna evitación de la mirada al abordar sus dificultades sexuales, ninguna búsqueda del anclaje visual, de ayuda, al evocar sus angustias de abandono. Yo tenía la extraña impresión de que su mirada me atravesaba sin que verdaderamente me llegara a ver. Este efecto contratransferencial de inmovilidad y de transparencia —de «relación blanca», para utilizar palabras de Pierre Marty— tenía que ver con la manera como me hablaba de sus padres. Durante mucho tiempo, las imágenes serán siempre las mismas: una madre «fría» y un padre «ausente», padre, sin embargo, admirado por su éxito profesional en el periodismo.

Al cabo de algunos meses empezaron a aparecer algunos cambios. El recuerdo de las intervenciones quirúrgicas fue enriqueciéndose poco a poco: al principio se le añadieron reminiscencias ligadas estrechamente al momento de la intervención, luego se articularon con recuerdos de épocas diferentes. Y así, por ejemplo, al recuerdo de la amigdalectomía se le injertaron otras evocaciones sensoriales difusas (como sensaciones de ahogo), a las que más tarde se añadieron recuerdos sensoriales más específicos olfativos (olores de cloroformo) o visuales (el recuerdo del médico que le colocaba una mascarilla en la cara). A medida que recordaba a esa persona se sentía oprimida por la imagen invasiva de la forma de este médico (¿hombre, mujer?) que aumentaba de tamaño según la evocaba. En otra ocasión, recordó el momento del despertar de la operación y se vio escupiendo sangre en la cubeta que le tendía una religiosa. Este complejo mnésico, con un fuerte componente sensorial y organizado como un recuerdo encubridor, constituirá un polo de atracción para otros recuerdos: por ejemplo, el recuerdo del ahogo le trajo a la memoria sus «crisis de asma» que se acompañaban de «sensación de quemazón con la inspiración» y que empezaron quince días después de su amigdalectomía.

A este complejo mnésico responderá otro organizado sobre el recuerdo de las operaciones de sus padres: ausencia de su madre que vuelve deprimida de la clínica después de su histerectomía; ausencias repetidas de su padre por ingresos debidos a una tuberculosis y luego a una gastrectomía por una úlcera gástrica, estancia de este en París y posteriormente en África durante un año… Con el transcurrir de las sesiones, otros recuerdos vendrán a injertarse en estas evocaciones: las tardes en que se dedicaba a escuchar las conversaciones de su padre con sus amigos en una lengua que ella no comprendía; la ventana de la habitación de sus padres que tenía postigos negros siempre cerrados y que la intrigaban mucho; el cuchitril negro donde la encerraba su tía para castigarla de sus tonterías… Un día, hablando de la estancia de su padre en París, recordó a la mujer «seductora, elegante» que su padre se trajo de allí un día y que presentó como su secretaria; odió inmediatamente a esta «parisina». A medida que los contenidos se enriquecían, también se presentaron cambios en las formas expresivas de su discurso; durante algunas sesiones, el flujo ininterrumpido y monótono fue dejando sitio de vez en cuando a un discurso salpicado con momentos de silencio cuyo efecto contratransferencial era el de dotar a sus manifestaciones de una cierta densidad que contrastaba con el efecto de «relación blanca» dominante en los primeros tiempos.

Al cabo de unos diez meses aparecieron los primeros esbozos de una transferencia objetal paterna. La señora C sabía desde el principio que yo tenía en psicoterapia a una de sus colegas. Me hizo saber su temor de que por esta razón yo decidiera interrumpir el análisis con ella, ya que había leído que no es deseable que un mismo analista trabaje con dos personas cercanas (en realidad no tenía más que relaciones distantes profesionales con esta colega). Sus asociaciones entre su colega «elegante, seductora» y la «parisina» de su infancia me permitieron poner en relación su odio por la «parisina» con su amor por su padre y mostrarle la actualización de todo esto en la transferencia a través de sus celos frente a la colega y su temor de una sanción por mi parte bajo la forma de rechazo.

Desde hacía un tiempo me sentía molesto en el cara a cara estricto, molestia que también creía percibir en ella porque a veces desviaba la mirada, de manera que le había propuesto disponer su sillón un poco de lado. Esta molestia, junto a la densidad que empezaba a sentir en ciertas sesiones eran, sin duda, indicio del debut de un deshielo pulsional. Comencé a pensar en la posibilidad de continuar esta cura en el diván. Poco después de habérselo comentado me confesó que, tras girar su sillón, se las había arreglado para percibir mi reflejo en el cristal de la biblioteca siempre que lo deseaba.

En el curso de una sesión posterior retomé el contenido de mis últimas interpretaciones sobre el padre relacionando, por un lado, las huellas frescas de vínculo que habían aparecido en los meses precedentes (es decir: el cuchitril negro donde no veía nada, los postigos negros de la ventana de la habitación de los padres que tanta curiosidad le provocaban, su padre hablando con amigos y ella en otra habitación escuchando sin comprender, sin ver, excluida) con, por otro lado, su mirada hacia mi biblioteca y su padre periodista; uní estas dos cosas y las puse en relación con las modificaciones que había sufrido nuestro dispositivo de tratamiento así como con mi proposición de continuarlo sobre el diván. Y un tiempo después di continuidad a esta relación con una interpretación: «Quizá —le dije— usted ha podido pensar que mi propuesta sobre girar su sillón era para castigarla por sus celos en relación con su colega, rechazándola de nuestro intercambio visual, de la misma forma que usted pudo pensar que su padre la castigaba por sus celos y su odio hacia la "parisina" hablando una lengua desconocida con amigos, excluyéndola de la conversación. Me pregunto si quizá mi proposición de continuar el análisis sobre el diván ha tomado también para usted este mismo significado». Un tiempo más tarde, le propuse continuar la cura sobre el diván, cosa que aceptó.

Los inicios sobre el diván

La primera sesión se vio marcada por la aparición de fenómenos de despersonalización: se sentía flotar por encima del diván, como en levitación.

En las sesiones siguientes esos fenómenos reaparecieron en varias ocasiones pero acabaron por atenuarse y finalmente desaparecer. Cabe pensar que fueron inducidos por la resonancia amplificadora de mis interpretaciones y el acto del paso al diván. Poco después apareció una pesadilla repetitiva que había tenido en su infancia:

«me voy hacia la escuela o de vacaciones y temo no encontrar luego mi casa, mis padres. Al volver, la casa donde viven mis padres ha desaparecido; las dos casas que la rodeaban están ahora enganchadas una a otra. Los vecinos me informan de que la casa que busco no ha existido nunca. Es como si nunca hubiera habido esa casa y me invade un sentimiento de extrañeza». La señora C asocia sobre el miedo que tenía cuando era pequeña de que sus padres pudieran morir en un accidente cuando se ausentaban.

Un tiempo después me habló por primera vez de un trágico acontecimiento familiar ocurrido cuatro años antes de su nacimiento: 1944, bombardeo de Rennes. Su madre, que está embarazada, cae accidentalmente bajo el efecto del rebufo de una bomba y da a luz prematuramente dos gemelos. Colocados en una incubadora en el hospital, las dos niñas mueren así como todos los demás niños debido a una avería de la electricidad del hospital provocada por otra bomba. A lo largo de las sesiones volverá en numerosas ocasiones sobre esta tragedia familiar de la que su padre no hablaba jamás y su madre muy poco.

En este contexto de rememoración recordó algo que había olvidado por completo: su profesor de piano, amigo de los padres, había abusado de ella sexualmente haciéndole «tocamientos» durante varios años. Esto había comenzado en la misma época que las operaciones quirúrgicas sufridas por sus padres; también en esta misma época había empezado a masturbarse «frenéticamente». No será hasta mucho más tarde que precisará que se trataba de masturbación anal porque «entonces no tenía ni idea de la existencia del clítoris ni de la vagina». También entonces dejó de soñar y empezaron sus crisis de sonambulismo. La pérdida de su actividad onírica, aún casi total en el momento de comenzar el análisis, se debía, según ella, a la lucha que ella misma llevaba a cabo contra la aparición de los sueños. Vivía sus sueños como una «violación» y los hacía responsables de su sonambulismo, lo que la aterrorizaba: le habían explicado que algunos sonámbulos se habían matado y para defenderse de ese riesgo se ataba a la cama con las sábanas; a pesar de ello, a veces se despertaba subiendo o bajando una escalera o a punto de abrir una ventana. Otra de sus «estrategias» consistía en no cerrar por completo los postigos de su habitación para «guardar un espacio blanco en la oscuridad de mi habitación», sabiendo que la luminosidad la despertaría en el momento en que ella abriera la ventana. El contexto asociativo de una sesión me permitió poner en relación su atracción por el blanco de las ventanas durante sus crisis y los postigos negros de la habitación de los padres. Había asociado sobre los recuerdos de su padre recibiendo amigos durante la noche; más tarde, hablando de su «sueño de plomo» en el que caía como «en un abismo», añadió algunos comentarios: tenía miedo de morir durante su sueño y preparaba sus cosas durante la noche como si no fuera a despertarse. Sus compañeras de pensionado le decían que se parecía a una muerta mientras estaba durmiendo, totalmente inmóvil, estirada, aprisionada entre las sábanas. Esta imagen la hizo pensar un día en las «efigies de las catedrales envueltas en sus vestidos de piedra» y le recordó algunos comentarios de su madre: cuando bebé era tranquila, siempre inmóvil, nunca chillaba, luego nunca decía que no, nunca pedía nada de comer. Más tarde, durante la adolescencia, la cosa fue parecida: siempre muy dócil, muy tranquila. Esos comentarios me hicieron pensar en la forma de su discurso al principio del análisis, su voz débil, monótona, sin gestualidad, y sus efectos contratransferenciales de transparencia, de vacío; también me hizo pensar en la imagen fantasmática de los padres (una madre fría, un padre evanescente) y de ella misma.

Apareció de nuevo la amigdalectomía y las molestias permanentes que tenía en el fondo de la garganta después de esa operación… y el placer que le daba el respirar el olor de los tubos de escape de los coches; eso le provocaba el mismo efecto que la dulzura de una voz, la caricia de sus cabellos: un placer en el fondo de la garganta.

En continuidad con estos recuerdos, evocará la llegada de la menstruación, de la que había pensado que se trataba de materia fecal. Su madre, obnubilada por todo lo «natural» y que sometía toda la familia a un régimen vegetariano, no era partidaria de los tampones y exigía que se pusiera toallitas higiénicas. Y siempre vinculado con este asunto de lo «natural», su madre le tejía bañadores de lana que le provocaban picores y que, cuando salía del agua, quedaban colgando entre sus piernas, lo que la avergonzaba al pensar que la verían de esta guisa.

En ese contexto de mayor asociatividad de su discurso, un día me dijo que comenzaba a soñar. En sus primeros sueños había un lago negro del que salía un monstruo en su centro; en otro, se trataba de una clínica y de un perrazo en la calle. Pero al principio el relato de sus sueños no entrañaba demasiadas asociaciones. Las cosas empezaron a cambiar a partir de un primer sueño de transferencia: la policía la detiene con 2.500 francos; tiene la impresión de que no la van a creer cuando diga que son para pagar a su psicoanalista. Asocia sobre recuerdos de castigos injustos impuestos por los padres, mientras que en realidad era su hermano quien hacía las tonterías. En otro sueño, donde se trataba de apropiarse de un fusil, asocia sobre el profesor de piano y un recuerdo más tardío, un viaje a España con catorce años donde no había soportado las miradas de deseo sobre sus muslos que había podido percibir en jóvenes españoles que eran mayores que ella, debían tener unos veinte años. Continuó evocando el recuerdo de un exhibicionista que abría y cerraba su impermeable pero del que no había visto gran cosa. Mientras la escuchaba, me dije que eso de los viajes no evocaba tan solo la ausencia del padre…

Final del tercer año, inicio del cuarto: cáncer del tiroides

La señora C empezó una sesión explicando un sueño transferencial: «voy a ver un psiquiatra que practica hipnosis y electroshocks vestida con una camisa blanca. Me han dicho que no acepte el tratamiento, pero yo pienso aceptarlo». Tras este sueño me habló mucho y, por primera vez, llorando durante la sesión, de tres intervenciones quirúrgicas que había sufrido. Su amigdalectomía, de la que ya me había hablado, en la que se veía sobre las rodillas de una religiosa que la sostenía, el médico de bata blanca que iba a operarla, la brutalidad de la máscara de cloroformo sobre su cara… Quince días después de esta intervención tuvo su primera crisis de asma. Y dos intervenciones quirúrgicas más de las que no había hablado: la ablación quirúrgica de su himen, preconizada por su ginecólogo para tratar su frigidez, practicada por un médico de bata blanca, y una cesárea, llevada a cabo por un cirujano vestido de verde. Intervine recordándole su angustia en el momento del paso al diván.

Algunos meses más tarde. Hablando durante una sesión de sus problemas de garganta, de sus reglas, de la vergüenza y la humillación a propósito de las toallitas higiénicas que le colgaban entre las piernas, tuvo este comentario: «me dan envidia los chicos, no tienen este problema». Continuó con su miedo a tener cáncer de mandíbula; el recuerdo de su hijo que había tosido sangre lo asoció a su operación de amígdalas y el despertar escupiendo sangre en una cubeta y luego con la ablación quirúrgica del himen. Tras hablar de una caída de caballo y que le había ocasionado una fisura de cadera en las vacaciones precedentes, evocó de nuevo el placer que sentía en la garganta cuando le acariciaban los cabellos o cuando se le hablaba con una voz dulce; luego, recordando las caricias del vecino sobre sus muslos, añadió con una nota de humor en la voz «me iba a pasar seguro»[6]. La sesión se terminó de manera casi alucinatoria cuando hacia el final de la sesión la paciente había tenido la impresión de tener dos bolas hinchadas en el fondo de la garganta.

Un tiempo después —estamos al principio del cuarto año— me anuncia que se le acaba de descubrir un nódulo frío tiroideo. No parecía afectada, ella que tanto temía al cáncer. De esto no dirá nada más y no volverá a hablar prácticamente nunca más. Jamás pronunciará la palabra «cáncer», pero este diagnóstico se me hizo evidente cuando me dijo que le habían hecho una tiroidectomía total con tratamiento hormonal sustitutivo.

Quinto año: muerte del padre y amenaza de ruptura del análisis

Desde mayo hasta noviembre del quinto año el análisis atraviesa un período muy turbulento desencadenado por un acontecimiento

---

6. Hay un juego de palabras intraducible: la paciente dice «*ça me pendait au but du nez*», que quiere decir que algo va a pasar, que uno tiene todos los números de que ocurra algo, generalmente malo. Pero las toallitas higiénicas también «*lui pendaient entre les jambes*», le colgaban entre las piernas. [*N. del T.*]

repentino: su padre, que hasta entonces había estado con buena salud es hospitalizado por una infección y se le descubre un cáncer evolucionado del que fallecerá meses después. Tras explicarme la enfermedad del padre, me anuncia su decisión de abandonar su análisis; sin embargo, continuará viniendo a todas las sesiones aunque en cada una de ellas me planteará el final del tratamiento pero sin precisar una fecha.

A su vuelta en septiembre me explica la muerte del padre, acaecida durante el mes de agosto... y ya no dirá una palabra de parar el tratamiento. En una sesión del mes de octubre explica dos sueños. En el primero: «estoy en mis clases de baile. Habitualmente en esa clase siento una tensión en la nuca y no puedo dejarme ir. En el sueño puedo relajarme. Tengo la impresión de que todos mis huesos están en su sitio y no tengo necesidad de sostenerme gracias a una contractura muscular». Segundo sueño: «voy en coche por Holanda y los dos conductores son holandeses, uno negro y otro blanco. Se sienten orgullosos de haber aparecido en una emisión de la televisión y me muestran la grabación de esta emisión donde el presentador les habla en holandés y yo entiendo lo que les dice». Comenta su segundo sueño asociando sobre su interés por las lenguas extranjeras y terminando con este comentario: «en realidad, comprendo el holandés gracias a mi conocimiento del inglés y del alemán. En el sueño, negro y blanco tienen relaciones amigables. Lo negro me hace pensar en todo lo que ya he dicho, el lago negro, los postigos negros de la habitación de mis padres, el cuchitril negro de mi tía». Termina la sesión diciendo que, sin duda, el sueño se refería al análisis y que el presentador de la tele me representaba.

Séptimo y octavo años: una brusca pasión homosexual

El séptimo y octavo años fueron de nuevo el momento de una turbulencia importante manifestada en un *acting*: su compromiso brutal en una aventura pasional homosexual. Este episodio sobrevino poco después de una interpretación «edípica». Desde hacía algún tiempo, en las sesiones se daba un contexto asociativo en el que evocaba recuerdos de su adolescencia y, en particular, momentos donde solo ella acompañaba a su padre en viajes profesionales. En una de estas ocasiones le dije: «Su padre… al que usted acompañaba en lugar de su madre. Quizá usted tiene una atracción-repulsión [el término es de la paciente] frente a la idea de que hubiera podido sentir placer al reemplazarla durante esos viajes y sentir la satisfacción de estar sola con él». En la siguiente sesión, la señora C respondió a mi interpretación con una pesadilla: «estoy de viaje con mi compañero; hacemos el amor en una habitación. De golpe, mi amigo ve algo que está tras de mí, un lagarto o una salamandra. La ahuyenta, pero a pesar de eso quedo bloqueada sexualmente. Me despierto». La paciente comentó lo siguiente: «los lagartos, las salamandras son bestias venenosas; por detrás… eso me hace pensar en el ano, en mis masturbaciones. Me pregunto si la presencia de la salamandra o del lagarto detrás de mí es una manera de significar que mis historias de ano bloquean mi sexualidad».

En las sesiones que siguieron a esta, la paciente habló en numerosas ocasiones de su sonambulismo y de sus sueños de los que creía que eran el origen de sus crisis. Pero ahora ya no creía en esa interpretación, ya que «el hecho de tener a alguien a quien puedo explicárselos y que me escucha, me ha llevado poco a poco a detoxificarlos y a aceptarlos». Y en ese contexto de transferencia positiva me habló de sus «impulsos amorosos» hacia una mujer que había encontrado durante las vacaciones y con quien se embarcó en una aventura amorosa y sexual que la sorprendió mucho ya que hasta entonces nunca había sentido ninguna clase de «atracción» por las mujeres.

Durante los meses que siguieron, dominó en las sesiones un discurso asociativo hecho del relato de sueños, recuerdos, comentarios y preguntas que daban una densidad creciente a la textura de lo que decía. Si en ocasiones me explicará momentos de angustia incluso importantes, en otras se tratará de momentos de bienestar durante los que vive cambios que juzga «muy positivos». De manera que, por ejemplo, la sesión de la *rentrée* de las vacaciones que siguieron al inicio de su aventura la consagró a los nuevos cambios que habían aparecido desde hacía poco. «Desde hace meses me siento muy implicada en la música. Ahora es algo placentero mientras que antes tocaba maquinalmente y mi pensamiento siempre estaba en otra parte. Durante las vacaciones, que no he pasado con mi amiga, he vivido experiencias nuevas de mí misma. Al contrario de lo que era habitual en mí, he tomado mi tiempo para pensar qué es lo que pasa en mi interior. Por otra parte, mis relaciones con mis compañeras han cambiado; ahora me hacían sentir algo, notaba su piel en mis dedos. Por ejemplo, una de ellas tiene mucho pecho; tenía ganas de tocarla y me decía que aquello debía ser algo suave. Esto me sorprende mucho porque hasta ahora, los pechos eran para mí algo molesto, algo blando que se mueve arriba y abajo al correr. Hasta ahora solo me gustaban las mujeres andróginas, como yo, con poco pecho. De hecho, pienso que a través de mis amigas me reconcilio en realidad con mi propio cuerpo: a través de su cuerpo de mujer empiezo a apreciar mi propio cuerpo. También he aprendido a quedarme sentada en un sillón, en la sombra, y sentir un bienestar físico; antes, cuando descansaba de esa manera, solo sentía un bienestar intelectual, pero este verano era algo más vasto y me decía a mí misma: 'estoy sentada, estoy bien'. Ocho días antes de volver he empezado de nuevo a soñar y a dormir bien.»

Durante los meses que siguieron vivimos en las sesiones una alternancia brutal entre momentos tranquilos y otros de ansiedades vivísimas. «Tengo miedo de que usted desaparezca, lo vivo como una amenaza de destrucción para mí misma», dirá la paciente a la vuelta de unas vacaciones, comentario que surgió en un contexto de alternancia en su discurso de sentimientos positivos y negativos hacia mí. Por ejemplo, en el transcurso de una sesión donde refería momentos de viva angustia y de repliegue, me dirá que de nuevo pensaba en parar el análisis, como en su quinto año, cuando ocurrió la muerte de su padre. Pero había añadido «de hecho, me gustaría continuar para saber, no sé qué exactamente, pero he aprendido mucho desde el principio y quisiera continuar. Pero me tranquiliza mucho pensar y poder decirle que tengo ganas de tirarlo a la basura...» Estas alternancias también se reflejaban en sus sueños, algunos pesadillas, sueños de guerra cuyas temáticas latentes eran fantasmáticas de pérdida, de castración, de escena primitiva.

En el transcurso de una sesión en la que se refirió al «hito» (*repère*) que para ella constituía el análisis, le hice notar que en la palabra «*repère*» se encontraba la palabra «*père*» (padre). Mi comentario movilizó una corriente asociativa sobre la muerte del padre diciendo que tras ella había empezado a escribir ficción: «Esos relatos me hacen pensar en el análisis porque los personajes soy yo y no soy yo al mismo tiempo, estoy y no estoy dentro».

En una de las sesiones que siguieron a esta, hablando de su madre que no paraba de agredirla, la paciente dijo que «sin duda eso era porque estaba celosa de mí cuando acompañaba a mi padre en sus viajes». Analista: «¿Quizá tomó usted las palabras hirientes de su madre como reproches por haber tomado su lugar en los viajes de su padre?» Paciente: «No, yo lo acompañaba porque mi madre se mostraba hostil al éxito profesional de mi padre. Estaba obligada a tomar su lugar porque ella rechazaba acompañarlo». Tras un silencio, añadió: «¿Cree usted que ella me decía esas cosas hirientes porque estaba celosa?»

Quince días más tarde: «Tengo tres fragmentos de sueños. En el primero me he cortado en la punta del dedo y la sangre fluye. En el segundo, dejo caer una jarra de agua, el agua fluye. El tercero gira alrededor de lo mismo. Me recuerda las pesadillas donde perdía mi casa, era catastrófico. Pero esto ahora es anodino. Es suficiente poner una tirita en el dedo para dejar de sangrar. Es suficiente volver a llenar la jarra».

En esta nueva coyuntura, el volver a un trabajo sobre el edipo y la castración, parecía encontrar ahora las condiciones favorables para adquirir la función de «atractor edípico» de la que habla Michel Ody. Durante meses, se preguntará por su aventura homosexual asociando sobre recuerdos felices y tiernos de tres mujeres que habían sido importantes para ella en su infancia y cuya dulzura y simpatía contrastaba con la dureza de la madre. A menudo, aparecerá un comentario: «seguramente mi amiga es un doble de Delourmel, porque me enamoré de esta mujer durante una interrupción de las sesiones». Y en el curso de una sesión evocará un juego que en aquel momento tenía en mente: «Es un juego de vaivén entre mi amiga y Delourmel; es como una relación sexual: mi amiga, una madre ideal que debe condensar las tres mujeres de mi infancia; Delourmel, un padre ideal, ya que me escucha». Y tiempo después: «el entusiasmo por mi amiga está a punto de desaparecer. Es verdad que guardo hacia ella una cierta ternura, pero el lado pasional se ha extinguido como un fruto maduro que hubiera caído del árbol sobre la hierba verde» (el tejido de mi diván es verde). Y añadió: «Tenía necesidad de un contacto sensorial con ella, pero ahora sé que era una necesidad que tenía desde que no le veía a usted. De marzo a diciembre enloquecí; pero luego he dejado de estar loca. Antes, cuando no me escribía mi amiga me encontraba ansiosa y la odiaba». La señora C tomó conciencia, bajo una forma denegativa, de que ese odio estaba dirigido hacia mí cuando añadió: «nunca he sentido un odio así hacia usted». Un poco más tarde, continuando con sus reflexiones, dirá: «He comprendido que gracias a mi amiga he podido vivir algo más fácilmente que hubiera podido hacerlo con usted. Por ejemplo, las oscilaciones entre los desbordamientos de amor y de resentimiento. A veces, sentía una cólera violenta hacia ella cuando no me escribía, y yo interpretaba sus silencios como esto o lo otro; ponía ahí algo de paranoico. Ahora todo esto se ha terminado». Y es justamente en ese momento cuando evocará por primera vez el hecho de que dos años antes de la muerte de las gemelas sus padres habían perdido un primer niño muerto por una apnea del lactante. Su comentario será: «Yo, que creía ser la mayor, de hecho soy la tercera». También en ese momento recordará un acto de sonambulismo cuando estaba en el pensionado: se despertó en la cama de una compañera.

Durante todo este período hablará mucho de la «frialdad» del contacto con la madre. Ella misma relacionará esta frialdad con las dificultades de la madre para investir a su hija en la coyuntura de la pérdida de sus tres hijos. Más tarde continuará con este comentario: «mi amiga ha sido una condensación de un montón de personajes de mi vida de niña, mi madre, mis hermanas muertas, esas tres mujeres que han contado tanto para mí en mi infancia. La pérdida de sus hijos debió ser muy dolorosa para mi madre, pero no había imaginado que eso hubiera podido repercutir sobre mí. Gracias al trabajo hecho aquí he comprendido que la frialdad que le reprochaba estaba ligada a la pérdida de esos tres niños. Eso ha cambiado mis relaciones actuales con ella, que siempre habían sido conflictivas. Este fin de semana la he ido a buscar a la estación y me he sentido muy contenta». Esta alegría será figurada en un «sueño de satisfacción»: vende su casa después de haber hecho reformas de las que está satisfecha porque han sido un buen negocio. Y asociando sobre su análisis, añadió: «es como en la renovación de una capilla antigua. Bajo el yeso viejo que se cae a trozos se descubren frescos antiguos. Y en esos frescos se cuentan historias». En esa época cesaron completamente sus crisis de asma y sonambulismo y no volvieron. Cuatro años más tarde su análisis terminó en condiciones satisfactorias tanto para la paciente como para el analista.

3. Comentarios, preguntas e hipótesis
Tres preguntas

- ¿Cómo comprender la aparición del cáncer de tiroides y luego de la transferencia lateral?
- ¿Cómo comprender la aparición paradójica del cáncer, ya que sobreviene en un momento de progreso psíquico?
- ¿Cómo comprender las relaciones entre este proceso de somatización y la transferencia lateral?

Comentarios e hipótesis

Para plantearles algunas hipótesis que me gustaría someter a su consideración en esta conferencia, primero necesito adelantar algunos comentarios.

Cierto número de elementos permiten apoyar la hipótesis de una *madre muerta* en esta paciente. Recuerdo brevemente que la *madre muerta*, cuya metapsicología desarrolla André Green, es, ante todo, una «revelación de la transferencia» que se manifiesta en la cura, generalmente después de largos años de análisis, por momentos de «hundimiento espectacular donde todo parece como si fuera el primer día». Esos momentos traumáticos se manifiestan a través de una «depresión de transferencia que es la repetición de una depresión infantil», de la que Green explica sus características en su concepto de «duelo blanco». Una de las modalidades de ese hundimiento espectacular que da testimonio de la reviviscencia —y no de la reminiscencia— de ese duelo blanco se manifiesta en el proceso analítico a través de «maniobras relacionales con objetos que son el soporte de transferencias laterales».

Por otra parte, Green señala un cierto número de características de esta «depresión singular» que evocan el complejo negativo sintomático descrito por Marty como «depresión esencial», lo que plantea la cuestión de las complementariedades y diferencias entre estas dos modalidades depresivas. Aparte de las referencias al «blanco» en los dos casos, también está el hecho de la «discordancia entre esta depresión de transferencia y un comportamiento exterior donde no prospera la depresión», es decir que esta no se manifiesta a través de síntomas mentales habituales.

Y ahora voy, pues, a mis preguntas y mis hipótesis:

Si la brusca implicación de la paciente en una pasión homosexual tiene que ver con una transferencia lateral que se inscribe en un momento de hundimiento espectacular, testimonio a su vez de la reviviscencia de una depresión infantil tipo «madre muerta», igualmente podríamos proponer que la aparición del cáncer de tiroides se inscribiría en un momento de hundimiento espectacular, de un funcionamiento operatorio (conviene recordar aquí, por ejemplo, su hiperactividad comportamental de la que la paciente hablaba al principio o el carácter maquinal de sus actividades incluyendo las sublimatorias).

Y tras la hipótesis, algunas cuestiones:

¿Cómo concebir la función y las relaciones entre el proceso de somatización y la transferencia lateral en el proceso analítico?

Es verdad que la transferencia lateral es el testimonio de un momento de desbordamiento doloroso del psiquismo de la paciente, pero también constituye una tentativa de elaboración de ese núcleo conflictivo asegurando una función protectora para la continuidad de la cura. ¿Jugó el mismo papel el cáncer de tiroides? ¿Se puede concebir que la elaboración de un proceso canceroso sea un freno reorganizativo a nivel somático frente al abismo de la depresión esencial? Es decir, ¿la aparición de un cáncer de tiroides es el testimonio en ese momento de la cura de un «trabajo de somatización», como ha dicho Claude Smadja?

En relación con estas cuestiones, les propongo ahora una hipótesis que me gustaría debatir: el cáncer de tiroides y luego la aparición brusca de una pasión homosexual actuada podrían comprenderse como modalidades diferentes de reaparición de lo irrepresentable, de ese pasado de la prehistoria personal del sujeto que está fuera del tiempo y al margen de la posibilidad de rememoración del que habla Freud en *Construcciones en análisis*. El potencial traumático de esa «memoria amnésica» (Green), de esa «memoria sin recuerdos» (Botella), que reverbera de manera amplificadora sobre huellas traumáticas más tardías, se actualizaría primero bajo la forma de una depresión esencial y luego bajo la forma de esa depresión singular que es el «duelo blanco» y que subyace, según Green, a todo funcionamiento límite. La transformación cualitativa de la depresión que emerge, sería, a su vez, el resultado de las transformaciones del funcionamiento psíquico de la paciente en el curso del análisis. Los *actings* verbales que tenían como objetivo al encuadre durante el quinto año de análisis habrían constituido un momento económico bisagra de esa transformación.

Una última cuestión antes de terminar: ¿cómo comprender la aparición del cáncer en un momento de progreso psíquico? Les planteo a su consideración una hipótesis: al principio del análisis el único recurso de la paciente frente a la violencia pulsional movilizada por el encuentro analítico era la repetición de sus defensas narcisistas habituales. Bajo la acción del trabajo analítico, esas defensas se irán flexibilizando a través de resignificaciones (*après-coups*) sucesivas que no siempre estarán en sintonía con las capacidades de representación del momento. La paradoja entre el constatado progreso psíquico y la aparición de la somatización residiría en esa distancia entre la resolución demasiado precoz de la escisión y las capacidades de representación nacientes que aún no han adquirido una funcionalidad suficiente para elaborar la explosión pulsional liberada demasiado brutalmente de su armadura narcisista defensiva. Se trata de una paradoja comparable a la que ha sido descrita en las psicoterapias analíticas de pacientes autistas en las que el progreso se paga por la irrupción de somatizaciones múltiples de las que les protegían sus defensas autísticas.

Muchas gracias.

Traducción: Carlos Sánchez

Desarrollos teóricos: psicogénesis y funcionamiento del paciente límite

Contribuciones para la comprensión de una estructura limítrofe

Eduardo Braier

I. Introducción

Las patologías actuales han generado un cambio de paradigmas tanto en la clínica como en las teorías psicoanalíticas.

En la clínica, el sitio mayoritario antes ocupado por las neurosis, alrededor de cuya investigación y tratamiento se fue construyendo el edificio teórico del psicoanálisis a partir de Freud y de sus continuadores, ha venido siendo paulatinamente cubierto por patologías no neuróticas que, al igual que otros, prefiero llamar *trastornos narcisistas no psicóticos.* Dentro de tales trastornos, la organización limítrofe (*borderline,* caso límite, trastorno límite de la personalidad, fronterizo y otras denominaciones equivalentes) es su representante más prototípica.

Los desarrollos teóricos referidos al *narcisismo patológico,* en especial los que atañen a los trastornos propios de las etapas narcisistas primitivas y de los inicios de la formación del yo, fueron ganando un primer plano y desplazando en cierta medida al paradigma edípico de la psicopatología de raigambre freudiana, que antes había regido —y hasta obstaculizado, diría— el camino de una comprensión más profunda de estos cuadros. Hoy existe un consenso acerca de que la principal problemática de estas alteraciones hunde sus raíces en etapas previas a la instauración del complejo de Edipo tal como fue descripto por Freud.

En esta ocasión me ocuparé expresamente de los casos límite.

II. La estructura limítrofe. Una comprensión de su psicogénesis y funcionamiento desde la metapsicología freudiana

Soy de los que piensan que se trata de organizaciones psíquicas distintas de las neurosis y de las psicosis, así como también de las perversiones, y que reclaman un lugar como categoría nosográfica.

Desde mi punto de vista es esencial tener presente que sobre todo constituyen una *patología de déficit* antes que de conflictos psíquicos, más allá de que, en lo que veremos como su área neurótica, aunque esta se encuentre poco desarrollada, existan conflictos. En mi experiencia clínica configuran una *patología del desamparo*, originada sobre todo en las fallas de las funciones parentales.

En vez del conflicto psíquico inconciente que caracteriza a la estructura neurótica, en la que hay que combatir represiones patológicas (las que, con el peculiar retorno de lo reprimido según los distintos tipos de neurosis, explican en parte sus manifestaciones clínicas), en el caso de la estructura limítrofe nos encontramos con un edificio psíquico deficientemente montado, que por ello y ante todo hay que *ayudar a construir*; asimismo, procuramos dotar de figurabilidad psíquica lo no representado.

Por tanto, nos encontramos ante otro tipo de paciente, otras hipótesis acerca de su problemática y otras técnicas terapéuticas, aunque siempre dentro de una orientación psicoanalítica. Pero se trata ya, en definitiva, de *otro psicoanálisis* en más de un sentido, que paralelamente también necesitó ser construido (y en ello estamos aún, claro está), obligados por la necesidad de dar respuestas terapéuticas a estos casos y para que nuestros modelos psicopatológicos y técnicos no devengan caducos.

Intentaré, desde una base metapsicológica freudiana y sin dejar de mencionar aportes de analistas postfreudianos, describir sucintamente la génesis y los dinamismos propios de lo que a mi modo de ver configura *una estructura limítrofe*. Me centraré en ello, a sabiendas de que el concepto de *estructura* en el campo psicoanalítico es complejo, al igual que en otras disciplinas. Adoptaré un criterio por el cual hemos de concebir la *estructura psicoanalítica* desde un enfoque especialmente funcional, vale decir como un conjunto de funcionamientos y de procesos psíquicos característicos de una organización.

Es sabido que Freud no se refirió estrictamente a la noción de estructura. Sin embargo, entiendo que su iniciativa de encontrar los mecanismos principales de la neurosis (represión), la psicosis (rechazo, repudio) y la perversión (desmentida), encerraba ya la idea de describir modelos estructurales de estas patologías, lo que fue llevado a cabo ulteriormente por analistas como Lacan y sus continuadores, así como por otros desde diferentes líneas teóricas.

Centraré esta exposición en mi visión personal del asunto y a la luz de mi experiencia clínica.[7]

Hemos de reconocer que *a priori* resulta paradójico concebir como una estructura un trastorno caracterizado por su tendencia a la *desestructuración y la inestabilidad psíquicas* (Green, 2007). Ello es así sobre todo si nos aferramos a la idea de que la noción de estructura debe, indefectiblemente, suponer una organización más o menos estable. Algo de esto le sucedería a Bergeret (1974: primera parte, capítulo 4) cuando consideró al *borderline* como producto de una *a-estructuración,* una *no estructura,* mientras un determinado caso no se definiera como una estructuración neurótica o psicótica. Pero han pasado casi cuarenta años de la publicación de su libro (un aporte excelente, por otra parte), durante los cuales corrieron ríos de tinta sobre el tema. Lo que al principio fuera vivido como un caos clínico,

---

7. Es necesario advertir que en escritos anteriores me he referido a varios de los que constituyen los principales ejes teóricos de esta propuesta mía para comprender la estructura limítrofe. Con el fin de evitar repeticiones aquí solo los trataré escuetamente. Para acceder a una exposición más exhaustiva de mis ideas acerca de estos temas, el lector interesado puede acudir a mi libro *Hacer camino con Freud* (Braier, 2009), en el que casi la mitad de los capítulos (desde parte del primero hasta el sexto inclusive) está dedicada a problemáticas que conciernen especialmente a los trastornos narcisistas no psicóticos. Cabe añadir un par de trabajos, publicados en 2003 y 2004, basados en la lectura psicoanalítica del film *Zelig*, de W. Allen, en los que, además de unas disquisiciones diagnósticas entre los casos límites y las psicosis, podrá encontrarse mi desarrollo del concepto de *seudoidentificaciones protésicas,* así como mi posición personal acerca de las identificaciones de estos pacientes con el terapeuta.

con sus multiformes manifestaciones sintomatológicas, las que nos producían gran desconcierto y creaban enormes interrogantes en torno a sus orígenes y significados, se fue convirtiendo paulatinamente en algo menos inasible, susceptible de ser mejor comprendido a la luz de las distintas hipótesis que fueron surgiendo. Estas nos han proporcionado argumentos teóricos suficientemente sólidos y que guardan una coherencia entre sí como para vislumbrar angustias, defensas y, en definitiva, entramados psíquicos que, aunque endebles, permitirían hablar de una «nueva» estructura; algo *sui generis,* es cierto, pero estructura al fin, en lugar de considerarla como un *estado.* Una estructura que para ser tenida como tal —al menos según el criterio de algunos psicoanalistas, a los que me sumo— no necesita ser alineada dentro de la neurosis ni de la psicosis.

He escogido como punto de partida los *traumas tempranos* (Freud, 1920; 1937; 1939 [1934-1938]), acontecidos en la etapa del narcisismo primario y que operan por un efecto acumulativo (Kahn, 1974) en el psiquismo del sujeto, provocando diversas alteraciones.

En dicho punto se hallarían los principales orígenes de las carencias y perturbaciones de los casos límite, a saber:

1) La *fijación al trauma,* que al ser reactivado desencadena *la compulsión de repetición* (Freud, 1920), con efectos tales como el pasaje al acto o la descarga somática. Concuerdo con Green (2003), quien no vacila en afirmar que esta compulsión de repetición tiene una enorme importancia en los casos límite. La repetición es tripartita, lo que conlleva la participación yoica de defensas prerrepresivas, entre las que destaca *la desmentida,* mecanismo preponderante en la estructura limítrofe, que —postulo— provendría del narcisismo primario (Rank, 1914; Freud, 1919) y provocaría una escisión constitutiva en el aparato psíquico.

En los casos límites la eficacia psíquica patógena de este trauma básico, destinado a ser reactivado y por tanto repetido, aunque no recordado (debido a que ha acontecido antes de la adquisición del lenguaje, tal como lo señala Freud en *Construcciones en el análisis*), implica una experiencia de desencuentro con el objeto primario en función materna. Es por eso que cabe hablar de una *patología del desamparo*. En la historia de estos pacientes nos encontramos a menudo (y que quede claro: digo a menudo y no siempre) con que han padecido en su infancia distintas formas de abandono y orfandad afectiva, abusos sexuales reiterados, maltratos corporales y/o psíquicos por parte de sus progenitores o sustitutos, todo lo cual configura lo que A. Rascovsky (1981) llamó el *filicidio atenuado*; en otras ocasiones se trata más bien de una dificultad o imposibilidad de la madre de investir suficientemente al niño, como en el conocido *síndrome de la madre muerta* que describe Green (1980), en el que esta se halla, por ejemplo, absorbida por un duelo significativo y reciente.

En definitiva y desde el punto de vista de la función materna, nos encontraríamos ante una madre que no habría sido, como diría Winnicott, «suficientemente buena».

Estábamos habituados a recurrir al modelo dinámico propio de las psiconeurosis y de la estructura edípica que integra el aparato psíquico no solo del neurótico sino de todo sujeto cuyo funcionamiento es equiparado a una cierta normalidad psíquica (esta última siempre más ideal que real). Mientras este modelo de las neurosis, desde la obra del mismo Freud en adelante, consiste en la representación del conflicto psíquico constituido por dos polos, que son el deseo (o la pulsión sexual, como se prefiera ver) por un lado y el yo (de realidad definitivo) y sus defensas (cuyo prototipo es la represión) por el otro, en el caso de la patología narcisista (y de la estructura narcisista que perdura en toda persona) en cambio tendríamos: en un extremo, y en lugar del deseo, el trauma precoz; en el otro, nuevamente el yo (primitivo) y sus defensas, en este caso prerrepresivas.

El *análisis de lo irrepresentable* forma parte importante del abordaje terapéutico de estos pacientes, en el que ha de apelarse a las construcciones, así como al análisis de la transferencia, uno de los escenarios de la compulsión de repetición, procurando con ello lograr la ligazón psíquica de aquellas situaciones traumáticas tempranas (Botella, C. y S., 1995; 1997; Marucco, 1999; Braier, 2009a; 2009b).

2) La liberación de *angustia*, sobre todo de *desvalimiento o desamparo* (si bien el fronterizo puede también experimentar

otros tipos de angustias, como las de separación, vacío, intrusión, aniquilamiento y, eventualmente, de castración).

3) Si nos basamos en la teoría del yo de las identificaciones, adquiere especial relevancia el consiguiente *déficit en la constitución de las identificaciones primarias estructurales*. La endeblez de esta matriz identificatoria se hace notar en la organización mental del fronterizo, habitualmente también carenciado en lo que atañe a las identificaciones secundarias, todo lo cual afecta la formación del yo, así como la del ideal del yo/superyó. Es debido a esto último que el superyó del paciente limítrofe suele resultar incapaz de poner límites útiles al yo.

Estamos, pues, frente a una patología del *ser* antes que del *tener*. La falta del objeto primario o el riesgo inminente de su pérdida supone una orfandad afectiva y estructural, vale decir que no solamente implica una falta básica de investiduras narcisistas, sino también la de una *estructuración identificatoria consistente*. La estructura falla desde sus cimientos, viéndose además afectada la instauración de un objeto interno que funcione como *sostén* (*sostén interior,* en términos de Mayer, 2000), acaso —identificación mediante— núcleo del superyó protector.

Todo esto deviene en los inevitables trastornos en la autoestima (depresión anaclítica) y en la *difusión de la identidad.* (Kernberg, 2007; 2012). En efecto, el sujeto suele arrastrar un estado depresivo de fondo que correspondería a una depresión anaclítica o esencial, que Green (1977) llama *primaria* y que entiendo es en gran parte una consecuencia de la precaria constitución del yo ideal que, al nacer de la fusión con el objeto primario, es la fuente inicial de la autoestima del sujeto.

Las faltas empujan a:

a) La búsqueda compulsiva de un objeto sustitutivo (pareja, compañeros sexuales ocasionales, hijo, droga, alcohol, alimento, etc.), con la ilusión de llenar este vacío libidinal, objetal e identificatorio (clínica del vacío, adicciones varias, conductas compulsivo-adictivas; sexualidad promiscua, etcétera).

Para una evolución favorable en el fronterizo, según mi experiencia con estos pacientes y trabajo terapéutico mediante, continuado y prolongado, otorgo especial importancia a la posibilidad de que encuentre un objeto significativo, por el cual sentirse amado (objeto-sostén) y que le brinde su respaldo y compañía.

Dicho objeto será un subrogado de las figuras parentales; pero, ¿acaso esto no es igual para los neuróticos y los llamados seres «normales»? Al fin y al cabo, los objetos de amor a los que aspiramos son sustitutos tanto de los objetos edípicos como de los del narcisismo primario; en el caso de los sujetos limítrofes suelen representar preferentemente a la madre nutricia y al padre protector.

La cuestión no consiste, desde luego, solo en encontrar al objeto (pareja, hijo, amigo, animal de compañía, etc.), sino también en que el sujeto logre preservar un buen vínculo con aquel, cometido en el que muchos fronterizos fracasan. Pero para ello siempre podrá contar con la ayuda terapéutica.

b) La conformación de *identificaciones protésicas o seudoidentificaciones* (Braier, 2003), que promueven conductas tan cambiantes como heterogéneas, lo que recuerda la personalidad *como si* que describiera H. Deutch (1942). A través de estas seudoidentificaciones las personas buscan adquirir un sentimiento de identidad, al tiempo que aquellas funcionarían a la manera de dobles a los cuales recurrir para desmentir el vacío de identidad.

4) A lo hasta aquí resumido cabe añadir la posibilidad de instauración de identificaciones primarias *tanáticas* (Mayer, 1982; Braier, 2009), que operan de manera autodestructiva a lo largo de la vida del sujeto.

5) La *pulsión de muerte* incide especialmente, desde la desmezcla pulsional propia de los estadios narcisistas primitivos, en la compulsión de repetición más allá del principio de placer, tributaria de la pulsión tanática (Freud, 1920), a través de la cual el sujeto reproduce el trauma precoz y que suele traducirse en las mencionadas descargas somáticas y pasajes al acto con diversos grados de

destructividad. A ello hemos de añadir las citadas *identificaciones tanáticas,* con sus deletéreos efectos, que son consecuencia de las pulsiones tanáticas filicidas provenientes de las figuras parentales.

6) Como broche final y fundamental para una concepción de la estructura limítrofe, señalo la existencia de una *escisión del yo*, consecutiva a la acción de la desmentida, que divide la organización psíquica en dos subestructuras coexistentes y antagónicas en su funcionamiento: *a*) la narcisista y *b*) la edípica o neurótica, con prevalencia de la primera (en la que imperan el yo ideal y la desmentida), lo que se acentúa en las fases de desorganización y descompensación, y mayor participación de la segunda (regida por el ideal del yo y la represión) en las de mejoría o en las que la precaria organización del psiquismo se ve menos alterada, aunque siempre cursando con una insuficiente resignificación edípica, tal como lo señala Korman (2005; 2006). De este modo, el funcionamiento de la estructura limítrofe puede ser comprendido desde una tercera tópica freudiana, modelo al que han contribuido a plasmar autores argentinos como Marucco (1978), Raggio (1989) y —sobre todo— R. Zukerfeld y R. Zonis de Zukerfeld (1990).

La desmentida, que ha causado la escisión yoica, cobra especial importancia en la estructura fronteriza, como sucede también en la perversa. Pero mientras en esta última se trata de una desmentida de la castración, tal como la expuso Freud en el fetichismo (Freud, 1927), noción que —con el creador del psicoanálisis y con Lacan— se hará extensiva a todas las perversiones masculinas, en los casos límite no sucede lo mismo.

¿Qué desmiente o intenta desmentir el sujeto limítrofe? Para defenderse de la insoportable angustia de desvalimiento, así como de las del vacío y separación, entiendo que lo que esencialmente desmiente es *la falta* del objeto; y puede hacerlo —ya antes algo hemos hablado de ello— a través, por ejemplo, del pasaje al acto, en el que con frecuencia recurre a objetos tales como personas, drogas o alcohol, con los que intenta sustituir en su fantasía al objeto primario; estos operan a la manera de dobles en los que se sustenta la desmentida y equivalen al fetiche al que echa mano el fetichista para desmentir la amenaza de castración.

A mi juicio, en el caso límite la desmentida tiene su origen en la etapa del narcisismo primario y corresponde a la que Rank (1914) y Freud (1919) señalan en sendos trabajos.

Concomitantemente, el fronterizo desmentiría su falta de una identidad definida y estable, esto es, la percepción de su propia inconsistencia interna, tal como sostienen algunos, entre ellos Rotemberg (1999). Este llega a opinar que la desmentida en el caso límite lo es sobre todo de esta percepción *interna*, a diferencia del perverso, en el que la desmentida corresponde a una percepción externa (la diferencia anatómica de los sexos).

Bibliografía

Bergeret, J. (1974), *La Personalidad Normal y Patológica.* Barcelona: Gedisa, 1996

Braier, E. (2003), «Un estudio de las identificaciones en 'Zelig', de W. Allen». Barcelona: Revista *Intercambios*, n.º 11, pp. 5-16

—. (2004), «Un estudio de las identificaciones en 'Zelig', de W. Allen» (Segunda parte). Barcelona: Revista *Intercambios*, n.º 12, pp. 21-35

—. (2009), «Destructividad e identificaciones primarias», *Hacer camino con Freud.* (Capítulo 4). Buenos Aires: Lugar Editorial, 2009

—. (2009a), «Las heridas narcisistas en el trauma psíquico temprano. Teoría y clínica». *Hacer camino con Freud.* (Capítulo 5). Buenos. Aires: Lugar Editorial, 2009

—. (2009b), «Psicoanálisis de la estructura narcisista y de lo irrepresentable». *Hacer camino con Freud.* (Capítulo 6). Buenos. Aires: Lugar Editorial, 2009

Botella, C. y S. (1995), «Sobre el proceso analítico: de lo perceptivo a la causalidad psíquica». En *Libro anual del psicoanálisis n.º 1.* Madrid: Biblioteca Nueva, 1999, pp. 129-149

—. (1997), *Más allá de la representación.* Valencia: Editorial Promolibro, 1997

Deutsch, H. (1942), «Algunas formas de trastorno emocional y su relación con la esquizofrenia». Buenos Aires: *Rev. de Psicoanálisis*, 25, 2, 1968

Freud, S. (1919), *Lo ominoso*. Obras Completas (OC), Vol. XVII. Buenos Aires: Amorrortu Editores, 1976

—. (1920), *Más allá del principio de placer*. OC, Vol. XVIII

—. (1927), *Fetichismo*. OC, Vol. XXI

—. (1937), *Construcciones en el análisis*. OC, Vol. XXIII.

—. (1939 [1934-38]), *Moisés y la religión monoteísta*. OC, Vol. XXIII

Green, A. (1977), «El concepto de fronterizo. Marco conceptual para la comprensión de los pacientes fronterizos», *De locuras privadas*. (Capítulo 3). Buenos Aires: Amorrortu Editores, 1994

—. (1980), *La madre muerta. Narcisismo de vida, narcisismo de muerte*. (Capítulo 6). Buenos Aires: Amorrortu Editores, 1986

—. (2003), *Ideas directrices para un psicoanálisis contemporáneo. Desconocimiento y reconocimiento del inconciente*. Buenos Aires: Amorrortu Editores, 2005

—. (2007), «Las estructuras no-neuróticas». *Conferencias en México. Vol. 1*. México, D.F.: Paradiso Editores, 2011

Kernberg, O. (2007), «Identidad: hallazgos recientes e implicaciones clínicas». *Aperturas Psicoanalíticas*, n.º 25, abril 2007, http://www.aperturas.org

—. (2011), «Entrevista al Dr. Otto Kernberg por Jaime Nos». *Temas de psicoanálisis, n.º 2*, julio 2011, http://www.temasdepsicoanalisis.org

Khan, M. (1974), «El concepto de trauma acumulativo». *La intimidad del sí mismo*. Madrid: Saltés, 1980

Korman, V. (2005), «Cuadros con insuficiente resignificación retroactiva edípica (CIRRE). Primera parte: distintas aproximaciones a la patología llamada *borderline*». Barcelona: Revista *Intercambios*, n.º 15, pp. 9-22

—. (2006), «Cuadros con insuficiente resignificación retroactiva edípica (CIRRE). Segunda parte: Fundamentos metapsicológicos y clínicos». Barcelona: Revista *Intercambios*, n.º 16, pp. 33-50

Marucco, N. (1978), «Narcisismo, escisión del yo y Edipo». Buenos Aires: *Rev. de Psicoanál.*, XXXV, n.º 2, 1978, pp. 221-250

—. (1999), *Cura analítica y transferencia. De la represión a la desmentida.* Buenos Aires: Amorrortu Editores, 1999

Mayer, H. (1982), *Narcisismo.* Buenos Aires: Kargieman, 1982, p. 141-164

—. (2000), «El sostén interior». Buenos Aires: *Rev. de Psicoanál.,* LVII, n.° 1, 2000

Raggio, E. (1989), «Sobre la escisión del yo. Reflexiones sobre una tercera tópica freudiana». Buenos Aires: *Rev. de Psicoanál.,* XLVI, 2-3, 1989, pp. 248-359

Rank, O. (1914), *El doble.* Buenos Aires: JVE Psiqué, 1996

Rascovsky, A. (1981), *El filicidio: La agresión contra el hijo.* Barcelona: Paidós-Pomaire, 1981

Rotemberg, H. (1999), *Estructuras psicopatológicas e identidad.* San Luis (Argentina): Nueva Editorial Universitaria, 1999

Zukerfeld, R. y Z. de Zukerfeld, R. (1990), «Acerca del inconsciente: la tercera tópica freudiana». Buenos Aires: VII Encuentro y Simposio anual AEAPG, 1990

Sobrevivir en la frontera

Jerónimo Erviti

En este trabajo pretendo aportar algunas reflexiones sobre ciertos pacientes cuya característica fundamental es vivir instalados en un presente continuo, inaugurado en los albores de su existencia y perdurable hasta la actualidad. A bandazos entre la crudeza de lo pulsional y el anhelo del objeto ni pueden significar la primera ni establecer vínculos consistentes con el segundo. Mostraré la importancia de la creación de lo procesual para ir aportando temporalidad y espacialidad a través del vínculo transferencial como instrumento básico que les posibilite una identidad propia. Lo acompañaré con algunas incursiones en la clínica que ilustre la exposición más teórica.

Cuando entre nosotros hablamos de pacientes límite, limítrofes, *borderlines*, fronterizos, etc. estamos en realidad apuntando a una paradoja, estamos refiriéndonos a sujetos que apenas lo son, justamente porque ni tienen ni tuvieron límites. Crecieron faltos de una experiencia de vivir una relación con un otro, sujeto con bordes delimitados, capaz de ofrecerse como objeto y de facilitar la transitividad entrambos lugares y posiciones. Y esto es igualmente válido para los trastornos por déficit como para los pacientes sobreprotegidos, ambos comparten ese rasgo característico del terror a la separación por causa de su fragilidad, por la dificultad de sostenerse sobre sí mismos, por la necesidad de mantenerse en simbiosis con el otro que nunca debe faltarles. Cierto es que la intensidad de las ansiedades es distinta en cada caso.

En la jerga popular tienen también su nomenclatura: frikis, raros, les falta un hervor, les falta un tornillo, no están todos los que son ni son todos los que están, se le va la pinza... Expresiones varias para denominar unas modalidades de conducta volubles, lábiles emocionalmente, de ida y vuelta, inconstantes, de poco fiar, faltantes y con tendencia a la perdurabilidad.

Si bien esas denominaciones enunciadas en el inicio lo fueron para significar su transicionalidad entre estructuras nosográficas particularmente por parte del psicoanálisis anglosajón, lo que uno refrenda en la clínica es la constancia de la variabilidad en las manifestaciones sintomáticas. Pueden tener brotes alucinatorios o delirantes, pero no se instalan en ellos, en la psicosis; también pueden tener algún acceso a la castración, pero la represión no es su estilo defensivo prioritario. Habitan un territorio propio y característico que les permite sobrevivir y mantenerse allí donde aprendieron a hacerlo desde sus inicios, marcados por experiencias de déficits en la relación con el objeto primario maternal. Sobreviven en una vida de equilibrio inestable como la que mamaron en los albores de su vida, es su hábitat. Tal vez por eso algunos autores hablan de «organizaciones límite» para resaltar algo del orden de lo estructural más que de un estado pasajero y cambiante. Por supuesto no son psicóticos ni son neuróticos, aunque espiguen en ambos campos; por eso precisamente resulta más difícil caracterizar el cuadro clínico, pues la variabilidad sintomática es amplísima. Les podemos imaginar instalados en un espacio frontera que lejos de ser una línea separadora es más bien un territorio difuso, ahora un borde ahora una isla, ahora un continente, en donde lo esencial es avistar al otro no importa con qué, si con la vista, con el olfato, con el grito, con la deflagración del conflicto, etc. Lo fundamental es que el otro, que al tiempo es uno mismo, esté en el escenario; su presencia garantiza la supervivencia, unas veces fusionado con él, otras como objeto vicario que pilota una evolución hacia el logro de un territorio propio en el que vivir una existencia personal con los demás. Esta es la función que define nuestra posición como psicoanalistas. Pero va de suyo que una relación tan asimétrica en la que una parte precisa de la otra para ser conlleva una seria inestabilidad sobre todo si el objeto tiene además la condición de ser sujeto, pues dispondrá de una autonomía que conllevará distancias, ausencias y abandonos desestabilizadores que el sujeto deficitario no tolerará.

¿Cuál es entonces su marca de identidad?

Si nos atenemos a una mirada clínica de lo manifiesto vamos a darnos de bruces con una estructura defensiva polimorfa, que va desde la represión a la renegación; sujetos muy dependientes del otro, con una pulsionalidad marcadamente autoerótica en una irreprimible y permanente búsqueda de satisfacción inmediata, déficit del deseo, pasajes al acto versus lo elaborativo ideacional, reacciones extremas de idealización o persecución, una concepción de la realidad muy particular que tiene sus reflejos en las relaciones sociales, inhibiciones severas o reacciones violentas ante situaciones de mal manejo de la distancia. Todo ello depende de que el *quantum* de la estructura siga anclada en el narcisismo primario o haya podido adentrarse en el campo del narcisismo secundario, las pérdidas, los duelos y las identificaciones secundarias, la captación de ideales que introyectados los sostengan.

Tal vez valdría la pena ir un poco más adentro, bucear en lo profundo para dar coherencia y sentido a una manifestación sintomática tan florida.

En nuestros intercambios discursivos solemos sostener que las manifestaciones clínicas son tan solo síntomas, componendas entre el yo y la realidad exterior e interior que ponen sordina a motivaciones más profundas que surgen del inconsciente. ¿Cuáles son esas fuerzas poderosas que precisan de hábiles diplomáticos para ser civilizadas? Si uno cree en la evolución de las especies, y yo suscribo esa tesis, lo consecuente es levantar la mirada y otear a lo lejos la horda prehumana pastando en los predios de una organización dual: macho alfa-rebaño. Era una organización conveniente para la subsistencia y la perdurabilidad de la especie: todos juntos bajo la batuta de un líder poderoso con un manual elemental, el instinto de dominio que regía las relaciones entre los miembros y la propia reproducción. Un grupo animal en la selva silvestre.

Hasta que un día algún miembro empezó a utilizar distraídamente un instrumento, una piedra, un palo para una función útil y novedosa; dicho instrumento volvió a ser buscado para la misma función por el mismo homínido de forma reiterada; paulatinamente se fue convirtiendo en una suerte de prótesis de quita y pon con la que ese miembro del clan contaba. Sin saberlo había alumbrado el objeto y con él una nueva manera de relacionarse con el medio y con los otros; siendo los mismos empezaban a ser distintos. A medida que se fue haciendo duradera se constituyó en una habilidad particular que desplazó del poder al macho alfa para ostentarlo un «macho hábil», el descubridor del objeto. Ese tipo de vínculo con el objeto modificó las relaciones entre los miembros para siempre más y pasó a constituirse en el gozne sobre el que giraba la organización social: no bastaba la fuerza muscular para ostentar el poder, sino que era también necesaria la aportación de otros recursos que con el pasar del tiempo hemos dado en llamar habilidad, inteligencia, abstracción, simbolismo para hacerse con el mando. De hecho el objeto devino en el primer desplazamiento, primera prótesis, primera baliza en la vía de la simbolización. Si las cosas del entorno habían devenido objetos es pensable que se generara una relación emocional para con ellas y otro tanto debió ocurrir con los hijos-objeto. Las madres debían articular especiales vínculos emocionales con ellos y preservarlos de las iras asesinas del macho alfa para convertirlos en hijos de él y de ella, que conservarían la vida a cambio de someterse a las normas de la casa y de la especie. Tenemos ya el embrión de familia: padre, madre e hijos. Esta es al tiempo la matriz de la especie humana, allí donde surge, crece y se conforma el cachorro humano, portador de lo instintual de sus predecesores y obligado a un ejercicio de creatividad para devenir un ser humano en medio de otros humanos. Es al tiempo un paso de gigante en la evolución que introdujo nuevos elementos en la realidad del ser y en las relaciones interpares: la subjetividad. Dio lugar al yo y al otro, a lo mío y a lo tuyo, adentro y afuera, cargando a cada uno de estos pares antitéticos de sentido y contenidos que caracterizan la relación entre ellos y los diferencian al tiempo (al decir del Dr. Aragonés).

¿Qué es al nacer ? ¿Cómo se constituye un sujeto?

Al nacer es un cachorro con potencialidades para convertirse en humano. Deberá haber sido capturado por el imaginario materno previamente e invitado a un vínculo particular de inmediato (identidad primaria). Vivirá en fusión con la madre siendo uno con ella, que le irá entregando el mundo que atesore, de sujeto o de objeto dependiendo del estatus que ella haya alcanzado. Le dará su leche para que se alimente, sus palabras para que hable, un cuerpo con localizaciones nominadas, intensamente investido de afectos y significados, su modalidad de cualificar el vínculo con ella y sobre todo le permitirá la experiencia de vivir sintiéndose su majestad el bebé y poder abandonar ese trono para convertirse en otro más de la prole distinto y distante de papá y mamá. Y desde esa nueva posición deberá ahora hacer propio todo aquello que antes le fue entregado en préstamo por la madre. Delicada operación, que depende en buena medida de cómo transcurrió la etapa previa; si es capaz de vadear bien ese paso, de perder el objeto de la fusión, será porque se ha identificado con él haciéndole un lugar en su mente y habrá creado un mundo exterior en el que vivir como sujeto de su existencia. Queda claramente establecida la importancia de los progenitores en la conformación del sujeto, pero tampoco se trata de minimizar la aportación del propio bebé, de su carga instintiva que habrá de ser reconvertida en pulsión al pasar por el aparato transformador del vínculo fusional con la madre proporcionándole una cualidad y orientando su empuje adecuadamente hacia una vida de sello propio o con el ancla echada en la completud originaria del «*Ich bin die Brust*».

Solo el ser humano tiene a su alcance esa capacidad de representar, de simbolizar lo cuantitativo original para darle cualidad y convertirlo en pulsión, de reconvertir lo urgente en procesual, de introducir la diacronía en una temporalidad sincrónica de manera que su vida tenga presente, pasado, futuro e historia, de darle bi- o tridimensionalidad al espacio reducido de lo unidimensional en que cabía todo el mundo del narcisismo primario. Y a la vez esta es nuestra tarea terapéutica prínceps: acompañar al analizante, enzarzado en relaciones fusionales, y repetitivas, confusionales y sin salida con objetos que remedan los vínculos primarios, en una singladura zigzagueante que vaya, en una elaboración oscilante, de lo actual a lo anterior y primario, de la vivencia presente al recuerdo y sus huellas del pasado, del claustro fusional a la exterioridad dimensionada; todo ello en manos de una transferencia que como el resto de relaciones será dubitativa, pero cuya dirección nos compete y en ello nos va el éxito del proceso.

Este es el mundo pulsional del bebé original: la completud, ser uno con el otro. Si las cosas se dan bien esa pulsión original podría generar un proceso de discriminación sujeto-objeto que navegará hacia el puerto de una estructura edípica. Las estructuras limítrofes, en cambio, se caracterizan por pretender un imposible: la completud, ser uno con otro para siempre; de ahí su inestabilidad peculiar, aun en el caso de que el otro sea un otro a medias, no digamos si el otro es un sujeto con deseo y vida propias. Las terribles angustias de separación serán una consecuencia ineludible de una tal aspiración. Es el oxígeno que respiran las estructuras sincréticas, maniqueas, como si, falso *self*, personalidades fácticas, de ficticidad, psicopáticas, etc.

Es en este momento inaugural de narcisización que los padres están inscribiendo en el bebé una buena parte de lo más básico de su biografía futura, que dependerá en buena medida de la biografía paterno-materna, de la atmósfera relacional vivenciada y de la concepción y capacidad de los padres de tolerar la singularidad del neonato. Los progenitores pueden criarlo como un implante de sí mismos, apuntando a una identidad protésica, fomentando su narcisismo o pueden acompañarlo en su desarrollo singular sosteniendo sus cualidades y deseos personales de forma que favorezcan una discriminación clara entre ellos y el hijo.

Los pacientes limítrofes no han podido renunciar a la completud, necesitan al otro para sentirse enteros porque esa fue la marca de su inicio de vida, que estuvo marcada por el exceso en la protección o el desamparo. La etapa de simbiosis con la madre no fue suficientemente buena como para constituir un sujeto capaz de tolerar el desprendimiento e iniciar una singladura propia, sino que las turbulencias fueron de tal orden que promovieron angustia e inseguridad y anclaron al niño en una dependencia que demanda al otro para poder sostenerse. Las identificaciones primarias han quedado como un presente continuo que le conduce a la omnipotencia, indiscriminación sujeto-objeto, la idealización y denigración del objeto, sentimiento de frustración y conductas agresivas al sentirse invadidos o abandonados. Una organización yoica para la defensa.

No son exclusivas, también ha habido identificaciones secundarias, por tanto experiencias de pérdida y duelo por el objeto; desprendimientos que les ha dado una dimensión nueva y diferente de percibir al otro y a sí mismos, de terceridad y un cierto asomo a la estructura edípica. Los objetos parciales de la etapa narcisística pueden ahora ser intercambiados por objetos totales, hay discriminación yo-no yo, sujeto-objeto y la posibilidad de hacer elecciones de objetos de amor. Este paso da lugar además a una organización más completa del aparato psíquico en consciente, preconsciente e inconsciente y de sus instancias: yo, superyó y ello a la manera neurótica. Pero sin la constancia que un proceso evolutivo normal hubiera propiciado, son estructuras desfallecientes y dominadas por identificaciones primarias con una gran labilidad, predominando lo fusional, adictivo.

Si hablamos de estos momentos inaugurales de la vida es porque marcan, casi fijan, los modos de relación y la estructura de personalidad para el resto de la vida, lo demás es repetición y redundancia, a no ser que intervenga algún agente terapéutico que coadyuve a una posible reedición. A ella concurren con la misma ilusión de completud de los orígenes y somos nosotros los concernidos a esa tarea que testifica la nula progresión de esa estructura que consulta. Somos nosotros que hemos de aceptar ser poseídos por un ideal o por un objeto denigrado, eso depende de ellos. Somos nosotros que, conscientes de su deseo de instalarse una vez más, hemos de dar con la clave para que acepten la invitación a caminar, a evolucionar y acompañarles en ese proceso. Somos nosotros que codo con codo hemos de dar con la puerta de salida del claustro en el que vivían a un mundo poblado de peligros, de sobresaltos, de intensas angustias de separación que amenazarán la relación terapéutica, sabedores de que es fundamental sobrevivir y preservar el vínculo tanto tiempo como sea necesario y suele ser mucho, para posibilitar la reedición de un sujeto nuevo al decir de Winnicott.

En la clínica

Esta es mi experiencia con algunos de mis analizandos que les voy a presentar sucintamente a continuación.

Pipa nació entre un vergel y el páramo, en un medio rural elemental, quinta hija de una familia de siete. Los padres habían sufrido severas amputaciones de familiares en la guerra civil española reciente; el padre había estado en el frente disparando contra sus congéneres rivales y en una ocasión había enviado al cementerio a uno de sus superiores de un puntapié para evitar que la tropa a su mando y sin pertrechos fuera masacrada por el enemigo. Fue un lance más de la guerra, pero a él le estigmatizó para siempre en el seno de su familia como violento y asesino. La madre utilizaba este episodio para controlar las conductas de los hijos, ella misma vivía aterrorizada y los hijos también; aquella atmósfera se asemejaba a la de un cuartel con un comandante al mando que utiliza el terror como instrumento de control de una tropa maniatada y sumisa: gritos, golpes, amenazas, castigos… dominio y sometimiento.

¿Qué puede crecer en este páramo? Sin duda está muy lejos del ambiente facilitador que menciona Winnicott, pero no de la relación de mutualidad madre-bebé que es inevitable. Solo que en ese vínculo simbiótico lo que la madre transmite y el niño recibe es eso que está en el ambiente: tensión, terror, angustia y necesidad de anclarse en ese vínculo porque ningún otro es pensable, no hay vida más allá de mamá. Y ese anclaje es para la vida, jamás será abandonado, apenas podrá experimentar evolución, es el presente continuo que se repite *ad infinitum*.

Pipa lo escenificó / las mil maravillas en la primera sesión
de tratamiento. Le había recibido algunas veces en sesiones
informativas y e me había preparado para esta puesta en
escena de algun anera. Tras haberle invitado a hablar inició un
alegato de de erdos, enfados y bronca con los psicoanalistas
anteriores respuesta a mi método todavía por estrenar que hubiera
merecido similar o de perplejidad ante el hecho
por pae alguien desavisado. Eso hubiera propiciado la
reiter lidad instalación en sesión de sus primeros pasos en la
vi imité agresión, amenazas, violencia... En lugar de
de conducirse, a escuchar e interesarme en la motivación de esa
mitió que apunté. Creo que eso evitó la repetición
colocar la relación en un ámbito distinto, no de acto
de palabra y curiosidad, deseo de saber, que habría de dar
gran juego en el futuro. Por supuesto hubo otros intentos de
olver a lo conocido y actuado a lo largo del tratamiento. Sus otras
relaciones estaban instaladas y se «nutrían» de ese componente
básico: desconfianza y hostilidad. Componentes que tenían la
misión de fijar los objetos y la relación con ellos para evitar así
perderlos, haberse de separar de ellos, que era y es el norte de la
paciente. Eran además el testimonio de la presencia de sus objetos
primarios de por vida. Todos los escenarios de su existencia
estaban interpenetrados, contaminados por el mismo conspirador
severamente perturbador: en la relación de pareja le asistían
múltiples razones para la sospecha y desconfianza convirtiéndola
en inestable y fuente de infelicidad; en la profesión sentía hastío y
agotamiento por el esfuerzo que resultaba baldío e improductivo,
la fantasía de ruina era su correlato; en las relaciones sociales
no ganaba para disgustos, los demás no le proveían de suficiente
feedback emocional y más bien contribuían a minar su ánimo,
acababa recluida en su soledad.

Menchu concurre a consulta deprimida y confusa tras una sanción
laboral por una falta muy grave. Las relaciones sociales son escasas
y le duran poco; está desesperada porque ve descalabrarse el único
ámbito que medio le hilvanaba a la vida: el trabajo. Como un mantra

letal va convocando el recuerdo de frases mat~~ernas~~: «la vida es una mierda, no vale la pena...». Hija única de un fu~~ncionario público y~~ una madre depresiva, pasó su infancia itinerante, ~~anclaje social~~, por seguir los destinos profesionales del padre. Su ~~madre~~ nunca le encontró una gracia, sí un sin número de defectos y ~~desde~~ muy temprano. Rondando la treintena su madre se suici~~dándole~~ en herencia la asignación de la culpa por su muerte al ~~tan del~~ entorno familiar. Estaba convencida de que ese sería ta~~desasim~~ final y los conflictos laborales eran un presagio del desasim~~u~~ una vida que todavía palpitaba.

No me daba opción, sencillamente «conmigo no hay nada ~~que~~ hacer». Y a cada sesión acudía con una inmensa carga de quejas, protestas, enfados, furias que le ponían fuera de sí. Tenía que emplearme a fondo para sosegar aquella alma en carne viva, incendiada de sufrimientos varios, en guerra con el mundo; cuando hacia el final de la sesión lo lograba se despedía con un mohín de contrariedad diciendo: «total para esto no hacía falta venir», «no me ha dicho nada nuevo», «no hemos arreglado nada», «nos hemos pasado el rato diciendo tonterías», «para esto me da usted una foto y me la pongo en casa y le hablo, para el caso es lo mismo».

Si uno atiende lo superficial puede hacerse cargo de las sanciones de todo orden que había recibido, pero si miramos un poco más adentro veremos como Menchu viene con su mundo depresivo-hostil que me lo entrega en vivo y en directo. Puede calmarse y trabajar más elaborativamente, pero necesita despedirse con un ataque defensivo que deshace lo elaborado para evitar sentir que me pierde y se va sola al mundo, porque se sintió conectada, entendida y ese perfil no pertenece a su mundo conocido, anterior y no lo reconoce. Una vez más la dificultad está en separarse del objeto sentido como bueno y, cómo no, también conservarlo. Pero también para mí era difícil sobrevivir a tanto ataque y volver a estar disponible para ella. Y, no obstante, era lo fundamental como nos dice Winnicott: presentarse como objeto, dejarse usar y no morir en el intento.

En este como en otros casos ha sido de primer orden la

Trabajando en las fronteras:
los duelos vividos pero no pensados

María José García Gómez

Introducción

El estudio de la patología límite ha impulsado la renovación de la teoría y de la técnica psicoanalíticas, que han extendido su alcance al trabajo con pacientes graves cuyos conflictos no pueden comprenderse desde el modelo de la neurosis. En la clínica trabajamos con pacientes en los que la fragilidad en la constitución del narcisismo y, en consecuencia, del propio yo suelen estar en primer plano. La teoría sostiene la idea de un inconsciente complejo fundado por la represión y la escisión en el que coexisten lógicas edípicas y narcisistas, primarias y secundarias, diferentes corrientes psíquicas y diferentes modos de representación.

El tema de hoy nos lleva a aproximarnos a la clínica del duelo por el camino que transitan pacientes con fallas constitutivas del narcisismo primario, en los que las marcas sensorioperceptuales de las primeras inscripciones de la pulsión apenas son trasformadas en huellas mnémicas disponibles para el trabajo de simbolización. Lo característico de estos duelos aparece en las huellas de vacíos afectivos y representacionales asociados a experiencias tempranas, vividas sin apenas registro subjetivo; al faltar también la función mediatizadora de la madre frente al despliegue pulsional del hijo, las vivencias adquieren una naturaleza traumática.

En la transferencia, la repetición busca crear representaciones faltantes y articular afectos y representaciones que permitan dar sentido a las experiencias pasadas y futuras. La pulsión de muerte signará la compulsión a la repetición y los procesos de desinvestidura, principales límites al tratamiento. A. Green, en *De locuras privadas* (1972), define el trabajo con estos pacientes: «Todo ocurre como si fuera el analista quien procediera ahora a la inscripción de la experiencia, que no se había podido producir. [...] La respuesta por la contratransferencia es la que habría debido sobrevenir por parte del objeto». Así destaca la función representacional de la transferencia, a la que suma el compromiso mental y emocional del terapeuta, con el trabajo y con el paciente. El pensamiento del analista, sus ocurrencias, sus conjeturas, su capacidad de figurabilidad, sus asociaciones, etc., son instrumentos cuyo mayor uso estará en relación con las mayores dificultades de simbolización del paciente. C. Bollas (1987) se refiere a la sensibilidad emocional del terapeuta y concibe el trabajo transferencial como un trasladar imágenes y lenguaje de la experiencia de ser el objeto del analizado, y a través de este trabajo dar a conocer al paciente lo que sabe de sí pero ignora. El encuadre adquiere relevancia como espacio de pensamiento para el analista y como continente para que el paciente construya algo de sí como propio. El encuadre limita «la locura» que producen las desligaduras pulsionales, potencia la creación de contenidos hasta entonces no representados y del marco psíquico que los contenga, e instala la terceridad necesaria para la simbolización.

Acerca de los duelos

En *Duelo y melancolía* (1917), Freud expone su teoría sobre el duelo. En las neurosis los duelos se enlentecen debido a las resistencias del yo para aceptar la pérdida del objeto, el cual continúa investido en lo psíquico de manera parcial y transitoria. En la melancolía, el desmentido de la realidad de la pérdida del objeto impide el duelo, el sujeto melancólico no llega a desprender las investiduras del objeto, sino que las retrae sobre el yo y las reconstruye en su interior, distorsionando su funcionamiento, su relación con las otras instancias y con la realidad. La energía libidinal se agota y el yo vacío y aprisionado pierde la capacidad de reinvestir.

La teoría de Freud se basa en la concepción de un yo constituido, capaz de representar y de reconocer la realidad de la pérdida, bien haya sido esta de naturaleza desconocida o sucedida en el mismo yo, bien haya sido reprimida o desmentida. Nuevas cuestiones surgen cuando se trata de pérdidas tempranas acaecidas antes de la constitución de un yo capaz de darles sentido y representarlas.

Después de Freud, autores de la escuela inglesa como M. Klein, D. Winnicott o C. Bollas destacaron la dimensión estructurante de los duelos. Sabemos la importancia que tienen la posición depresiva, la preocupación por el otro o la experiencia transformacional en relación con las posibilidades de hacer duelos. Los duelos fallidos de los pacientes límite evidencian ausencia, pérdida o fracturas de la capacidad elaborativa para hacer frente a la movilización psíquica producida en las sucesivas pérdidas/separaciones; en rigor, en estos casos no deberíamos hablar de pérdidas objetales, puesto que la inscripción psíquica del objeto como tal es precaria y la diferenciación entre el yo y este también lo es. Se trata de perder el amor del objeto, investido desde lo pulsional y lo autoconservativo, en su función libidinizante aseguradora de la continuidad del yo, su supervivencia y su futura constitución.

En el terreno del narcisismo primario y de las primeras identificaciones los duelos son obstaculizados por las fallas en la regulación del narcisismo parental y por sus propios déficits representacionales, sobre todo en lo que concierne a la elaboración de la categoría ausencia-presencia. Son muchos los autores que señalan las repercusiones de elementos generacionales en la patología de los duelos tempranos. El exceso de narcisismo parental hace del hijo objeto de la propia satisfacción, impidiendo su separación y reconocimiento como otro; en el polo opuesto, los déficits libidinizantes, la distancia emocional, hacen de este un objeto abandonado carente de investiduras vitalizantes.

Las relaciones objetales fluctúan entre el anhelo de conservación del objeto desde el narcisismo arcaico del ideal del yo, y la separación del objeto que, ubicado en posición de ideal, pasa a ser doble especular y modelo que cohesiona el narcisismo del yo. El padre, presente desde la madre en el vínculo primario, potenciará la función de terceridad necesaria para limitar los efectos del vínculo narcisista. En el pasaje del narcisismo primario a la relación objetal y de las identificaciones primarias a las secundarias, el sujeto pierde partes de sí y parte de las satisfacciones objetales recibidas —de aspectos placenteros— no producen ambivalencia sino desinvestiduras defensivas frente a lo displacentero, cortando nexos afectivos y representativos.

Duelos negros, duelos blancos: estados de vacío

A. Green (1980) diferencia los «duelos negros», que se dan en las graves depresiones melancólicas, de los «duelos blancos» propios de los estados de vacío; a ellos me permito añadir «duelos grises», formas mixtas de duelo correspondientes a cuadros límite melancolizados, en los que la negrura de la violencia de un superyó tanático conlleva toda la fuerza pulsional del ello, en el que dicho superyó se origina. Las reacciones de odio, rabia u ofensa son consecuencias de la angustia «blanca» que expresa la pérdida en el yo vivida como catástrofe narcisista, más que efecto de la destructividad pulsional hacia el objeto.

Los estados de vacío son el resultado de una desinvestidura cuyos efectos son notables en los funcionamientos psíquicos con predominio de aspectos escindidos, como lo son los de las patologías límite, caracterizados por Green como los islotes de un archipiélago aislados entre el agua que los separa. El vacío es consecuencia del trabajo de la pulsión de muerte que impide los procesos de desinvestidura, reinvestidura en los que se basa el trabajo del duelo, que, recordémoslo, es un proceso normal de simbolización de lo perdido.

El vacío se constituye sobre aquellos contenidos psíquicos cuya ausencia de articulación entre afectos y representaciones impidió la metabolización de lo no representado en forma de huellas perceptuales sin sentido, con lo que no pudieron ser significadas *après coup* ni transformadas en huellas mnémicas, y cuyo destino fue entonces repetirse compulsivamente. La pulsión de muerte ataca el funcionamiento psíquico de varias maneras: en unas se tiende a la descarga total para eliminar todo rastro de dolor, instalando en el aparato psíquico un funcionamiento plano e inercial tendente a eliminar la percepción de cualquier estímulo, displacentero o placentero; en las otras, cuando el monto de excitación rompe las barreras antiestímulo, el psiquismo se desborda y tienden a descargarse en el cuerpo.

A estas dos formas de constitución de los estados de vacío añadimos una tercera: los efectos de las identificaciones alienantes de los padres, y las dificultades en sus funciones libidinizadoras y representacionales. Estos duelos van asociados a estados de vacío en los que, como dice Bollas, «la sombra del objeto está ya sobre el yo antes de que se pierda en la realidad» (1987); se refiere a la intrusión de aspectos pulsionales de los padres que ahogan al yo del hijo, sin que este pueda defenderse. Lo pulsional primario se coagula, formando un cuerpo extraño que ocupa su psiquismo e impide duelos y separaciones.

Otra modalidad de duelo fallido se plantea desde lo negativo, cuando la ausencia prolongada de la madre rebasa el límite de lo que el hijo puede tolerar y ella pasa de ser madre ausente a ser madre muerta en la mente del mismo, y ya no existe más para él, aunque regrese. Cuando las experiencias tempranas se integran alrededor de lo negativo, la no presencia, que no es ausencia representable, es lo más real y significativo para el yo, que se identifica negativamente en el plano subjetivo. Lo que se tuvo tiene más sentido que lo que se tiene, lo negativo condensa un nudo de sufrimiento —no consciente— que retiene al objeto traumático, negándose el yo una y otra vez a nuevas investiduras.

Para A. Green (1972), la depresión en los casos límite consiste en una desinvestidura radical que produce estados anímicos en blanco, sin componentes afectivos, sin dolor y sin sufrimiento en el caso de las psicosis blancas; en el caso de los estados de vacío de la patología límite entendemos que la desinvestidura no es tan radical ni tan completa y que quedan áreas psíquicas capaces de crear investiduras. Para él, las depresiones límite son depresiones primarias, que se enquistan en el psiquismo del hijo por identificación con madres deprimidas. Su «complejo de la madre muerta» viene a ser el paradigma de los duelos en la clínica límite.

Paradójicamente, «la madre muerta» es una madre viva, aunque ausente psíquicamente por causa de una depresión tras el fallecimiento de un ser querido, por una decepción u ofensa que dañó su narcisismo, por problemas de pareja, de salud, etc. La madre retira sus investiduras libidinales del hijo que alberga en su interior una depresión infantil que él mismo desconoce. Las huellas de esta experiencia se escinden de otras representaciones formando un núcleo depresivo frío que se expresará *a posteriori* en forma de una «depresión transferencial», la cual no se hubiera manifestado como tal de no ser por el vivenciar transferencial. Green dice que la depresión es una «revelación de la transferencia», y que solo esta permite conocer experiencias precoces pasadas pero no sabidas por falta de organización yoica capaz de subjetivarlas.

Las huellas de estas experiencias ignoradas por el sujeto permanecen inconscientes formando «lo sabido no pensado» (Bollas); se trata del material psíquico inédito de una historia más existencial que representacional, no reconocida ni recordada pero sí vivida, que pertenece al yo del sujeto.

Ambos autores señalan que la característica esencial en los pacientes afectados por estos duelos de los que venimos hablando son los vacíos de subjetividad. Para Green, en este tipo de clínica los estados de vacío son consecuencia del mecanismo de desinvestidura que deja marcas en forma de «agujeros psíquicos», que al debilitarse las investiduras libidinales eróticas serán ocupados por investiduras destructivas; los efectos de estos procesos aparecen en los afectos, las percepciones y el pensamiento. Para Bollas, se trataría de las consecuencias de la negativización de la función transformacional materna que impide transmitir las experiencias de vivir y allegarse fundamentos del nacimiento del *self*. Él relaciona el vacío subjetivo con lo que llama la patología normótica, y dice que son personas insensibles que adoptan una normalidad extrema para no descompensarse de la depresión, que viven en una especie de anestesia psíquica en la que no hay rastros de angustia, ni de intereses, ni deseos.

La depresión suele orientarse en dos direcciones: hacia una reinvestidura sobre el yo y sobre el objeto, que traduce un conflicto por la supervivencia entre la función de objetalización al servicio de la pulsión de vida y la función de desobjetalización al servicio de la pulsión de muerte; o hacia la desinvestidura agresiva sobre el yo y el objeto, como territorio de la pulsión de muerte, en el que predomina un sentimiento de no existencia, la aspiración a la nada, no ser y no sentir.

A grandes rasgos, los aspectos que venimos mencionando los veremos luego en dos pacientes.

En la clínica de las patologías límite existen diferentes formas de expresión de lo que acabamos de decir. En unos casos, las desinvestiduras son reemplazadas por rasgos de carácter o rígidos comportamientos adaptativos como en los normópatas; en otros, las investiduras se desplazan de un objeto a otro en el que se depositan masivamente, suspendiéndose el duelo. Hay duelos que traspasan las barreras del psiquismo, se somatizan o se actúan, y duelos no elaborados en una generación que se transmiten a las siguientes y que, pese a corresponder a historias no vividas y desconocidas por el propio sujeto, cristalizan en su psiquismo.

Volviendo a la «madre muerta», hubo encuentro con el otro y pérdida brusca; se perdió el amor de la madre y el significado de dicha pérdida, sin comprensión posible para el hijo; en consecuencia, la transformación de la vida psíquica en el momento de la retirada materna fue vivida como una catástrofe narcisista. Green (1983) dice que en la desinvestidura de la imagen materna no hay destructividad pulsional, su efecto es la constitución de un agujero en el tejido relacional con la madre, que se escinde del resto de contenidos relacionales. Cuando el complejo de la madre muerta aparece en el momento del descubrimiento del tercero paterno, el hijo interpreta la nueva investidura como causa de la desinvestidura materna, lo cual da lugar a una triangulación precoz.

A la desinvestidura se añade la presencia de un espejo materno apagado, sostén de una identificación especular en la que se atrapa miméticamente al objeto, deviniendo él mismo. Las huellas de la presencia seguida de la ausencia/vacío se constituyen en algo muy real con lo que el hijo también se identifica.

Al cambiar radicalmente la imagen de la madre, el yo, después de intentos de reparación fallidos, inicia la desinvestidura del objeto materno; no hay reparación ni hay duelo porque el objeto perdido pasa a formar parte del yo por vía de una doble identificación: desde el narcisismo negativo y desde lo especular.

Descapitalizados libidinalmente, estos sujetos son incapaces de amar. Repiten el trauma infantil buscando un objeto de amor al que no darán cabida en su interior porque «la madre muerta» impide el acceso de cualquier otra presencia viva. Sin embargo, mantienen una vida normal, siempre y cuando esta transcurra en una cierta atonía y superficialidad afectiva.

Para concluir: Angustias y Blanca

Son dos pacientes en quienes los agujeros psíquicos dejados por las desinvestiduras libidinales han sido sustituidos por reinvestiduras destructivas contrapuestas. Como el tiempo me limita para presentarlas clínicamente, explicaré dos ocurrencias contratransferenciales mías, asociadas a los nombre ficticios que he escogido para ellas; se trata de dos obras pictóricas, *El grito*, de E. Munch, y *Gente al sol*, de E. Hopper.

En Angustias prima el desbordamiento afectivo, expresión de una pulsionalidad desligada, abocada al cuerpo en acciones, somatizaciones, gestos, que la hacen sentirse a través de una excitación dolorosa, o abocada a pensamientos compulsivos aturdidores y confusos que la llenan pero devastan su mente, aun cuando la preserven del vacío. Quiere sentirse y que la sientan, grita por conseguirlo, se pelea, desfallece; como Sísifo, arrastra una pesada bola, esperanza de sentido para vivir una vida que, aunque dura, hace de ella una superviviente.

A Angustias siempre le pareció que pasaba por la vida pero la vida no pasaba por ella; alude así a su desafección vital y descompromiso subjetivo, mezcla de un dolor/angustia que no alcanza la categoría de representación psíquica ni verbal pero que no cede a la presión desvinculante de la pulsión de muerte; últimamente me dijo: «Me siento desustanciada, como sin sabor ni olor, pero al menos ahora sé cómo me siento».

En Blanca, también la desinvestidura atacaba su pensamiento pero sobre todo estaba dañada su capacidad afectiva y creativa. No hay peso, ni profundidad, ni dramatismo en sus expresiones, habla muy bajito, habla poco, tiene una mirada que podría parecer taladradora aunque pronto se advierte su adherencia. Durante tiempo no entendí qué hacía en la consulta, qué le ocurría, hablaba de ella como una persona muy positiva que sabía adaptarse a las circunstancias vitales, nada parecía preocuparla, ni la ruptura de pareja sucedida dos años antes, ni la precariedad en el trabajo. Yo me preguntaba si había demanda: ¿cuál era?, ¿qué estábamos haciendo?, al tiempo que me daba cuenta de que no había rastros de investimiento ni a mi persona ni al tratamiento.

Los vacíos afectivos y representacionales que dejaba la desinvestidura eran colmados por contrainvestiduras perceptuales, visuales y auditivas, sobre todo. Acudió a la consulta derivada por la tutora del máster que estaba cursando, que la puso sobre aviso de sus bloqueos expresivos y creativos. Al acabar los estudios realizó un trabajo de vídeo, hermosísimo desde el punto de vista visual y estético; cuando lo trabajamos en sesión apareció como una producción artística bajo cuya forma se ocultaba el vacío asociativo y de sentido. Blanca estaba contenta, la experiencia fue buena para ella, porque había conseguido dar forma y secuencia, articular retazos de impresiones visuales y auditivas que le servían para mostrar algo suyo en lo que se sentía reconfortada de reconocerse.

En una sesión de varios meses antes, había hablado de un recuerdo de su infancia (cosa muy infrecuente): su padre la peinaba y ella notaba cómo el peine le hacía la raya, y pasaba por su cabeza. Fin del recuerdo. Yo me quedé al borde de un vacío, a la espera de que algún color afectivo asomara, pero no sucedió así; en aquel momento sentí su vacío, acompañado de un cierto escalofrío. Asocié con algunas escenas de los cuadros de Hopper, llamado por algunos el pintor del silencio y del vacío; en sus cuadros, las personas están representadas como un objeto más en la composición.

Acabo con esta imagen y con unas sugerentes palabras sobre el cuadro citado: «¿Tienen intención de tomar el sol? ¿Por qué están vestidas como si fueran al trabajo o como en la sala de espera de un médico? […]. La luz desciende sobre las figuras, pero no crea atmósfera» (A. Strand, crítico de arte).

Bibliografía

Bollas, C. (1987), *La sombra del objeto. Psicoanálisis de lo sabido no pensado*, Buenos Aires: Amorrortu Editores, 1997

Freud, S. (1917), *Duelo y melancolía*. Obras completas. vol. XIV. Buenos Aires: Amorrortu Editores, 1980

Green, A. (1972), *De locuras privadas*. Buenos Aires: Amorrortu Editores, 1990

—. (1983), *Narcisismo de vida. Narcisismo de muerte*. Buenos Aires: Amorrortu Editores, 1986

—. (2003), *Ideas directrices para un psicoanálisis contemporáneo*. Buenos Aires: Amorrortu Editores, 2005

ArquiteXtura de la personalidad límite: estructura, función y formaS

Alicia Golijov

Frágiles o fallidos cimientos condicionan la construcción de un esqueleto psíquico que actualiza la necesidad de exoesqueletos para sobrevivir. De la sensorialidad a la cognición: una forma de estar en el mundo. Articulación teórico-clínica de la disregulación emocional, cuerpos sin filtros, yoes sin fronteras.

El juego de la X

Arquitectura y textura condensadas en un vocablo único forman el planteo que quisiera compartir con ustedes como metáfora de la vivencia (dolorosa) que nos transmiten nuestros pacientes límite cuando nos piden ayuda. Ayuda para sostenerse pues su esqueleto psíquico no es autoportante.

¿Cómo es la organización subjetiva de estas personas en las que prima lo sensorial anclado de tal manera en el cuerpo-carne que imposibilita su integración, condición de la percepción, la cognición y el pensamiento? ¿Qué sucede con esta colección de texturas no asociadas a una significación?

Sensorialidad y factores tónicos que reverberan sin habilitar el camino hacia la subjetivación. Sin hacerse palabra, pensamiento ni memoria. Sin habitar el cuerpo, porque no hay cuerpo —en términos de un yo diferenciado—. Excitación que es siempre presente y sedienta. Formas corporales cartilaginosas, de bordes difusos, buscando paz y consistencia en el acople; pero huyendo de la fusión que los diluye.

Pulsión y sensorialidad

Hasta aquí me refiero a los pacientes que no han logrado un preconsciente funcional en términos de representaciones. Como sabemos, la pulsión es conquistada por el aparato psíquico por la vía del afecto cuando se une a la percepción y se crea así la representación objeto, núcleo del preconsciente. La palabra, que viene de afuera, acota, organiza y regula. Pero si esto no sucede y la carga pulsional no es mediatizada, deviene en sobrecarga, y su único destino es el vómito desintoxicante. La sensorialidad, anterior a la percepción, al no entrar en la cadena simbolizante, genera respuestas no cualificadas (no hay integración sensorial), pura reactividad. Pero cuando las impresiones sensoriales se vuelven sensación, y podemos, a partir del registro más básico, que es el tónico, volver a recorrer el camino que ahora será experiencial, el abanico de posibilidades se abre. Ya no es necesaria la descarga reactiva y podemos empezar —tibiamente— a hablar de deseo.

Hasta aquí lo que conocemos. Los pacientes que vienen buscando mitigar su dolor de ser. Dolor psíquico que acotan con cortes, atracones, despilfarros sexuales, o lo que tengan a mano.

Otros límites

Quisiera hablar ahora de otros pacientes, los que se presentan desde su devenir somático/biológico. Pacientes que son derivados por secuelas neurológicas propias de las patologías que padecen o como consecuencia de intervenciones quirúrgicas. Y, ¿por qué vienen? Porque las pérdidas o ganancias de funciones cognitivas desestructuraron todo su ser, y los entrenamientos neurorrehabilitadores no resultan suficientes para tratar la multidimensionalidad subjetiva afectada. Hablo entonces de traumas psíquicos (o de suma de microtraumas); y de traumas físicos (que conmocionan también al psiquismo), que en la vivencia del terremoto vital, son lo mismo. Y hablo de las fallas funcionales-estructurales, a la ida o a la vuelta. Porque faltó al hacerse o porque se deshizo. Pero que en ambos casos, dichas fallas solicitan un andamiaje, a modo de prótesis externas, que colabore en el sostén, apuntalando mientras se recicla la organización mental.

¿De qué apuntalamiento hablamos? Sobre todo, del libidinal. En ambos casos son psiquismos que funcionan en *modo operatorio* con correspondencia corporal. El gesto y la postura, el relato y la interacción están deslibidinizados, extranjeros a uno mismo. Hay una desinvestidura del yo porque ese yo no tiene con qué. La desligadura pulsional se materializa en contenidos mentales cada vez más indiferenciados y en un yo desdibujado, sin silueta. Este yo borroso, no solo pierde límites con el mundo, sino que vuelve a mezclarse con el ello; su origen, pura excitación que lo expone a una sensorialidad brutal, sin filtros que atenúen, ordenen, acoten y nombren. Ahora es un yo hipersensible y todo lo que entre por las vías sensoriales despertará respuestas inmediatas motrices[8] como medidas urgentes de protección contra el aturdimiento y la invasión multiestímulo. Intensidad y simultaneidad, sin metáfora alguna. Sin capacidad simbólica ni secuencial. Un *yo-ello*.

Breves reseñas ajenas

Oliver Sacks, neurólogo muy particular y gran escritor clínico, comparte sus experiencias como médico, «parábolas sobre la mutabilidad de la condición humana», como el caso de un hombre que tras medio siglo de ceguera recupera la vista, y deja de entender el mundo, por no saber ver. El autor relata de manera fascinante el caso de Virgil, a quien su universo representacional se le derrumbó. Construyó y reconoció el mundo a través del tacto y el oído, sintetizando la información en sensaciones cenestésicas y sinestésicas.[9] Virgil recuperó la vista. Pero para ver, cerraba los ojos.

---

8.   Descargas motrices que pueden ser en forma de palabras, pero no son lenguaje. Son actos motrices verbales.

9.   En neurofisiología *sinestesia* es la asimilación conjunta o varios tipos de sensaciones de diferentes sentidos en un mismo acto perceptivo y de forma involuntaria. (p. ej.: oir

El mismo Sacks, al prologar su libro *Un antropólogo en Marte*, relata su experiencia de vivir una *identidad distinta*, cuando se ve obligado a escribir con su mano izquierda siendo diestro.

En trabajos anteriores, el autor, sugería que el yo de sus pacientes se conservaba o se perdía al verse colisionadas sus vidas por enfermedades o lesiones neurológicas. Pero más adelante se corrigió afirmando que en realidad no hay ni pérdida ni conservación de la identidad (id-yo), sino adaptación o —incluso— trasmutación. Probablemente este cambio se debe al paradigma de la plasticidad, al que me referiré más adelante.

Breves reseñas propias

Por las navidades del 2008, llega Carla (30 años) describiendo su angustia, rabia y un infinito sentimiento de culpa que no la dejan vivir. Explica que está de baja laboral desde finales de septiembre y entrelaza este relato con el primer abuso que sufrió por parte de un tío político materno. Al cumplir los 15 años reclama a los padres por su pasividad cuando ocurrieron los hechos y a los 22 advierte al abusador que no se acerque a su hermana, unos 10 años menor que la paciente, pues temía por ella. Unos meses antes de la primera visita, su prima confiesa que su padre abusó también de ella (estamos hablando de la misma persona) y que el padre de la paciente, también.

«Tengo rabia, mucha rabia. Necesito respeto. No me fío de nadie. Me duele la cabeza, siempre me duele. Con la única persona que hablo es con mi tía. Otra tía, la exesposa de mi tío. Cada vez que me siento culpable, hablo con ella. ¿Amigos? Una en Nueva York y otro en la cárcel. Antes iba al gimnasio, ahora lo único que hago es ir al bar. Quiero estar feliz».

Mucha información para una primera sesión. Relatos atemporales, todos vigentes, activos, presentes.

En la segunda sesión cuenta que hace unos años consumió Tryp, y que desde esa única experiencia quedó con un miedo terrorífico

---

colores). Puede ocurrir cuando un sentido está dañado.

a volverse loca. Cuenta que su madre (58) «está marcada por su padre» (61) y que de pequeña rezaba para que sus padres se separaran. «Mi padre siempre me maltrató psicológicamente, es un interesado, machista». «A mi madre la adoro, siempre le pido perdón por todo». «De niña decía que no quería casarme, solo estar con ella». «Me da rabia que en mi casa se tengan que tapar las cosas. Mucha rabia».

Mientras habla y habla con velocidad e intensidad, su respiración se nota cargada. Aclara que tiene asma bronquial derivada de una alergia. Es una gran fumadora sin voluntad para dejar el tabaco.

Hace movimientos con los dedos (tocándose las yemas entre sí) repetitivos, rítmicos que los intercala con un gesto de tragar saliva de tres en tres. Sesión tras sesión fue aumentando la lista de padecimientos somáticos: más cefaleas, dolor cervical, lumbar, también de ovarios y estómago. Y asco, mucho asco por todo. Temía tener algo malo, pero mucho más temía, volverse loca. Preguntaba si era obsesiva, si lo que le pasaba era normal. Traía escenas de su infancia y adolescencia sin la distancia que da la memoria recordada. Traía también sueños recurrentes y muy vívidos, como el de su madre, que se moría. Estaba muerta pero viva. «Madre muerta-viva», repitió.

Durante un tiempo, las sesiones funcionaron a modo de descarga. El alivio permitía establecer algún orden en relación con el tiempo, diferenciar ámbitos, vivencias, creencias y sueños, y —sobre todo— establecer un ritmo de encuentros que podían sostenerse a pesar de sí misma. Cada final de sesión era difícil, largo, pegajoso. Poco a poco el ritmo presencia-ausencia fue más claro, las llamadas entre sesiones se diluyeron y el cierre de cada una, se facilitó. Meses más tarde cuenta que es la primera vez en la vida que se siente más a gusto y que tiene trato con la familia. «Yo lo que quiero es hacer mi vida. Y no pensar».

Pasaron tres años en los cuales el proyecto terapéutico pudo establecerse. El organizador al que otorgué un rol protagónico, subrayo, fue el ritmo, pensado en términos espaciales más que temporales, como los pilotes de una fundación.

Proyecto terapéutico con las mismas variables para María (35) que llegó buscando reconocerse después de la primera de una serie de operaciones cerebrales debidas a un tumor recidivante. Con el lenguaje alterado —en principio, temporalmente— y a partir de la última intervención con dificultades motrices, María queda con los recursos mediatizadores abolidos. A diferencia de Carla, María quiere pensar, pero no puede. Su historia se le viene encima, y arrojada a la pura sensorialidad, pide un andamiaje mientras hilvana los pedazos de su desvanecido yo.

Proyecto terapéutico

«La base de la salud mental es una personalidad bien integrada», dice Melanie Klein (1960) y señala algunas variables como madurez emocional, capacidad de manejar emociones conflictivas, equilibrio entre la vida interior y la adaptación a la realidad. Una personalidad bien integrada implica un aparato psíquico capaz de metabolizar. Y para que haya aparato, deben haber filtros que —en un principio— los pone otro. Cuando esos filtros no son adecuados o se agujerean, la personalidad no se estructura, o se desestructura. Entonces comienza un trabajo terapéutico de restauración, refuncionalización y reestructuración. Restauración narcisista (Hornstein, 2007), que posibilite la emergencia de un yo estable capaz de tolerar el vaivén entre la satisfacción y la decepción propias de la vida. Un yo diferenciado, consolidado, que pueda sostenerse a sí mismo no con los otros, sino con las representaciones de los otros. Y que puedan pensar.

Volvamos a Carla. Al finalizar las vacaciones de verano, decide interrumpir el tratamiento alegando dificultades económicas. Un año más tarde recibo una llamada advirtiéndome que se comunicará su abogada para solicitarme que testifique en dos de los tres juicios que había iniciado contra su exjefe durante el período en el que no nos vimos. Un año más tarde retomó el tratamiento en un estado de notable deterioro físico y anímico. Como en los inicios, su desesperación se colaba en el discurso catártico, en los gestos y en la respiración densa y pesada. Su preocupación esta vez se centró en su nueva pareja, con quien había empezado a convivir unos meses atrás. Este período solo duró seis encuentros más innumerables mensajes telefónicos en los que pedía modificación de horarios, presentarse acompañada o simplemente el intento de adelantar algo de lo que traería a la sesión. Mantener el encuadre se tornó una tarea colosal. Las dos últimas veces, aún habiendo acordado que no era conveniente que trajera a su novio, a quien le estaba planteando una separación en respuesta a la distancia afectiva que este había tomado con ella, vino con él con el argumento de recomendarle un nombre para una derivación. Con su novio y 5 rosas. «Una por cada año de tratamiento», dijo. «Entonces tendrían que ser tres», comenté. «Bueno, se corrigió, una por cada año desde que nos conocemos». ¿Despedida? Su repetida estrategia la llevó a elegir entre su novio o su analista. Debía sacrificar un vínculo para acoplarse a otro que temía perder. De alguna manera no eligió tan mal, pues sabe que a su tratamiento puede regresar.

Cuando separarse es vivido como amenaza de abandono, un recurso frecuente en estos pacientes para prevenir la separación, es acusar a un tercero de algo molesto. De esta manera se garantizan una alianza con alguien que hará de protector transitorio. Si esta complicidad no se logra, ante la falta de sostén, suelen recurrir desesperada e impulsivamente al abuso de sustancias, al sexo frenético o a actos justicieros. Al no haber un yo cohesivo que acote la vivencia de angustia en señal, la amenaza de irrupción de cantidades los lleva a un desamparo psíquico intolerable. Con la vivencia de intrusión ocurre algo similar. Separación e intrusión son dos caras de la misma amenaza desorganizadora. Los pacientes fronterizos dedican su vida a controlar las distancias, con una especulación torpe, infantil y fallida.

La arquitectura de la personalidad límite es una arquitectura cargada de un ornamento que no reviste la estructura, sino que la expone y la evidencia en su precariedad y su rigidez.

Estructura, función y formas

Hablar de *arquitectura* nos remite directamente a los conceptos de estructura, de función y de formas. Hablar de arquitectura de la personalidad, a su vez, es hablar de cómo es la organización subjetiva en el mundo y su diálogo con el entorno.

A lo largo de la historia, el concepto de estructura ha ido evolucionando conforme al desarrollo de las disciplinas que lo han utilizado.

Estructura, *structura* del latín, se refiere a la disposición y orden de las partes dentro de un todo. Es el conjunto de elementos resistentes, recíprocamente solidarios, que accionan y reaccionan bajo los efectos de las cargas. Su finalidad es resistir y transmitir dichas cargas a los apoyos sin sufrir deformaciones incompatibles. Los requisitos que una estructura debe cumplir son: equilibrio, estabilidad, resistencia, funcionalidad, economía y estética.

Para la música, la estructura alude a la forma musical, o sea, a la organización de las ideas musicales.

Para la ingeniería, es el sostén. Es decir, la disposición de las partes de un cuerpo que trabajan solidariamente para soportar los efectos de las fuerzas que actúan sobre el mismo. Estructuras portantes.

Para la psicología, se entiende que el comportamiento del sujeto responde a su estructura de personalidad. O sea que de alguna manera, la estructura causa el funcionamiento.

Para las neurociencias, la estructura es consecuencia de la función.

Por último, la arquitectura contemporánea, redefine a la estructura como forma y como función a la vez. Es decir: la estructura es función y es forma.

Tomaré esta última manera de pensar la estructura para entrar en el tema que nos convoca, pues este concepto también ha cambiado en nuestra disciplina. Los pacientes fronterizos son pacientes que intersectan las clásicas estructuras neurótica, perversa y psicótica. El polimorfismo sintomático con el que presentan su subjetividad, la rigidez cognitiva con la que interpretan el mundo y que atasca cualquier intento de repensarse a sí mismos, cuestiona nuestro modelo, nuestros instrumentos y a nosotros mismos.

En las fronteras disciplinares

A principios del siglo pasado (1914), Freud afirmó: «Debemos recordar que todas nuestras ideas provisionales en psicología

presumiblemente algún día estarán basadas en una subestructura orgánica».

Inaugurando este milenio, Kandel, desde su perspectiva neurocientífica, dio a conocer su opinión sobre el psicoanálisis como única disciplina capaz de promover genuinos avances en el campo de la investigación con sus aportes sobre el funcionamiento mental.

¿Qué significa esta aseveración? Entre otras cuestiones, que la experiencia psicoanalítica creará una nueva arquitectura cerebral —reorganización de redes neuronales activadas—. Si el psicoanálisis modifica el mundo representacional del sujeto, las pulsiones encontrarán nuevos destinos opcionales. Hablamos de libertad.

El paradigma de la plasticidad neuronal implica la capacidad cerebral para adaptarse a nuevas experiencias, cambiando funcional y estructuralmente. Dichos cambios van desde los eventos moleculares (expresión génica) hasta su manifestación en la esfera del comportamiento. Las tres formas de plasticidad más importantes son la plasticidad sináptica, la neurogénesis y el procesamiento funcional compensatorio. La reorganización plástica puede tener consecuencias adaptativas o desadaptativas. Antes se creía que los cambios plásticos se producían solo en etapas tempranas de la vida, pero estudios recientes muestran que la neurogénesis tiene lugar incluso durante la vida adulta.[10] Esto permite comprender como las experiencias van remodelando la arquitectura cerebral, y consecuentemente, las producciones de la mente, además de ratificar la perspectiva alentadora de las terapias tanto para los trastornos producidos por traumas físicos como por traumas psíquicos.

El paradigma de la plasticidad es una invitación a un diálogo entre disciplinas. Estamos sobrados de advertencias ante la importación de conceptos de otras disciplinas, pero tanta medida cautelar ¿no nos está reduciendo el mundo? Asumamos los riesgos, dejemos que resuenen en nosotros los ecos de los otros, que despierten nuestra curiosidad más allá de las metáforas, que nos inspiren a nuevas preguntas.

---

10.   En primates.

Mente y cerebro: posibles coincidencias entre trastorno límite de la personalidad (TLP) y trastorno disejecutivo

Para que la personalidad se desarrolle normalmente, es necesario contar con ciertas funciones cognitivas que, a su vez, necesitan un cerebro sano. En los últimos años se ha estudiado la relación entre trastorno *borderline* y lesión frontal. ¿Causa o efecto? ¿Es el tipo de funcionamiento que organiza ciertos mapas neuronales o es la arquitectura cerebral la que determina el comportamiento?

El cerebro ejecutivo engloba cognición y afecto en una sola unidad, de tal manera que las capacidades de organización, planificación, anticipación, la tolerancia a la espera y ejecución (lo que incluye: motivación, valoración retroactiva y aprendizaje experiencial), se sintetizan en el pensamiento y se materializan en una forma de estar en el mundo. Se comprende entonces por qué las personas con daño cerebral adquirido de tipo frontal presentan similares comportamientos a los de las personas con trastorno de personalidad (especialmente de tipo impulsivo/desinhibido). La interpretación del *input* sensorial, la construcción de ecuaciones mentales, las interferencias empáticas, la teoría de la mente, la forma de aprender y sedimentar la experiencia, la dificultad en complejizar el pensamiento, limitan y rigidizan las respuestas comportamentales, que —a su vez— alimentan las creencias que atribuyen al mundo y a los otros.

Si se plantea este conjunto de síntomas:

- Dificultad en el control de impulsos
- Falta de iniciativa
- Desinhibición
- Incapacidad para promover alternativas de respuesta
- Inflexibilidad cognitiva
- Baja tolerancia a la frustración
- Dificultad de organización y planificación
- Dificultad de control de la conducta
- Ausencia de autoconciencia

• Conducta egocéntrica
• Perseveración
• Falta de empatía
• Afectación de las habilidades sociales
• Inestabilidad emocional

El observador psicoanalista no tendrá dudas de que se trata de un trastorno fronterizo o trastorno de la personalidad *borderline*. Si dicho observador fuera un psiquiatra, lo denominará TLP. Y si fuera un neuropsicólogo, no dudará en afirmar que se trata de un trastorno disejecutivo. La nosología está en función de aquel que hace el diagnósico. La coincidencia es fenomenológica. La coincidencia es la persona con su constelación sintomática. Los psicoanalistas tenemos mucho que hacer aquí.

Palabras finales

Según Kandel, no puede haber cambios persistentes en la conducta que no estén reflejados en el sistema nervioso (SN), ni cambios persistentes en el SN que no estén reflejados en cambios en algún nivel de organización de la conducta. A partir de esta idea sería insostenible la distinción entre desórdenes mentales orgánicos y funcionales, dado que esta clasificación proviene de las observaciones de los neuropatólogos del siglo XIX, quienes al examinar los cerebros de los pacientes en las autopsias encontraban, o no, distorsiones groseras en la arquitectura cerebral. Por el contrario, hoy sabemos que la ausencia de cambios estructurales detectables no quita la posibilidad de que estén ocurriendo cambios más sutiles, pero no menos importantes, como el fortalecimiento o el debilitamiento de las conexiones sinápticas. Es difícil aceptar que algunos trastornos psiquiátricos y psicológicos afecten la biología del cerebro (enfermedades orgánicas), y otros no (enfermedades funcionales). Dada la concepción de que todos los procesos mentales son funciones realizadas por el cerebro, cualquier distorsión de los mismos, aún tratándose de aquellos trastornos que están fuertemente determinados por factores sociales, serán necesariamente orgánicos, pues la actividad del cerebro se está modificando. El paradigma de la neuroplasticidad se presenta como común denominador de las perspectivas neurocientífica y psicoanalítica. La experiencia es causa de cambios plásticos y de sus consecuencias en la personalidad. Y viceversa. Por eso el trauma entendido como experiencia de intensidad[11] puede alterar la personalidad.

La relación actual entre las neurociencias y el psicoanálisis mantiene una discrepancia entre el modelo biológico de la mente y el modelo complejo de la mente. Algunos científicos proponen un modelo multidimensional para la investigación neuropsicoanalítica preservando el enfoque psicodinámico sin reducirlo a procesos exclusivamente biológicos, a los que adhiero (Erbe, Diamond & Fertuck. 2012). Adhiero a un psicoanálisis en interacción con su tiempo, nuestro tiempo. Tiempo de fronteras en la clínica y en el pensamiento. Fronteras que implican legítimos intercambios.

Después de un largo camino disciplinar, arribo al mundo del psicoanálisis habiendo participado en la reorganización biomecánica de los cuerpos dañados, en la creación de espacios universalmente habitables y en la escucha del sufrimiento subjetivo. Este complejo entramado entre arquitectura, psicomotricidad y neuropsicoanálisis me impide comprender las situaciones con las que los pacientes nos convocan desde una perspectiva monodisciplinar. Por otra parte, las nuevas formas de subjetividad invitan una nueva forma de abordarlas. Hemos leído y escuchado sobre encuadres posibilitadores, de exopsiquismos promotores de mentalización, de procesos de cualificación de la cantidad… me gustaría introducir el tema del cuerpo. Cuerpo real con minúscula. Cuerpo que se unifica en la mirada de un Otro. Cuerpo que es posibilidad fundante de la representación, que se acuna a tiempo de vals, balanceo en tres por cuatro del que emerge la subjetividad, nutrida de afecto, que se hace memoria en la piel, en la postura, en el gesto y la palabra. Cuerpo-carne que lo hacemos cuerpo propio. Carne y símbolo. Cuerpo que es olfato y es

---

11.   Trauma: intensidad que puede ser vivida no solo por el acontecimiento interno o externo, sino por la falla, falta o debilidad de las barreras antiestímulo.

inconsciente. Es habitado y es desierto. Es herencia y creación. Es materia, es espacio y es tiempo. Es posibilidad y es límite. Es donde es y donde no es. Es cuerpo y es alma. Y palabra.

He aquí que el silencio fue integrado por el total de la palabra humana,

y no hablar es morir entre los seres:

se hace lenguaje hasta la cabellera,

habla la boca sin mover los labios,

los ojos de repente son palabras...

...Yo tomo la palabra y la recorro como si fuera sólo forma humana,

me embelesan sus líneas y navego en cada resonancia del idioma...

Pablo Neruda

Bibliografía

Aulagnier, P., Hornstein, L., Green, A. (1975), *Cuerpo, historia e interpretación.* Barcelona: Paidós Ibérica, 1994

Barraquer Bordas, L. (1995), *El sistema nervioso como un todo: la persona y su enfermedad.* Barcelona: Paidós Ibérica, 2001

Chiozza, L. (1995), *Un lugar para el encuentro entre medicina y psicoanálisis.* Buenos Aires: Alianza Editorial, 2009

Cristobal, E., Lueriro, L., Rodríguez, S. (Compiladores) (2011), *Cruces entre Psicoanálisis y Neurobiología.* Buenos Aires: Lugar Editorial

Damasio, A. (1995), *El error de Descartes.* Barcelona: Destino, 2011

—. (2005), *En busca de Spinoza. Neurobiología de la emoción y los sentimientos.* Barcelona: Crítica. 2006

Erbe, Diamond & Fertuck (2012) «Mental representation, social cognition and the neural underpinnings of Borderline Personality Disorder: a multilevel approach». *Neuropsychoanalysis,* 2012, 14 (2) 195 The International Neuropsychoanalysis Society

Freud, S. (1891), *La afasia.* Buenos Aires. Nueva Visión, 1987

—. (1950 [1895]), *Proyecto de una psicología para neurólogos.*Obras completas (OC). Trad. Lopez Ballesteros. Madrid: Biblioteca Nueva, 1967

—. (1914), *Introducción al narcisismo*. OC.

Hornstein L. (2002), *Narcisismo: autoestima, identidad, alteridad*. Barcelona: Paidós Ibérica, (3.ª Edición) 2006

—. (2007), *Al Yo le pasa de todo*. (www.luishornstein.com)

Kandel, E., Schwartz, J., Jessell, T., et al. (1997), *Neurociencia y conducta*. Madrid: Prentice Hall

Kandel, E., Cooper, A., et al. (2006), *Psiquiatría, psicoanálisis y la nueva biología de la mente*. Barcelona: Ars Médica, 2007

Klein, M. (1960), *Sobre la salud mental*. Obras Completas, Vol. III. Barcelona: Paidós Ibérica, 1991

Sacks, O. (1995), *Un antropólogo en Marte*. Barcelona: Anagrama, 2001

—. (2010), *Los ojos de la mente*. Barcelona: Anagrama, 2011

La función-puerta en la clínica del límite

Joan Pijuan i Pintó

> *Lo imposible no es la vecindad de las cosas,*
> *es el sitio en el que podrían ser vecinas.*

Michel Foucault, 1966

1. El marco de Green

El elemento *puerta* tiene un alto valor simbólico y estructural en la constitución subjetiva. Podemos reseguir sus bases conceptuales en los desarrollos freudianos, entre muchos otros, de Winnicott, de Dolto y de Rodulfo. Con frecuencia en la clínica infantil encontramos dificultades importantes para el establecimiento consistente de las puertas (de madera o simbólicas) o para su utilización dinámica. Esto después tiene continuidad en la clínica con adultos cuando hacen síntoma en los lazos intersubjetivos y, en los casos fronterizos, el fallo de la *función puerta* deja al sujeto a la intemperie desde el registro pulsional. Este ensayo lo inscribo en lo que Wallerstein (1988) denomina *teorías clínicas*, para pensar, en la clínica, la dimensión local de las teorizaciones más generales.

Cuando Green (1972) se pregunta por las fronteras propias, halla la respuesta en la piel como envoltura y dice: «mi continente de piel es discontinuo [...] presenta orificios que actúan como puertas. Podemos llamarlas aduanas o inspectores: ojos, orejas, nariz, boca, ano, uretra, vagina [...] las llamadas zonas erógenas son importantes porque funcionan de dos maneras, hacia adentro y hacia afuera. Dos problemas se me plantean en consecuencia. El primero es la índole de la estructura de la frontera; el segundo la circulación hacia adentro y hacia afuera de sus puertas […] ¿cuáles son las fronteras de mi psique? ¿Qué leyes gobiernan la circulación por las puertas de mis fronteras psíquicas? ¿Qué relación mantiene la psique y sus fronteras con estas puertas?». Después detalla los diversos tipos de fronteras: las líneas o superficies, con o sin circulación, las membranas ósmicas que seleccionan lo permitido o no de pasar, y una zona borrosa fruto de la intersección y al estilo de una frontera nebulosa. Entonces nos explica el funcionamiento: «En caso de peligro, una frontera ósmica se puede abrir para descargar los estímulos perturbadores del adentro. Pero otros recursos son posibles, por ejemplo, la inutilización de la línea, una especie de mortificación, o el desdibujamiento de la frontera, reemplazada ahora por un límite frágil, una tierra de nadie». Y prosigue dando una definición: «Ser un fronterizo da a entender que una frontera protege al *self* de pasar al otro lado o de ser cruzado, de ser invadido, con lo cual uno llega a ser una frontera móvil (no digo tener sino ser esa frontera). Esto, a su vez, supone una pérdida de distinción entre espacio y tiempo».

Observemos como Green ubica el término puerta en la zona de la pulsión. El límite es el pulsional, el de la zona erógena que marca el cuerpo y, por tanto, es en el concepto límite que se plantea las fronteras psíquicas de manera general. Refiere una propuesta de constitución subjetiva y también una alerta sobre su funcionamiento en las patologías fronterizas, que es el tema que nos convoca en estas jornadas. La cuestión para Green es la representación psíquica. Justo en este territorio conviene ubicar *la puerta* como función. El término *puerta* significa entrada, paso, pasaje, medio y procedimiento. Para su construcción hace falta el marco, que representa la apertura en la superficie continua separadora de los espacios, seguida de la implantación de la barrera ajustada al agujero del marco. Finalmente la función de obertura y de cierre debe quedar a disposición del sujeto, hasta donde este pueda y según sus circunstancias. Cabe esperar que las puertas y la función misma queden establecidas en consonancia con la misma estructuración subjetiva, con el especial acento de los primeros objetos. En la clínica, si nos encontramos en el terreno de las neurosis haciendo el trabajo de levantamiento de la represión y permitiendo el acceso a nuevas representaciones, la puerta es el mecanismo conocido de obertura y cierre de la barrera de la represión y la emergencia de las formaciones del inconsciente que quedan a la vista parcial y momentáneamente. También el discurso lo entendemos como el paso de un lugar a otro en continuidad pero a la vez marcado por los puentes, las *palabras puerta* que permiten el paso. Al contrario, en pacientes fronterizos psicosomáticos y actuadores, tal como señala Sammartino (2006), siguiendo la estela de Green, la función de representar ocupa un lugar central dentro del trabajo psicoanalítico: más allá de la labor de levantamiento de represiones para acceder a las representaciones inconscientes neuróticas debe incluir el trabajo mismo de creación de representaciones. En este contexto podemos ubicar la construcción de la representación *puerta,* porque en la patología límite parece que la puerta no haya podido ser suficientemente construida o, al menos, resulta gravemente afectada en su funcionamiento. El discurso se ve condicionado y Green (1972) nos lo dice con las palabras exactas: «El discurso fronterizo no es una cadena de palabras, representaciones o afectos sino más bien —como un collar de perlas que no tuviera cuerda— de palabras, representaciones y afectos contiguos en el tiempo y el espacio, pero no en su sentido». Green (1972) completa este marco dando una guía: «Es preciso considerar dos áreas fronterizas dentro del aparato psíquico [...] un área intermedia entre lo inconsciente y lo consciente-preconsciente; su manifestación es el sueño. En segundo lugar, el área de juego o de ilusión (el «espacio potencial» de Winnicott). Los pacientes fronterizos fracasan al crear subproductos funcionales del espacio potencial; en lugar de manifestar fenómenos trasicionales, crean síntomas que desempeñan la función de fenómenos transicionales». Fiel a esta propuesta ilustraré la clínica en el límite donde la puerta falla con cuatro relatos clínicos, dos centrados en el área del juego en la clínica con niños y dos en la zona onírica de adultos.

2. La construcción de puertas.
David: de los tubos laberínticos al juego de la fábrica

Entre los tests proyectivos más conocidos está el dibujo de la casa, dentro del HTP. Simbólicamente es considerado expresión proyectada del psiquismo del sujeto, tanto en niños como en adultos. En el análisis psicoanalítico del dibujo de la casa, la puerta y las ventanas representan la relación de intercambio del niño con el exterior. Por eso la puerta y sus detalles (tiradores, cerraduras, rejas, mirillas, etc.) son una marca gráfica del sujeto frente al otro. Pero, no debe olvidarse la distribución interna imaginada de la casa (en los relatos), las habitaciones con paredes, los tabiques y las puertas presentes y funcionales o inexistentes o disfuncionales.

Rodulfo (1989) parte de la *construcción del cuerpo* indisoluble y solidaria *de la constitución del sujeto y* propone un estudio sobre las funciones del jugar en la constitución temprana. Del juego como elaboración simbólica destaca el agujerear y arrancar significantes del Otro, arrancados del cuerpo de la madre en oposición a los impuestos. Para él en la *construcción del cuerpo/constitución del sujeto* hay pasos lógicos, que van desde la extracción y fabricación de *superficies continuas* con la construcción de la banda continua (rutinas y continuidad), al establecimiento de la diferenciación *continente-contenido* (*yo-no yo*) y hasta la *formación del tubo (dentro-fuera).* En este contexto teórico destaca la construcción simbólica de puertas en las zonas/agujeros erógenos para que no sean vías de entrada del goce del Otro. Hay una necesaria labor de construcción de puertas simbólicas tanto en lo referido a la concepción del sujeto en relación con los padres, como en la transferencia. Rodulfo ubica la aparición de la puerta a los 2 años, cuando se detecta un fenómeno lúdico vinculado con el *fort-da*: el descubrimiento de la puerta, y especialmente en su función de cierre. Dice que al principio de la formación del tubo, la puerta es solo el borde de un entubamiento sin exterioridad como tal, ya que la puerta no ha sido investida. Por eso a los 2 años el niño cierra puertas constantemente, desapareciendo o haciendo desaparecer al otro. En esta línea también están el descubrimiento del vidrio y la aparición del «no», el no querer. Todo ello al servicio del niño para que sienta que no es transparente para el otro y así constituya el sentimiento de intimidad. No responder, mentir, decir que no, etc., mostrarían la puerta simbólica en uso.

F. Dolto (1981) en el artículo «El corazón, expresión simbólica de la vida afectiva» propone el corazón y la región de alrededor (mediante síntomas, palabras o dibujos) como significante del valor que pueden tener para los niños a los ojos de los adultos. Se trata del proceso de identificación con el dolor o el goce afectivo del otro. El corazón y la zona digestiva próxima reaccionan afectivamente asimilando o rechazando el alimento como algo propio. Este «receptáculo digestivo mágico psicoafectivo» Dolto lo califica de lugar mágico donde habitan los seres queridos. Los niños pueden sentir que lo abren para dar o recibir y que lo cierran para no recibir. Es decir, la *puerta*. Por ello el corazón es vinculado con la región y el proceso digestivo en los sentimientos asociados cuando el niño vomita (dan cuenta de ello los dichos populares, p. ej. «tener mal corazón», «*mal de coeur*», etc.). El corazón, reemplazando al término *vientre*, actúa como significante del tubo digestivo, en el cual Rodulfo colocará la *función puerta*. Dolto acaba afirmando que el corazón es la ubicación simbólica de los sentimientos de identificación, de confianza y seguridad en los intercambios afectivos con el otro.

«¡Tengo un motor de llorar dentro (del corazón) búscame un psicólogo!» decía a su madre David, de 7 años, para pedir ayuda. Como síntoma trae una enuresis primaria y viene con el diagnóstico de TDA. En la tercera sesión quiere «dibujar laberintos, con cercas, ¡eh!» (en catalán, «amb tanques», que se escucha como «em tanques» [me cierras], donde el otro domina la puerta). Me advierte que el dibujo será completado con «semáforos y un taller», también «la prisión». Incluye otras «dos salidas» con sendos caminos laberínticos que tienen la particularidad de que se cruzan con el primero. Cada cruce implica una marca, «un cierre, una valla» («una tanca») que impide la circulación. Con su demanda que sea yo quien circule, coloreando, por el camino laberíntico del circuito, surge la repetición: las permanentes interferencias (que coinciden con intercepciones de su pensamiento). Dedicado a ir abriéndose paso en lo inmediato, quien hace este recorrido (yo) que él propone, experimenta la imposibilidad de llegar al punto final, a «la meta», «la salida». En la trama del camino laberíntico hay un signo que tiene importancia: la «i» de información, una especie de esperanza de disponer de otro que guíe. Pero lejos de dar información que oriente bien, se lía aún más la voluntad de organizarse y adquirir control sobre la diferenciación interno-externo. Luego la situación es insostenible, pierde la posibilidad de conducción y exagera aún más la salida insistente de buscar recursos a la desesperada. Decide entonces «¡Coger un avión para ir a la casa!» (Dibujada por fuera de les líneas del circuito). Es la omnipotencia. Después marca la ruta imaginaria de rayas discontinuas que llevan bien al «premio-copa-medalla» o bien a «la casa». Finalmente hace una gran «X» sobre toda la representación gráfica. (Esta «X» va asociada a otra «X» que había utilizado para cerrar («tancar») el primer punto de información.) Acaba la sesión repitiendo una frase hasta salir por la puerta: «¡Pide, pide a la Información cerrada («tancada»), ya verás!»

Siguiendo a David en su discurso, podríamos preguntarnos cómo se construyen las puertas. Y parafraseando a Winnicott diríamos: con presencia, continuidad y ritmo. Eso es lo que sucedió durante el tratamiento. David se centró en un escenario de juego que progresivamente sería permanente y reconstruido en cada sesión; es el juego de la fábrica. La mesa del despacho está dividida en 3 espacios: el de la casa (origen), el de la fábrica (destino) y el espacio intermedio (de separación, espacio transicional). La casa adquiere límites definidos, puerta y timbre y, dentro se diferencian progresivamente los diversos espacios: comedor con sofá, televisor y teléfono, habitación con camas para los padres, estudio con ordenador para la madre, etc. En casa el padre recibe la llamada telefónica diaria del hijo desde la fábrica, reclamándole para que vaya. La fábrica, como construcción en tratamiento, es significativa ya que recuerda el originario «motor de hacer llorar» interior, lo hacía sufrir y motivó la consulta. El motor entonces lo sufría pasivamente, ahora la fábrica la hace funcionar él activamente. La fábrica está destinada a confeccionar todo tipo de objetos, preferentemente muebles, pero también coches y material de informática. El espacio fabril cada vez más delimitado por paredes, tiene una entrada, una barrera (que le costó mucho construirla hasta llegar a ser de su agrado). Esta barrera la abre y la cierra desde su mando a distancia. También tiene una «puerta secreta» al lado del lugar reservado para el padre y que comparten con él como un «secreto». En el espacio interior de la fábrica hay despachos con estanterías para cada uno. Primero solo existía la del hijo y la del padre; después añade las de los otros ayudantes y, finalmente, también la de la madre. La fábrica tiene «robots», «humanoides» que se encargan de aparcar los coches que han llegado y de clasificar los objetos, de poner orden y traer o llevar lo que se precise al almacén. Mucho más tarde añade el lavabo y, finalmente (los últimos 2 o 3 meses) la figura del «jefe», que no está representado por ningún muñeco. El espacio intermedio es la ciudad, el campo por donde hay que pasar para ir y venir de la fábrica a casa. Hay un «camino normal», largo, y otro camino corto, un atajo «secreto» compartido con el padre y que lleva a la «puerta secreta» de la fábrica. En la dinámica del juego, el hijo tiene un coche casi idéntico al del padre y, como el suyo, es muy rápido. El de la madre es muy diferente y no tan veloz. En tratamiento ha ido construyendo el elemento *puerta*, bajo palabras como «puerta», «barrera», «despacho», «colgar-descolgar el teléfono», en cada edición del juego. El espacio terapéutico es la proyección de su espacio psíquico, y la totalidad del despacho, el espacio ampliado más allá de la mesa en el cual despliega este escenario, es la vía para tramitar transferencias. Creo que el juego de la fábrica concentra en sí mismo lo que en las primeras sesiones aparecía, sin matriz de elaboración, al querer abrir y cerrar la puerta de mi despacho, las de otros despachos, ir al váter o interpelar a otros pacientes y terapeutas que encontraba en el pasillo, querer llevarse cosas, etc. Al inicio del tratamiento dibujaba «laberintos», unas formaciones tubulares retorcidas y confusas. Los intentos de diferenciación y complejidad lo llevaban a grotescos simulacros para poner «cierres» («tanques»), «talleres» o «prisión». Tenía confusiones de direccionalidad, creación de diversas salidas más con el aspecto de una enroscadura que como una carretera o un tubo digestivo funcional. Cada cruce podía ser una «marca» o «tanca» que impedía la circulación. El resultado era una serie de indicios de acciones que cambiaba sin freno hipercinéticamente. Entonces nunca podía llegar al objetivo propuesto, a la «meta» o a la «salida». Todo ello, en un contexto de control de esfínteres que precisaba de algún «motor» o «fábrica» que funcionara como eficaz sistema de transformación y elaboración psíquica. En el juego me hacía encarnar la figura que sostuviera la posible función paterna, pidiendo permanentemente la presencia de un padre que permitiera el ordenamiento del territorio interno/externo, como una *destilación edípica del narcisismo* tal como recuerda V. Korman (2006), hasta que después progresivamente el lugar del padre pasa a ser punto de referencia de un sistema general. En la transferencia, desde el interior del juego, jugando, señalando e interpretando, aparece la *función puerta* que tiene finalmente el valor con el cual puede identificarse, previa denuncia de las palabras que no hacían de «puerta».

3. Funcionamiento de la puerta: abrir y cerrar.
La llave de Marçal en el juego de la bruja y el niño

Los cuentos de hadas muestran de forma regular el elemento puerta como regulador pulsional de la relación con el otro con el cual se debe efectuar la separación, hallar la buena distancia. Entonces la boca, la barriga, los agujeros, las puertas de las casas, cabañas y castillos, son el escenario central de los relatos entre cerditos y lobos o entre cabritillas y zorros, entre niños y brujas, etc. Se trata de que la puerta aguante, que el Otro no la pueda abrir. El síntoma aparece en el límite pulsional, de la zona erógena que marca el cuerpo. Con frecuencia en el eje oral-anal, entre las zonas que podemos denominar *rodulfas* del cuerpo de Dolto de las castraciones simbolígenas. En este sentido es muy clarificador un excelente artículo de Jorge Belinsky (2002) apoyándose en E. Leach desde la idea que, sobre el terreno, el marcador de un límite ocupa también un espacio y queda en *tierra de nadie*. Sin dejar a Leach, refiriéndose a los límites corporales con les excreciones del cuerpo (heces, orina, semen, sudor, etc.) Belinsky subraya que por analogía «los orificios del cuerpo humano constituyen puertas de entrada, y todas las excreciones están *fuera de lugar*, al igual que los derivados de la mutilación ritual [...] lógicamente deben convertirse en foco de tabú [...] los productos corporales como los que he indicado son el prototipo de la *suciedad*». El marcador *puerta* también ocupará espacio.

Durante un periodo del tratamiento de Marçal, un niño encoprético de 9 años, se instaura «El juego de la bruja y el niño». La bruja es una especie de madrastra muy mala; debe escapar de ella. Cuando la represento me pide repetir la acción de la amenaza de cogerlo y su respuesta de atacarme. La bruja inicial va tomando diversos nombres a medida que él las va matando: la bruja negra, la maldita, la de la noche, la roja, la de la Blancanieves, la loca, la de fuego. El juego finalmente cuaja en un esquema: si la bruja lo consigue agarrar lo lleva a «la cueva», «la casa», «el cerco» y lo encierra tras una puerta. Primero la puerta debe ser construida (yo le ayudo representándola con sillas) y luego hay que usarla. Entonces él quiere escapar y trata de encontrar la llave. Primero la tengo yo, como bruja, en el bolsillo y cuando no me doy cuenta él me la quita, abre la puerta y se va. En el juego, la bruja muerta se substituye por otra que vengará la muerte de las anteriores, en un contexto de cuento clásico en el cual la casa de la bruja podría ser la de chocolate de Hänsel y Gretel. La bruja quiere comérselo después de cocerlo en un caldero. Él en la espera, encerrado, vive la angustia primaria de devoración. Es remarcable que el máximo placer lo centra en el momento que, encontrada la llave, puede librase de la figura materna primaria que representa la bruja. Si la bruja lo persigue y lo agarra un poco (por ejemplo por el pie), en el cuerpo a cuerpo él ha de sentir que puede escaparse o, sino, matarla con espadas y cuchillos. En la versión más elaborada del juego la llave es simbólica: la puerta solo se abre si él pronuncia en voz alta la palabra que la bruja tiene en la cabeza y que ha cerrado la puerta (al estilo de la cueva de Alí Babá y los 40 ladrones). Las palabras que escojo son, evidentemente, las de la serie anal: «caca», «cerdo», «pipi», etc. Pero también «mama», «papa», «hermana». El juego va desde un primer momento básicamente motriz a un zenit casi solo verbal: él dedicado a adivinar la palabra, pensada por la bruja, diciendo una tras otra y pidiendo pistas para acertarla. Pienso en Green (2003) cuando se refiere al preconsciente como «zona de intercambios activa y que hace circular las investiduras y las huellas mnémicas de un lado y otro de esa zona fronteriza, y que además da cabida a procesos donde el lenguaje cumple un papel relevante. Observemos al pasar que una importante fracción del yo pertenece al preconsciente». Finalmente destaco una sesión en la cual «la bruja loca» utiliza una llave que no es una palabra sino una frase: «¡Mama tengo mucha caca!». En la última versión del juego él un día se propone como «la hija de la bruja» y, con los roles invertidos, yo ocupo el lugar de aquel que escapó y huyó cuando lo apresaron. También en una de las penúltimas veces es el niño quien encierra a la bruja en su propia cárcel.

4. La puerta abierta aún deja pasar la angustia. Olga no puede separarse de sus padres

Olga aunque tiene pareja no consigue tomar distancia de sus propios padres, no se puede alejar de ellos, incluso ya casada vive más con ellos que con su marido. Un día trae a sesión un recuerdo revelador de un hecho traumático de la infancia. Por motivos políticos, padre y madre fueron detenidos durante un largo período y ella quedó a cargo de los abuelos. A la vivencia de separación de los objetos primarios, sentida como abandono, se sumó la reacción de la abuela con efectos traumatizantes. La escena infantil que relata la ubica en su habitación, de noche, ya acostada, permaneciendo despierta junto al hermanito. La oscuridad domina la escena, excepto en el resplandor de la puerta entreabierta que deja pasar la luz del pasillo donde la abuela deambula, asustada, rezando. Ella se recuerda sin poder dormir. La abuela no pudo contenerse la angustia que la puerta no detenía, como si estuviera abierta, y no pudo evitar la angustia de la nieta, desesperada, que hubiera necesitado palabras tranquilizadoras, cuentos que hubiesen abierto la puerta del sueño a la par que cerrarían la puerta de la habitación por fin sentida como segura. Pero Olga ya de niña había tenido dificultades para construir la puerta simbólica con el material proporcionado por la fragilidad parental; el hecho traumático, como siempre, solo ponía aún más de relieve el punto interno afectado, la puerta que salía del quicio. Por eso un elemento diagnóstico útil es diferenciar si los pacientes sienten el espacio de la consulta, y la puerta en particular, como segura, como peligrosa, claustrofóbica o ni tan siquiera la registran. Este caso subraya la importancia, en la clínica con adultos, del análisis de las puertas, de la construcción en la infancia de la función puerta y de las dificultades aparecidas en su utilización. Con frecuencia las dificultades son de tal envergadura que nos sugieren fallos estructurales ya en la infancia. Y de parte de los analistas, convocados a jugar al límite, debemos hacer verdaderas contorsiones para sostener prótesis que apuntalen funciones no suficientemente instaladas. A veces atendiendo la puerta misma, la exterior y la interna simbólica, desde el encuadre al abrir y cerrar las sesiones. El espesor que toman estos espacios se constata en la cantidad de fenómenos que ahí suelen aparecer, y conviene saber que la sesión analítica comienza desde que abrimos la puerta al paciente (incluso al abrir desde el interfono) y no acaba hasta que sale por la puerta. En casos como el de Olga el terapeuta debe evitar el lugar de la abuela para promover otra dimensión de la *función puerta* que ayude a significar los hechos ocurridos (la ausencia del objeto registrada como abandono y desolación) desde el «espacio transicional» de Winnicott (1967). Entonces la apertura de la playa winnicottiana por la ocupación de las franjas intermedias al alcance, en el mismo territorio de la realidad de la sesión, con la torsión sutil que permite ubicarnos en la banda de Möebius de la continuidad de experiencias, permite la reaparición de una nueva oportunidad de cerrar la puerta. Labor ardua porque hay que rearmar el «tejido psíquico» (Marucco, 2007) perdido que la pulsión de muerte destejió, crear el entramado capaz de contener lo que no ha podido adquirir la representación.

5. La función puerta en entredicho.
María en la intemperie de la pulsión de muerte

María vive permanentemente en la frontera. Al inicio del tratamiento, la enésima relación fallida aparece en un sueño: «Iba al psiquiátrico, no era [el escenario de] el manicomio. Se podía entrar porque las puertas estaban abiertas, sin puertas. Iba a una competición en la piscina olímpica. El hospital era como si fuese mi casa: me dejaban entrar y salir. Las duchas no estaban cerradas y me veían todos. Se parecían a las duchas de un campo de concentración, al aire libre». María asocia el sueño con la anterior pareja ingresada en el hospital psiquiátrico. Con él mantenía una relación pasional con la que desmentía cualquier defecto del objeto. Se parasitaba con él y aprovechaba todas las hendiduras para introducirse (visitas, entrevistas, salidas de semana). Él estaba centrado en una posición narcisista y la rechazaba, ella negaba cada oleada de decepción del objeto y con la idealización lo resarcía. A pesar de los diversos actos traumáticos recibidos esperaba la reacción del objeto amado. Estaba desesperanzada. Víctor Korman, el 2 de marzo de 2013 en un acto organizado por Gradiva, se refería a los CIRRE (Korman, 2005) —polimorfismo defensivo, narcisismo inflaccionado o desfalleciente y déficit deseante y simbólico— y recordaba su característica específica: la desesperanza, a diferencia de las neurosis y las psicosis con la desesperación y la desolación o perplejidad. María, así, desesperanzada, hizo un intento de suicidio, con el que tampoco hizo reaccionar al otro. El sueño muestra pues desde qué suelo psíquico parte María. La ventana, prima hermana de la puerta, en su función fallida (defenestrar etimológicamente significa desde la «fenestra») tiene dos sentidos: destitución o expulsión drástica de alguien, de su cargo o lugar, y crítica drástica negativa a algo o alguien. Este alguien en María es su *yo*, que entonces es deportado, desterrado más allá de sus fronteras en lugar lejano, es transportado como si fuese un esclavo y es tirado por la ventana. Como en el caso de María sabemos que a veces la defenestración puede ser literal si la contención psíquica no aguanta. La historia nos ilustra: son famosas la Primera Defenestración de Praga (1419) pero especialmente la Segunda Defenestración de Praga (1618) en la cual diversos aristócratas protestantes, revelados contra el emperador católico de los Habsburgo, tiraron a dos consejeros y un secretario por la ventana del castillo Hradcany de Praga. Este acto, que desencadenó la guerra de los 30 años en Europa, es la muestra inapelable de la pulsión de muerte desatada. Como fronteriza María necesita de la intersección entre su funcionamiento mental y el encuadre analítico, tal como dice Green (1972): «pasar del análisis del contenido al análisis del continente, o sea, el análisis del encuadre como tal». Si damos un paso más y seguimos sus reflexiones podemos pensar la *función puerta* en casos como este. Green dice que la envoltura del yo, en funcionamiento óptimo, toma la forma de una cáscara protectora con unas fronteras elásticas del *yo*. Pero advierte que en la configuración fronteriza, frente las angustias de separación o intrusión, aparece la pérdida de control que desprovee de la protección al envoltorio y deja al descubierto los diferentes núcleos no comunicados que componen un *yo* sin cohesión. Estos núcleos Green los califica de «archipiélagos» y dice que «estas islas de núcleos yoicos son menos importantes que el espacio que los rodea, que he definido como vacío. El reto en el tratamiento de María será el trabajo posible sobre la *función puerta* que promueva en transferencia la vinculación de los islotes desconectados, mediante el sostén de la paradoja que las puertas separan los espacios tanto como los unen.

Bibliografía

Belinsky, J. (2002), «Fronteras: a propósito de un trabajo de Eduardo Braier». *Revista Intercanvis – Papers de Psicoanàlisi,* n.º 8, pp. 61-69
Dolto, F. (1981), *La dificultad de vivir 1.* Buenos Aires: Gedisa, 1997
Green, A. (1972), *De locuras privadas.* Buenos Aires: Amorrortu Editores, 1990
—. (2003), *Ideas directrices para un psicoanálisis contemporáneo. Desconocimiento y reconocimiento del inconsciente.* Buenos Aires: Amorrortu Editores, 2005
Korman, V. (2005), «Los cuadros con insuficiente reorganización

retroactiva edípica (CIRRE) 1.ª parte». *Revista Intercanvis – Papers de Psicoanàlisi,* n.º 15, pp. 9-22

—. (2006), «Los cuadros con insuficiente reorganización retroactiva edípica (CIRRE) 2.ª parte». *Revista Intercanvis – Papers de Psicoanàlisi,* n.º 16, pp. 33-50

Marucco, N. C. (2007), «Entre el recuerdo y el destino: la repetición». *Revista Psicoanàlisis ApdeBA.,* vol XXIX, n.º 1, pp. 101-122

Rodulfo, R. (1989), *El niño y el significante. Un estudio sobre las funciones del jugar en la constitución temprana.* Buenos Aires: Amorrortu Editores, 1989

Sammartino, M. E. (2006), «Homenaje a Freud en el 150º aniversario de su nacimiento. La pulsión y el objeto». *Revista Intercanvis- Papers de Psicoanàlisi,* n.º 16, pp. 51-53

Wallerstein, R. S. (1988), «One Psychoanalysis or Many?» *The International Journal of Psychoanalysis,* vol. 69 (1), pp. 5-21

Winnicott, D. (1967), *Realidad y juego.* Barcelona: Gedisa, 1986

La funció-porta en la clínica del límit

Joan Pijuan i Pintó

> *L'impossible no és el veïnatge de les coses,*
> *és el lloc mateix en el qual podrien ser veïnes.*

Michel Foucault, 1966

1. El marc de Green

L'element *porta* té un alt valor simbòlic i estructural en la constitució subjectiva. En podem resseguir les bases conceptuals en els desenvolupaments freudians, entre molts altres, de Winnicott, de Dolto i de Rodulfo. Sovint a la clínica infantil trobem dificultats importants per a l'establiment consistent de les portes (de fusta o simbòliques) o llur utilització dinàmica. Això després té continuïtat en la clínica amb adults quan fan símptoma en els llaços intersubjectius i, en el casos fronterers, la fallida de la *funció porta* deixa el subjecte a la intempèrie des del registre pulsional. Aquest assaig l'inscric en el que Wallerstein (1988) anomena *teories clíniques*, per tal de pensar, en la clínica, la dimensió local de les teoritzacions més generals.

Quan Green (1972) es pregunta per les fronteres pròpies, troba la resposta en la pell com a embolcall i diu: «mi continente de piel es discontinuo […] presenta orificios que actúan como puertas. Podemos llamarlas aduanas o inspectores: ojos, orejas, nariz, boca, ano, uretra, vagina […] las llamadas zonas erógenas son importantes porque funcionan de dos maneras, hacia adentro y hacia afuera. Dos problemas se me plantean en consecuencia. El primero es la índole de la estructura de la frontera; el segundo la circulación hacia adentro y hacia afuera de sus puertas […] ¿cuáles son las fronteras de mi psique? ¿Qué leyes gobiernan la circulación por las puertas de mis fronteras psíquicas? ¿Qué relación mantiene la psique y sus fronteras con estas puertas?». Després detalla els diversos tipus de fronteres: les línies o superfícies, amb o sense circulació, les membranes òsmiques que seleccionen allò permès o no de passar, i una zona borrosa fruit de la intersecció i a l'estil d'una frontera boirosa. Llavors n'explica el funcionament: «En caso de peligro, una frontera ósmica se puede abrir para descargar los estímulos perturbadores del adentro. Pero otros recursos son posibles, por ejemplo, la inutilización de la línea, una especie de mortificación, o el desdibujamiento de la frontera, reemplazada ahora por un límite frágil, una tierra de nadie». I segueix fent una definició: «Ser un fronterizo da a entender que una frontera protege al *self* de pasar al otro lado o de ser cruzado, de ser invadido, con lo cual uno llega a ser una frontera móvil (no digo tener sino ser esa frontera). Esto, a su vez, supone una pérdida de distinción entre espacio y tiempo».

Observem com Green ubica el terme porta en la zona de la pulsió. El límit és el pulsional, el de la zona erògena que marca el cos i, per tant, és en el mateix concepte límit que es planteja les fronteres psíquiques de manera general. Hi ha una proposició referida a la constitució subjectiva i també una alerta sobre el seu funcionament en les patologies frontereres, que és el tema que ens convoca en aquestes jornades. La qüestió per a Green és la representació psíquica. Just en aquest territori convé ubicar *la porta* com a funció. El terme *porta* vol dir entrada, pas, passatge, mitjà i procediment. Per a la seva construcció cal el bastiment, que representa l'obertura en la superfície contínua separadora d'espais, seguida de la implantació de la barrera ajustada al forat del bastiment. Finalment la funció d'obertura i de tancament ha de restar a disposició del subjecte, fins on aquest pugui i segons les seves circumstàncies. Cal esperar que les portes i la funció mateixa quedin establertes en consonància amb la mateixa estructuració subjectiva, amb l'especial accent dels primers objectes. En la clínica, si estem en el terreny de les neurosis fent la tasca d'aixecament de la repressió i permetent accedir a noves representacions, la porta és el mecanisme conegut d'obertura i tancament de la barrera de la repressió i l'emergència de les formacions de l'inconscient que queden a la vista parcialment i momentània. També el discurs l'entenem com el passar d'un lloc a un altre en continuïtat però alhora marcat pels ponts, les *paraules porta* que en permeten el pas. Per contra, en pacients fronterers psicosomàtics i actuadors, tal com assenyala Sammartino (2006), seguint l'estela de Green, la funció de representar ocupa un lloc central dins el treball psicoanalític: més enllà de la tasca de l'aixecament de repressions per accedir a les representacions inconscients neuròtiques cal incloure el treball mateix de creació de representacions. En aquest context podem ubicar la construcció de la representació *porta,* perquè en la patologia límit fa l'efecte que la porta no ha pogut ser suficientment construïda o, si més no, el seu funcionament en queda greument afectat. El discurs se'n veu condicionat i Green (1972) ens hi posa les paraules exactes: «El discurso fronterizo no es una cadena de palabras, representaciones o afectos sino más bien —como un collar de perlas que no tuviera cuerda— de palabras, representaciones y afectos contiguos en el tiempo y el espacio, pero no en su sentido». I per completar aquest marc, Green (1972) ens dóna una guia: «Es preciso considerar dos áreas fronterizas dentro del aparato psíquico [...] un área intermedia entre lo inconsciente y lo consciente-preconsciente; su manifestación es el sueño. En segundo lugar, el área de juego o de ilusión (el «espacio potencial» de Winnicott). Los pacientes fronterizos se caracterizan por el fracaso en crear subproductos funcionales del espacio potencial; en lugar de manifestar fenómenos transicionales, crean síntomas que desempeñan la función de fenómenos transicionales». Fidel a la proposta il·lustraré la clínica al límit on la porta falla amb quatre relats clínics, dos centrats en l'àrea del joc en la clínica amb nens i dos en la zona onírica d'adults.

2. La construcció de portes.
David: dels tubs laberíntics al joc de la fàbrica

Entre els tests projectius més coneguts hi ha el dibuix de la casa, dins l'HTP. Simbòlicament és considerat expressió projectada del psiquisme del subjecte, tant en nens com en adults. En l'anàlisi psicoanalítica del dibuix de la casa, la porta, com les finestres, representen la relació d'intercanvi del nen amb l'exterior. Llavors la porta i els seus detalls (barrots, panys, poms, espiells, etc.) són una marca gràfica del subjecte envers l'altre. Però, cara endins no cal oblidar la distribució interna imaginada de la casa (habitualment en els relats afegits), les habitacions amb parets, els envans i les portes presents i funcionals o inexistents i disfuncionals.

Rodulfo (1989) parteix de la *construcció del cos* indissoluble i solidària *a la constitució del subjecte* i proposa un estudi sobre les funcions del jugar en la constitució primerenca. Del joc com a elaboració simbòlica en destaca el foradar i arrencar significants de l'Altre, arrencats del cos de la mare en oposició als imposats. Per a ell en la *construcció del cos/constitució del subjecte* hi ha passos lògics, que van des de l'extracció i fabricació de *superfícies contínues* amb la construcció de la banda contínua (rutines i continuïtat), a l'establiment de la *diferenciació continent-contingut (jo-no jo)* i fins a la *formació del tub (dins-fora)*. En aquest context teòric destaca la construcció simbòlica de portes en les zones/forats erògens perquè no siguin vies d'entrada del gaudi d'altri. Hi ha una necessària tasca de construcció de portes simbòliques tant pel que fa a la concepció del subjecte en la relació amb els pares, com en la transferència. Rodulfo ubica l'aparició de la porta als 2 anys, quan es detecta un fenomen lúdic vinculat amb el *fort-da*: el descobriment de la porta, i especialment en la seva funció de tancament. Diu que en el principi de la formació del tub, la porta és només la vora d'un entubament sense exterioritat com a tal, ja que la porta no ha estat investida. Per això als 2 anys el nen tanca portes a tothora, desapareixent o fent desaparèixer l'altre. En aquesta línia també hi ha el descobriment del vidre i l'aparició del «no», el no voler. Tot plegat al servei del nen perquè senti que no és transparent per a l'altre i constitueixi el sentiment d'intimitat. No respondre, mentir, dir que no, etc., mostrarien la porta simbòlica en ús.

F. Dolto (1981) a l'article «El corazón, expresión simbólica de la vida afectiva» proposa el cor i la regió del voltant (mitjançant símptomes, paraules o dibuixos) com a significant del valor que pot tenir per als nens als ulls dels adults. Es tracta del procés d'identificació amb el dolor o el gaudi afectiu de l'altre. El cor i la zona digestiva pròxima reacciona afectivament assimilant o rebutjant l'aliment com a quelcom propi. Aquest «receptacle digestiu màgic psicoafectiu» Dolto el qualifica de lloc on habiten els sers estimats. Els nens poden sentir que l'obren per donar o rebre i que el tanquen per no rebre. És a dir, la *porta*. Per això el cor és vinculat amb la regió i el procés digestiu en els sentiments associats quan el nen vomita (en donen compte les dites populars, per exemple «tenir mal cor», «mal de cor», etc). El cor reemplaçant el terme *ventre* actua com a significant del tub digestiu, en el qual Rodulfo col·locarà la funció porta. Dolto acaba afirmant que el cor és la ubicació simbòlica dels seus sentiments d'identificació, de confiança i seguretat en els intercanvis afectius amb l'altre.

«Tinc un motor de plorar a dins (del cor) busca'm un psicòleg!», deia en David, de 7 anys, per tal de demanar ajuda. Com a símptoma duu una enuresi primària i ve amb el diagnòstic de TDA. A la tercera sessió vol «dibuixar laberints, amb tanques, eh!» (en català també se sent «em tanques!», on l'altre domina la porta). M'avança que el dibuix serà completat amb «semàfors i un taller», també «la presó». Inclou unes altres «dues sortides» amb els camins laberíntics corresponents que tenen la particularitat que es creuen amb el primer. Cada encreuament implica una marca, «una tanca» que impedeix la circulació. Amb la seva demanda que sigui jo qui circuli, ratllant en color, pel camí laberíntic del circuit, sorgeix la repetició: les permanents interferències (que coincideixen amb intercepcions del seu pensament). Dedicat a anar obrint-se pas en allò immediat, qui fa aquest recorregut (jo) que ell proposa experimenta la impossibilitat d'arribar al punt final, a «la meta», «la sortida». En la trama del camí laberíntic hi ha un signe que té importància: la «i» d'informació, una mena d'esperança de tenir un altre que guiï. Però en lloc de donar informació que orienti bé, s'embolica encara més la voluntat d'organitzar-se i adquirir control sobre la diferenciació intern-extern. Seguidament la situació és insostenible, perd la possibilitat de conducció i exagera encara més la sortida que ell té acostumada buscant recursos a la desesperada. Llavors decideix «Agafar un avió per anar a la casa!» (dibuixada per fora de les línies del circuit). És l'omnipotència. Després marca la ruta imaginària de ratlles discontínues que menen ja sigui al «premi-copa-medalla» o a «la casa»; finalment fa una gran «X» sobre tota la representació gràfica. (Aquesta «X» va associada a l'altra «X» que havia utilitzat per tancar el primer punt d'informació.) Acaba la sessió repetint una frase fins a sortir per la porta: «Demana, demana a la informació tancada, ja veuràs!».

Seguint a David en el seu discurs, podríem preguntar-nos com es construeixen les portes. I parafrasejant Winnicott diríem: amb presència, continuïtat i ritme. Això és el que va succeir durant el tractament. David se centrà en un escenari de joc que progressivament seria reconstruït a cada sessió; és el joc de la fàbrica. La taula del despatx està dividida en tres espais: el de la casa (origen), el de la fàbrica (destí) i l'espai intermedi (de separació, espai transicional). La casa anirà tenint límits definits, porta i timbre i, a dins es diferencien progressivament els diversos espais: menjador amb sofà, televisor i telèfon, habitació amb llit per als pares, estudi amb ordinador per a la mare, etc. A casa el pare rep la trucada telefònica diària del fill des de la fàbrica, reclamant-lo perquè hi vagi. La fàbrica, com a construcció en tractament, és significativa ja que recorda l'originari «motor de fer plorar» que tenia dins, el feia patir i motivà la consulta. Llavors el motor el patia passivament, ara la fàbrica la fa funcionar ell activament. La fàbrica està destinada a confeccionar tota mena d'objectes, preferentment mobles, però també cotxes i material d'informàtica. L'espai fabril cada vegada més delimitat per parets, té una entrada, una barrera (que li va costar molt de construir fins a ser del seu grat). Aquesta barrera l'obre i la tanca des del seu comandament a distància. També té una «porta secreta» al costat del lloc reservat per al pare i que comparteixen amb ell com a «secret». A l'espai interior de la fàbrica hi ha despatxos amb prestatgeries per a cadascú. Primer només hi havia el del fill i el del pare; després hi afegeix els dels altres ajudants i, finalment, també el de la mare. Des de bon començament la fàbrica té «robots», «humanoides» que s'encarreguen d'aparcar els cotxes que han arribat i de classificar els objectes, de posar ordre i anar a treure o portar al magatzem el que faci falta. Molt més tard afegeix el vàter i, finalment (els últims 2 o 3 mesos) la figura del «cap», *jefe* que no està representat per cap ninot. L'espai intermedi és la ciutat, el camp per on s'ha de passar per anar i venir de la fàbrica a casa. Hi ha un «camí normal», llarg, i un altre camí curt, una drecera «secreta» compartida amb el pare i que duu a la «porta secreta» de la fàbrica. En la dinàmica del joc, el fill té un cotxe gairebé idèntic al del pare i, com el seu, corre molt ràpid. El de la mare és ben diferent i no corre tant. En tractament s'ha anat construint l'element *porta*, sota els mots «porta», «barrera», «despatx», «penjar-despenjar el telèfon», a cada sessió i edició del joc. L'espai terapèutic acaba sent la projecció del seu espai psíquic, i tot el despatx, l'espai ampliat més enllà de la taula en la qual fa aquest parament, és la via per tramitar transferències. Crec que el joc de la fàbrica concentra en si mateix allò que en les primeres sessions apareixia, sense matriu d'elaboració, en voler obrir i tancar la porta del meu despatx o dels altres despatxos, anar al vàter o interpel·lar a altres pacients o altres terapeutes si se'ls trobava, voler endur-se coses a fora, etc. A l'inici del tractament dibuixava «laberints», unes formacions tubulars recargolades i amb un alt nivell de confusió. Els intents de diferenciació i complexitat el portaven a grotescos simulacres d'introducció de «tanques», «tallers» o «presó». Hi havia confusions en la direccionalitat, creació de diverses sortides que feien més l'aspecte d'un entortolligament que el d'una carretera o un tub digestiu funcional. Cada encreuament podia ser una «marca» o «tanca» que impedia la circulació. El resultat era un seguit d'indicis d'accions que anava canviant hipercinèticament, sense aturador. Llavors mai no podia arribar a l'objectiu proposat, a la «meta» o a la «sortida». Tot plegat, en un context de control esfinterià que precisava d'algun «motor» o «fàbrica» que funcionés com a veritable sistema de transformació i elaboració psíquica. En el joc em feia encarnar la figura que sostingués la funció paterna possible, demanant permanentment la presència d'un pare que permetés l'ordenament del territori intern/ extern, potser a la manera d'una *destil·lació edípica del narcisisme* tal com recorda Víctor Korman (2006), fins que després progressivament el lloc del pare passa a ser punt de referència d'un sistema general. En la transferència, des de l'interior del joc, jugant, assenyalant i, a vegades, interpretant, apareix la *funció porta* que finalment té el valor amb el qual pot identificar-se prèvia denúncia de les paraules que no feien de *porta*.

3. Funcionament de la porta: obrir i tancar. La clau d'en Marçal en el joc de la bruixa i el nen

Els contes de fades clàssics mostren de forma regular l'element porta com a regulador pulsional de la relació amb l'altre amb el qual cal efectuar la separació, trobar-hi una bona distància. Llavors la boca, la panxa, els forats, les portes de les cases, cabanes i castells de tota mena, són l'escenari central dels relats entre porquets i llops o entre cabretes i guineus, entre nens i bruixes, etc. Es tracta que la porta aguanti, que l'Altre no la pugui obrir. En el límit pulsional de la zona erògena que marca el cos és on apareix el símptoma. Sovint és en l'eix oral-anal, entre les zones que podríem anomenar *rodulfes*, en el cos de Dolto de les castracions simbolígenes. En aquest sentit és molt esclaridor un excel·lent article de Jorge Belinsky (2002) en el qual es recolza en Edmunt Leach. Explicita la idea que, damunt el terreny, el marcador d'un límit ocupa també un espai i resta en *terra de ningú*. Sense deixar Leach, referint-se als límits corporals amb les excrecions del cos (femtes, orina, semen, suor, etc.) Belinsky subratlla que per analogia «los orificios del cuerpo humano constituyen puertas de entrada, y todas las excreciones estan *fuera de lugar*, al igual que los derivados de la mutilación ritual [...] lógicamente deben convertirse en foco de tabú [...] los productos corporales como los que he indicado son el prototipo de la *suciedad*». El marcador *porta* també ocuparà espai.

Durant un període del tractament de Marçal, un nen encoprètic de 9 anys, s'instaura «El joc de la bruixa i el nen». La bruixa és una mena de madrastra molt dolenta; ell ha d'escapar-se'n. Quan la represento em demana la repetició de l'acció de l'amenaça d'agafar-lo i la seva resposta d'atacar-me. La bruixa inicial va prenent diversos noms a mesura que ell les va matant: la bruixa negra, la maleïda, la de la nit, la vermella, la de la Blancaneu, la ximple, la de foc. El joc finalment qualla en un esquema: si l'aconsegueix agafar la bruixa se l'endu fins «la cova», «la casa», «el tancat» i el tanca darrera una porta. Primerament la porta hem de construir-la (jo l'ajudo representant-la amb cadires) i després cal fer-ne ús. Llavors ell vol escapar-se i mira de trobar la clau. Al començament la clau la tinc jo, com a bruixa, a la butxaca i quan no me n'adono ell me la pren, obre la porta i se'n va. En el joc, la bruixa morta se substitueix per una altra que venjarà la mort de les anteriors, en un context de conte clàssic en el qual la casa de la bruixa podria ser la de xocolata de Hänsel i Gretel. La bruixa vol menjar-se'l després de posar-lo a l'olla, per coure'l. Ell en l'espera, tancat, viu l'angoixa primària de devorament. És remarcable que el màxim plaer el centra en el moment que, trobada la clau, pot desempallegar-se de la figura materna primària que representa la bruixa. Si la bruixa el persegueix i l'agafa una mica (pel peu, posem per cas), en el frec a frec ell ha de sentir que pot lluitar i escapar-se'n o, si més no, matar-la amb espases i ganivets. En la versió més elaborada del joc la clau és simbòlica, la porta, només s'obre si ell pronuncia en veu alta la paraula que la bruixa té al cap i que ha fet tancar la porta (a l'estil de la cova d'Alí Babà i els quaranta lladres). Les paraules que jo trio són, evidentment, les de la sèrie anal: «caca», «porc», «pipi», «pudor», etc. Però també «mama», «papa», «germà». El joc va des d'un primer moment bàsicament motriu a un zenit gairebé només verbal: ell dedicat a endevinar la paraula, que la bruixa té al cap, dient-ne una darrera l'altra i demanant-ne pistes per tal d'encertar-la. Fa pensar en Green (2003) quan parla del preconscient com a «zona de intercambios, activa y que hace circular las investiduras y las huellas mnémicas de un lado y otro de esa zona fronteriza, y que además da cabida a procesos donde el lenguaje cumple un papel relevante. Observemos al pasar que una importante fracción del yo pertenece al preconsciente». Finalment destaca una sessió en la qual «la bruixa boja» utilitza una clau que en lloc de ser una paraula és una frase: «mama tinc molta caca!». En l'última versió del joc ell un dia es proposa com a «la filla de la bruixa» (ja que totes són mortes) i, invertint els rols, jo ocupo el lloc d'aquell que se n'ha d'escapar i fugir quan l'ha empresonat. També en una de les penúltimes vegades és el nen que tanca a la bruixa en la pròpia presó.

4. La porta badada encara deixa passar l'angoixa. L'Olga no pot separar-se dels pares

L'Olga tot i tenir parella no aconsegueix prendre distància dels propis pares, no se'n pot allunyar; fins quan ja és casada viu més amb els pares que amb el seu marit. Un dia duu a sessió un record revelador d'un fet traumàtic a la infantesa. Per motius polítics, pare i mare van ser empresonats durant un llarg període. Ella va quedar a càrrec dels avis. A la vivència de separació dels objectes primaris, sentida com a abandonament, s'hi sumà la reacció de l'àvia amb efectes traumatitzants. L'escena infantil que relata és a la seva habitació, quan de nit, posada al llit, resta desperta amb el germà petit dormint al costat. La foscor domina l'escenari, excepte la petita obertura de la porta badada, i també sota la porta, que deixa entrar la llum del passadís on camina amunt i avall l'àvia, espantada, resant. Ella es recorda sense poder dormir. L'àvia no va poder contenir-se l'angoixa que la porta no aturava, com si fos oberta, i no va poder evitar l'angoixa de la néta, desesperada, que hagués necessitat paraules tranquil·litzadores, contes que haguessin obert la porta del somni alhora que tancarien la porta de l'habitació llavors sentida com a segura. Però l'Olga de ben petita ja havia tingut dificultats per construir la porta simbòlica amb el material proporcionat des de la fragilitat parental; el fet traumàtic, com sempre, només posava encara més de relleu el punt intern afectat, la porta que sortia de polleguera. Per això un element diagnòstic útil és diferenciar si els pacients senten l'espai de la consulta, i la porta en particular, com a segura, com a perillosa, claustrofòbica o ni tan sols la registren. Aquest cas subratlla la importància, en la clínica amb adults, de fer l'anàlisi de les portes, de la construcció a la infantesa de la funció porta i de les dificultats aparegudes en la seva utilització. Sovint les dificultats són de tal envergadura que ens fan pensar en falles estructurals ja en la infantesa. I de la banda de l'analista, convocats a jugar al límit, hem de fer veritables contorsions en servar pròtesis que apuntalen funcions no suficientment instal·lades. A vegades atenent la porta mateixa, l'exterior i la interna simbòlica, des de l'enquadrament en obrir i tancar les sessions. El gruix que prenen aquests espais es fa palès en la quantitat de fenòmens que hi solen aparèixer i convé tenir sempre present que la sessió analítica comença des que obrim la porta al pacient (fins i tot des que l'obrim amb l'intèrfon) i no acaba fins que surt per la porta. En casos com el de l'Olga el terapeuta ha d'evitar el lloc de l'àvia per poder fer aparèixer una altra dimensió de la *funció porta* que ajudi a significar els fets esdevinguts (l'absència de l'objecte registrada com a abandonament i desolació) des de «l'espai transicional» de Winnicott (1967). Llavors l'obertura de la platja winnicottiana per l'ocupació de les franges intermèdies a l'abast, en el mateix territori de la realitat de la sessió, amb la torsió subtil que permet ubicar-nos en la banda de Möebius de la continuïtat d'experiències, pot fer reaparèixer una nova oportunitat de tancar la porta. És una feinada perquè cal rearmar el «teixit psíquic» (Marucco, 2007) perdut que la pulsió de mort desteixí, crear l'entramat capaç de contenir allò que no ha pogut adquirir la representació.

5. La funció porta en entredit.
Maria a la intempèrie de la pulsió de mort

Maria viu permanentment en la frontera. En iniciar el tractament, l'enèsima relació fallida apareix en un somni: «Anava al psiquiàtric, no era [l'escenari de] el manicomi. Es podia entrar perquè les portes eren obertes, sense portes. Hi anava a fer una competició a la piscina olímpica. L'hospital era com si fos casa meva: em deixaven entrar i sortir. Les dutxes no estaven tancades i em veia tothom. S'assemblaven a les dutxes d'un camp de concentració, a l'aire lliure». Maria associa el somni amb l'anterior parella ingressada a l'hospital psiquiàtric. Hi mantenia una relació passional amb la qual desmentia qualsevol defecte de l'objecte. Es parasitava amb ell i aprofitava totes les escletxes per introduir-s'hi (visites, entrevistes, sortides de cap de setmana). Ell estava centrat en una posició narcisista i la rebutjava, ella negava cada onada de decepció de l'objecte i amb la idealització el refeia. Tot i diversos actes traumàtics rebuts esperava la reacció de l'objecte amat. Estava desesperançada. Víctor Korman, el 2 de març de 2013 en un acte organitzat per Gradiva, es referia als CIRRE (Korman, 2005) —polimorfisme defensiu, narcisisme inflacionat o defallent i dèficit desitjant i simbòlic— i en recordava la característica específica: la desesperança, a diferència de les neurosis i les psicosis amb la desesperació i la desolació o perplexitat. Maria, doncs, desesperançada, va fer un intent de suïcidi, que tampoc va aconseguir fer reaccionar l'altre. El somni mostra, doncs, des de quin sòl psíquic parteix Maria. La finestra, cosina germana de la porta, en la seva funció fallida (defenestrar etimològicament significa «des de la finestra») té dos sentits: destitució o expulsió dràstica d'algú del seu càrrec o lloc, i crítica dràstica negativa cap a quelcom o algú. Aquest algú en Maria és el seu *jo*, que llavors és deportat, desterrat més enllà de les seves fronteres en lloc llunyà, transportat com si fos un esclau i llençat per la finestra. Com en el cas de Maria sabem que a vegades la defenestració pot ser literal si la contenció psíquica no aguanta. La història ens il·lustra: són famoses la Primera Defenestració de Praga (1419) però especialment la Segona Defenestració de Praga (1618) en la qual diversos aristòcrates protestants, rebel·lats contra l'emperador catòlic dels Habsburg, van tirar dos regidors i un secretari per la finestra del castell Hradcany de Praga. Aquest acte, que va desencadenar la guerra dels 30 anys a Europa, és la mostra inapel·lable de la pulsió de mort desfermada. Com a fronterera Maria necessita de la intersecció entre el seu funcionament mental i l'enquadrament analític, tal com diu Green

(1972): «pasar del análisis del contenido al análisis del continente, o sea, el análisis del encuadre como tal». Si fem un pas més i seguim les seves reflexions podem pensar la *funció porta* en casos com aquest. Green diu que l'embolcall del jo, en funcionament òptim, pren la forma d'una clofolla protectora amb unes fronteres elàstiques del *jo*. Però adverteix que en la configuració fronterera, davant les angoixes de separació o intrusió, apareix la pèrdua de control que desproveeix l'embolcall de la protecció i deixa al descobert els diferents nuclis no comunicats que composen un *jo* sense cohesió. Aquests nuclis Green els qualifica d'«arxipèlags» i diu que «estas islas de núcleos yoicos son menos importantes que el espacio que los rodea, que he definido como vacío». El repte en el tractament de Maria serà el treball possible sobre la *funció porta* que promogui en transferència la vinculació dels illots desconnectats, mitjançant el sosteniment de la paradoxa que les portes separen els espais tant com els uneixen.

Bibliografia

Belinsky, J. (2002), «Fronteras: a propósito de un trabajo de Eduardo Braier». *Revista Intercanvis – Papers de Psicoanàlisi,* núm. 8, p. 61-69

Dolto, F. (1981), *La dificultad de vivir 1.* Buenos Aires: Gedisa, 1997

Green, A. (1972), *De locuras privadas.* Buenos Aires: Amorrortu Editores, 1990

—. (2003), *Ideas directrices para un psicoanálisis contemporáneo. Desconocimiento y reconocimiento del inconsciente.* Buenos Aires: Amorrortu Editores, 2005

Korman, V. (2005), «Los cuadros con insuficiente reorganización retroactiva edípica (CIRRE) 1.ª parte». *Revista Intercanvis – Papers de Psicoanàlisi,* núm. 15, p. 9-22

—. (2006), «Los cuadros con insuficiente reorganización retroactiva edípica (CIRRE) 2.ª parte». *Revista Intercanvis – Papers de Psicoanàlisi,* núm. 16, p. 33-50

Marucco, N. C. (2007), «Entre el recuerdo y el destino: la repetición». *Revista Psicoanàlisis ApdeBA.,* vol XXIX, núm. 1, p. 101-122

Rodulfo, R. (1989), *El niño y el significante. Un estudio sobre las funciones del jugar en la constitución temprana.* Buenos Aires: Amorrortu Editores, 1989

Sammartino, M. E. (2006), «Homenaje a Freud en el 150º aniversario de su nacimiento. La pulsión y el objeto». *Revista Intercanvis-Papers de Psicoanàlisi, núm. 16. p. 51-53*

Wallerstein, R. S. (1988), «One Psychoanalysis or Many?» *The International Journal of Psychoanalysis,* vol. 69 (1), p. 5-21

Winnicott, D. (1967), *Realidad y juego.* Barcelona: Gedisa, 1986

El fenómeno psicosomático (FPS),

frontera de la patología límite

Mercè Rigo Grimalt

Si miramos la bibliografía y buscamos la definición de «psicosomática», comprobaremos que no hay unanimidad en los autores. Hay disparidad de opiniones que dependen del enfoque de diferentes escuelas. La psicosomática es una noción muy impregnada del imaginario de cada sujeto y por lo tanto definida en múltiples interpretaciones.

Encontramos una confluencia en todas ellas: la aparición del fenómeno en el cuerpo tiene relación con las emociones.

Explicaré muy rápidamente las teorías psicosomáticas:

1. El enfoque científico actual: todo lo psíquico está incluido en lo biológico.

2. Otro enfoque se encuentra en el otro extremo. Protagonizada por Groddeck, contemporáneo de Freud, afirmaba que todo ser humano era psicosomático.

En sus cartas a Freud (Foulques, 1993), le decía «He llegado a la conclusión que el cuerpo y el inconciente son una misma cosa», «un cáncer de útero tiene que ver con el deseo de abortar», «Cuando una persona tiene mal aliento es que su inconsciente actúa porque no quiere ser besado»,...

Freud (1917), delante de dichas afirmaciones, replicó que sus teorías no se podían sostener: «El inconsciente ejerce una influencia *plástica* sobre los procesos psicosomáticos, tal como nunca la puede ejercer el acto consciente... ¿pero el solo hecho de que produzca estas enfermedades, afecta de alguna manera la diferencia entre lo que es anímico y corporal? Tan petulante me perece atribuir una alma a la naturaleza, como despiritualizarla radicalmente».

Como vemos, Freud no se atrevió a pronunciarse sobre la unión entre lo que es psíquico y lo somático y se situó en una ambivalencia que nada aclaró. Freud nunca definió la *influencia plástica* del inconsciente en el organismo y solo se refirió al investimento libidinal de determinados órganos en la hipocondría.

La hipótesis de la *influencia* plástica, ha sido replanteada en investigaciones neurobiológicas actuales (Unsermet, 2006).

Kandel (2005) lo ha podido comprobar en trabajos recientes. Una experiencia no se asocia a una única huella, sino que la experiencia se asocia a un conjunto de sinapsis activadas en red en forma de un conjunto de neuronas. De ahí la idea de plasticidad que evoca la forma, parecida a las artes plásticas. La experiencia da la forma y la red la recoge. La experiencia esculpe la red neuronal. Las huellas no son solamente huellas conscientes, algunas pueden inscribirse en huellas inconscientes. El mecanismo de plasticidad conduce a reasociaciones de huellas que construyen otras nuevas, alejadas de las experiencias iniciales.

Todo se conserva, la experiencia deja una huella, pero a la vez todo se transforma. Al reasociarse las huellas entre sí, se forman otras nuevas.

Es la paradoja de la plasticidad. La inscripción en la experiencia nos separa de ella y al mismo tiempo nos libera de ella. A pesar de que al principio mantienen un vínculo directo con la experiencia, posteriormente las primeras huellas, se van reescribiendo y asociando hasta formar nuevas. *Hay plasticidad pero también discontinuidad.*

El inconsciente sería esta discontinuidad. No es memoria que representa fielmente lo que se ha vivido, sino al contrario nos separa de ello. Las huellas mnémicas producidas por la experiencia se van asociando unas con otras construyendo una nueva realidad inconciente independiente de lo que ha sido en el origen las primeras.

3. La tercera corriente sostiene que hay enfermedades psicosomáticas y una estructura subjetiva específica de dichas manifestaciones. Los autores afirman la causalidad psíquica de ciertas enfermedades,

clasificadas por la medicina: úlceras de estómago, eczemas, rectocolitis, etc., la mayoría enfermedades inmunitarias.

4. Jacques Lacan (1955) pone el fenómeno psicosomático en el *límite*, el límite de la estructura del lenguaje y por tanto el límite de lo que se puede expresar con palabras, la dificultad del paciente en hacer cadena en el lenguaje, asociar y metaforizar.

Lacan cree que es imposible afirmar que el origen es de una causalidad psíquica.

Las aportaciones de Lacan a la psicosomática han ido variando según el momento de su evolución teórica.

La primera elaboración clásica proviene del año 1948. El cuerpo, en aquel momento, era entendido por la biología como una homeostasis funcionando como una máquina de vapor. Si la tensión corporal era demasiado elevada y no regulada, podía producir lesiones corporales.

En el año 1952 se descubrió la hélice del ADN, hecho que produjo una revolución mundial en el concepto del cuerpo. El cuerpo no se entiende como una homeostasis de forma mecanicista, sino a la manera de una máquina informática. Esta es la idea del aparato psíquico de Freud. Definido como una máquina de escritura que traduce las percepciones en signos que se imprimen. Recordemos las huellas mnémicas de Freud constitutivas del inconsciente. La tensión psíquica se eleva cuando la cantidad de información aumenta. Para tratar esta información suplementaria, el principio del placer que regula el funcionamiento del aparato psíquico se moviliza y une la información excesiva de las huellas (los significantes para Lacan) y de esta forma permite reducir el exceso de tensión que perjudicaría al sujeto.

Patrick Valas (1996), en su artículo «La Psycomatique», pide a los psicoanalistas ser prudentes con el término y hace un recorrido por las nociones elementales de biología.

Pone el ejemplo del virus del sida, el retrovirus. Los científicos, descubrieron que el VIH no modificaba el programa genético de les células, tal como se pensaba. El VIH actúa nutriéndose de las reservas energéticas del cuerpo hasta llegar a la muerte.

Este descubrimiento creó una crisis sin precedentes en el mundo de la biología e implica que el cuerpo es un ecosistema. Su estabilidad morfogenética está ligada a restricciones de la estructura de un real del que no conocemos las leyes.

La vida en estado puro sería del orden de la proliferación, de la putrefacción y del exceso. Cuando hay demasiada vida, las fuerzas que unen el organismo no pueden oponerse. El organismo se desorganiza por agentes exteriores (virus, bacterias) o por factores internos (genéticos, inmunitarios) que pueden combinar entre ellos. *El cuerpo* y también el sujeto pueden sufrir un *exceso* de vida.

El virus del sida sería en cierta manera, la *vida* en estado puro y forzaría al cuerpo a enloquecer hasta morir.

Desde esta concepción la enfermedad no es un déficit de vida sino al contrario, *un exceso.*

María, una paciente de 26 años con pericarditis, una inflamación del pericardio, se tiene que medicar cada semana con Kineret, un antiinflamatorio que bloquea los macrófagos, células que el sistema inmunitario produce en grandes cantidades. En principio, la función de los macrófagos sería fagocitar cuerpos extraños, pero en este caso fagocitan las células de los órganos sanos como el pericardio del corazón. Se trata de una respuesta inmunitaria *exagerada* contra componentes moleculares de células y tejidos presentes de manera normal en el cuerpo y sus causas son aún desconocidas. Un *exceso* de vida como diría Valas.

Las enfermedades intervienen en la intersubjectividad del sujeto y condicionan toda su vida. Valas nos habla de como la enfermedad del sida, puede modificar a les generaciones futuras. El hecho que el Otro del amor sea el contaminante potencial, pone en juego el deseo y puede apagarlo.

El deseo tiene su raíz en el cuerpo por la estructura del lenguaje. El deseo gobierna la llegada al mundo del ser biológico y podemos hacer la hipótesis de que el deseo a través del significante puede producir lesiones corporales. Es difícil decir cuál es la causa, solo podemos observarlo en la clínica, y no podemos decir que la biología y el psiquismo sean lo mismo.

En la consulta, la paciente con pericarditis habla de su padre depresivo y ausente en las decisiones familiares, con largos periodos en la cama cuando ella nació y de una madre enfermera, triste y amargada, con pocos recursos maternales que solo se preocupa del cuidado del cuerpo de la paciente.

Rememora una escena durante una revisión de su enfermedad, en que tres médicos la miran, observan y palpan, mientras su corazón palpita sin parar.

María habla de su pericarditis en relación con la madre que la ahoga. Una madre unida a ella por el vínculo, a su cuerpo y a su enfermedad. Y también un padre depresivo, enfermedad incontrolable, que no para, como su corazón.

¿Qué pasa con este goce del que ella se aleja poniendo distancia con los padres y yéndose a vivir a otro país?

¿Qué hay en este circuito de exceso de goce que no pasa por ser la causa del deseo de la simbolización de un «objeto perdido», que hace que la pulsión en lugar de depositarse en las zonas erógenas se localice en esta parte del cuerpo, el corazón, símbolo desde la antigüedad de nuestras emociones?

Alan Marlet (1997), psiquiatra y psicoanalista en el Hospital de Bourdeaux, dice: «En la cura de enfermos psicosomáticos, nos encontramos a menudo con sujetos que han tenido un trauma que les ha dejado sin defensa. Hay un Otro que goza, un goce ilícito, al cual el FPS haría barrera. Un goce fuera de lo simbólico, pero no fuera del cuerpo. Habría una respuesta del sujeto en forma de FPS al goce perverso del Otro».

Jacques Lacan (1967) nos demuestra con el ejemplo del perro de Paulov como el animal hizo una úlcera y como el significante puede actuar en el cuerpo.

El significante que Paulov introdujo, una campana, representaba al experimentador y remitía a lo que él esperaba, la salivación. Esta secreción gástrica es un goce del cuerpo que produce un resto de goce, *un exceso*, formando una úlcera.

Lacan pone el acento en que el deseo de Paulov pervirtió las necesidades fundamentales del perro y este, al no tener lenguaje, no pudo comprender ni simbolizar lo que el experimentador le pedía.

Lacan pone el ejemplo para ilustrar los fenómenos psicosomáticos. El deseo insistente del Otro puede inducir la lesión corporal cuando una necesidad corporal del cuerpo es obstruida y el sujeto no se puede defender. Un adulto puede inducir lesiones en el cuerpo de un sujeto que no puede defenderse de las imposiciones superyoicas que no comprende. La metáfora subjetiva es entonces un fracaso. Muy diferente de lo que pasa en un síntoma neurótico, en que el sujeto se defiende del deseo del Otro como en el caso de los síntomas histéricos. Las representaciones que han sido dominadas por la represión aparecen en el retorno de lo reprimido, transformadas por los mecanismos de condensación y desplazamiento. Las representaciones alejadas del conflicto vivenciadas por el sujeto, desplazadas de las experiencias iniciales, como nos dice Kandel, vuelven en forma de condensación.

¿Pero qué pasaría con el fenómeno psicosomático y con la idea del hecho traumático?

Lacan habla de una falla parcial en la metáfora subjetiva, hay una petrificación en la cadena significante, un significante que se torna signo, un enigma del que no sabemos el significado.

Freud (1917) nos dice en *La fijación al trauma, el inconsciente* que: «en las neurosis traumáticas encontramos como base de la enfermedad, una *fijación* del sujeto al accidente sufrido... se diría que el sujeto no ha pasado aún el momento del *trauma*, considerándolo siempre presente».

Esta *fijación*, que Freud, toma en múltiples ocasiones y que utiliza como un término necesario para explicar *la represión*, la define como la más importante en los procesos patológicos, porque sería el fracaso de la *represión*, con la irrupción y el retorno de lo que estaba reprimido. Esta irrupción tendría su punto de partida en la *fijación* y su contenido sería una *regresión* de la libido hacia este lugar.

Trabajos recientes de Yadin Dudai (Dudai, 2002) van más lejos del término discontinuidad. La «reconsolidación» es la capacidad de modificarse que tiene la huella mnémica cuando es reactivada. En el caso de volver a ser reactivada a través de la rememoración, la huella se muestra disponible para nuevas asociaciones, mostrándose lábil. Este fenómeno nos muestra como la palabra en la cura analítica, cuando el paciente rememora, puede inventar mucho más de lo que determinó el hecho, a partir de una discontinuidad. La posibilidad de cambio que implica la plasticidad deshace cualquier vínculo directo entre la experiencia vivida y el efecto producido. La huella dejada por la experiencia está disponible para un devenir diferente del determinado por la experiencia inicial.

¿Qué pasaría con el fenómeno psicosomático que, como dice Lacan, es una modalidad de goce (la pulsión que no se ha podido simbolizar) que está fijada? Inamovible en el cuerpo, fuera del discurso, implica una referencia en el tiempo a un acontecimiento o movimiento al que se *fijó*.

Colette Soler (1978) dice que podemos suponer que el FPS fija un rasgo. ¿De dónde viene? Del goce del Otro. Un rasgo unario tomado de la figura del goce del Otro. Un rasgo extraído de una imagen, de una escena que conmemora la presencia corporal.

Colette Soler se pregunta cómo se fija este rasgo (pura repetición, como el número). Piensa que no se puede ignorar una relación importante con la pérdida de un objeto que parece jugar un rol con el FPS.

Miller (1990) dice, refiriéndose al fenómeno psicosomático: «¿Por qué en lugar de la incorporeidad del objeto a, aparece un significante corporal? ¿Qué pasa que en este caso, lo que está perdido, no sea el objeto perdido que está fuera?».

Miller dice que el FPS es un *campo de investigación* donde siempre nos situamos en el *como*.

Lacan (1975) dice: «todo sucede *como* si algo estuviera escrito en el cuerpo, alguna cosa que nos viene dada *como* un enigma... sería una escritura jeroglífica... y es alrededor del rasgo unario donde gira la cuestión del escrito».

«¿Qué pasa con el goce del psicosomático? —dice—. Si evoqué una metáfora *como* congelado, es porque hay efectivamente una *especie de fijación*. Freud no emplea porque sí el término *fixerung* y es porque el cuerpo se deja escribir algo del orden del número. Y es por la revelación del goce específico que hay en la fijación, que se tiene que abordar a un psicosomático».

Bibliografía

Dudai, Y. *Memory from A to Z: Keywords, Concepts and Beyond.* Oxford University Press, 2002

Freud, S. «Lettre à Wilhelm Fliess du 6.12.1896». *Naissance de la psychanalyse,* París: PUF, 1956, p. 155

—. *Epistolario II* (1891-1939). Plaza & Janés, 1970, pp. 84-85

—. (1917), *La fijación, al trauma. Lo inconsciente.* Lección XVIII. Obras Completas (OC) Vol. VI. Madrid: Biblioteca Nueva, 1974, pp. 2-294

—. (1920), *Más allá del principio del placer.* OC, Vol. VIII

Freud, S.; Groddeck. *Correspondencia.* Barcelona: Anagrama, 1977

Foulques, E. *El saber de lo real. De Groderek a Lacan.* Buenos Aires: Ed. Nueva Vision, 1993, p. 190

Kandel, E. R. *Psychiatry, Psychoanalysis, and the New Biology of Mind,* Arlington, Virginia: Katz, 2005

Kandel, E. R.; Dudai, Y.; Mayford, M. R. (2014), «The molecular and systems biology of memory.» *Cell* 157, 163-186.

Lacan, J. «FPS, distintos en la neurosis». «FPS, conflictos directamente inscritos sobre el cuerpo». *La psicosis.* S*eminario III.* Paidós, 1955

—. (1975), «Conferencias en Ginebra sobre el síntoma», *Intervenciones y Textos II.* Manantial, 1991, p. 139

—. *Les quatre concepts fondamentaux de la psycoanlyse.* París: Le Seuil, 1973, p. 214

—. *La logique du fantasme,* leçon du 15 novembre 1967. Seminario inédito.

Marlet, A. (1997), ¿Se interpreta el Fenómeno psicosomático?, *1.ª* Jornadas de *Gresaim,* Barcelona.

Miller, A. «Algunas reflexiones sobre el FPS», *Matemas II.* Argentina: Manantial, 1990, p. 177

Soler, C. (1978), «Retorno sobre la cuestión del síntoma y el FPS»,

Estudios de psicosomàtica. Vol. 2. Compilación de Vera Gorali. Atuel-Cap

Unsermet, P. «Relaciones cuerpo-mente: Manifestaciones psicosomáticas en la infancia y la adolescencia». Ponència del XIX Congreso Nacional de la Sociedad Española de Psiquiatría y Psicoterapia del niño y el adolescente. Ibiza, 2006

Valas, P. «La psychosomatique». *Revista freudiana,* 1996

El fenomen psicosomàtic (FSP), llindar de la patologia límit

Mercè Rigo Grimalt

Si fem un cop d'ull a la bibliografia buscant una definició del terme «psicosomàtica», comprovem que no hi ha unanimitat entre els autors a l'hora de donar-ne una de precisa i concreta. Més aviat ens trobem amb una disparitat d'opinions que depenen dels diferents enfocaments teòrics de cada escola. Noció utilitzada en el llenguatge comú, opera en l'imaginari del subjecte, per la qual cosa és definida amb múltiples interpretacions. Hi trobem, això sí, un punt de confluència: l'aparició del fenomen en el cos té relació amb quelcom emocional.

Repassem els diferents enfocaments teòrics:

1. El corrent científic mèdic actual en què tot és biològic i inclou el psiquisme.

2. Un altre corrent, a l'altre extrem, protagonitzat per Groddeck, contemporani de Freud, afirmava que tot ésser parlant és psicosomàtic. En les seves cartes a Freud (Foulques, 1993) li deia:

«He arribat a la conclusió que el cos i l'inconscient són una mateixa cosa [...]», «Un càncer d'úter té a veure amb el desig d'avortar [...] quan una persona té mal alè és que el seu inconscient actua perquè no vol ser besat». Freud (1917), davant aquestes afirmacions, li replicà que la seva teoria era impossible de sostenir: «L'inconscient exerceix una influència plàstica sobre els processos psicosomàtics, tal com mai la pot exercir l'acte conscient, [...] Però el sol fet que produeixi aquestes malalties, afecta d'alguna manera la diferència entre el que és anímic i corporal? Tan petulant em sembla atribuir una ànima a la naturalesa, com desespiritualitzar-la radicalment».

Com veiem, Freud no es va atrevir a pronunciar sobre la unió entre el que és psíquic i el que és corporal i se situà en una ambivalència que res no aclareix. Freud mai no aclarirà quina és la *influència plàstica* de l'inconscient sobre l'organisme i es referirà només a l'investiment libidinal de determinats òrgans com en els casos de la hipocondria.

La hipòtesi de la *influència plàstica* ha estat replantejada per neurobiòlegs actuals (Unsermet, 2006). Kandel (2005) ha pogut comprovar que a una experiència no se li associa una única empremta, sinó que aquesta s'associa a un conjunt de sinapsis activades en xarxa en forma d'un conjunt de neurones. D'aquí la idea de plasticitat que evoca la forma, semblant a les arts plàstiques. L'experiència dóna forma i la xarxa l'agafa. L'experiència esculpeix la xarxa neuronal. Les empremtes no són solament empremtes conscients, n'hi ha que es poden inscriure de forma inconscient. Els mecanismes de plasticitat condueixen a associacions d'empremtes que acaben fent-ne de noves, allunyades de les experiències inicials. Tot es conserva, l'experiència deixa una empremta, però a la vegada tot es transforma, en associar-se les empremtes entre si per formar-ne de noves. És la paradoxa de la plasticitat. La inscripció en l'experiència ens separa d'ella i al mateix temps ens n'allibera. Malgrat que al principi mantenen un vincle directe amb l'experiència, després, les primeres empremtes es van transcrivint i associant fins a formar noves empremtes. Hi ha *plasticitat* però també paradoxalment *discontinuïtat*. L'inconscient seria aquesta discontinuïtat. L'inconscient no és una memòria que representa fidelment el que s'ha viscut, sinó molt al contrari ens separa del que hem viscut. Les empremtes mnèmiques, produïdes per l'experiència, es van associant les unes amb les altres fins a construir una nova realitat inconscient, independent del que han estat en l'origen, les primeres.

3. El tercer corrent és que hi ha malalties psicosomàtiques i una estructura subjectiva específica d'aquestes manifestacions. Aquí els autors afirmen la causalitat psíquica de certes malalties que la medicina n'ha fet el llistat: úlceres d'estomac, èczemes, rectocolitis, la majoria malalties immunitàries.

Jacques Lacan (1955) posa el fenomen psicosomàtic en el límit, un límit de l'estructura del llenguatge i per tant el límit del que es pot dir en paraules, la dificultat que el pacient faci cadena en el llenguatge i metaforitzi. Per a Lacan és impossible afirmar que l'origen és d'una causalitat psíquica.

Les aportacions de Lacan a la psicosomàtica han anat variant segons el moment de la seva construcció teòrica.

La primera elaboració de l'any 1948 és encara clàssica. El cos, en aquell moment, era entès per la biologia com una homeòstasi funcionant com una màquina de vapor. Si la tensió corporal és massa elevada i no regulada podia produir lesions corporals. L'any 1952 es descobreix l'hèlice del ADN i es produeix una revolució mundial en el concepte del cos. És a dir, no s'entén el cos com una homeòstasi de forma mecanicista, sinó a la manera d'una màquina informàtica. De fet, és la idea de l'aparell psíquic de Freud. És definit com una màquina d'escriptura que tradueix les percepcions en signes que s'imprimeixen. Recordem les empremtes mnèmiques de Freud constitutives de l'inconscient. La tensió psíquica s'eleva quan la quantitat d'informació augmenta. Per tractar aquesta informació suplementària, el principi del plaer que regula el funcionament de l'aparell psíquic es mobilitza, fa un lligam de la informació excessiva de les empremtes (els significants per a Lacan) i d'aquesta manera permet reduir l'excés de tensió que perjudicaria el subjecte.

Patrick Valas (1996), en el seu article titulat «La Psycomatique», demana als psicoanalistes ser prudents amb aquest terme, fa un recorregut sobre les nocions elementals de la biologia i posa l'exemple del virus de la sida, el retrovirus.

Els científics van descobrir que el VIH no modificava el programa genètic de les cèl·lules, tal com es pensava. El VIH actua nodrint-se de les reserves energètiques del cos fins arribar a la mort. Aquest descobriment que va crear una crisi sense precedents en el món de la biologia, implica que el cos és un ecosistema, on l'estabilitat morfogenètica està lligada a restriccions de l'estructura d'un real del que no coneixem les lleis. La vida en estat pur seria de l'ordre de la proliferació, de la putrefacció i de l'excés. Quan hi ha massa vida, les forces del lligam de l'organisme no es poden oposar. De cop, l'organisme es desorganitza per agents exteriors (virus, bacteris) o per factors interns (genètics, immunitaris) que poden combinar entre ells. El cos i també el subjecte pot patir d'un excés de vida. El virus de la sida seria en certa manera, la *vida* en estat pur i forçaria el cos a embogir fins morir. Des d'aquesta concepció la malaltia no és pas un dèficit de vida sinó al contrari, un *excés*.

Maria, una pacient de 26 anys amb pericarditis, una inflamació del pericardi, s'ha de medicar cada setmana amb Kineret, un antiinflamatori que bloqueja els macròfags, cèl·lules que es produeixen en grans quantitats pel sistema immunitari que en un principi haurien de fagocitar cossos estranys, però en aquest cas fagociten, *en excés,* les cèl·lules dels òrgans sans com el pericardi del cor. Es tracta d'una resposta immunitària *exagerada* contra components moleculars de cèl·lules i teixits presents de manera normal al cos i les causes són encara desconegudes. *Excés* de vida del que parla Valas.

Les malalties intervenen en la intersubjectivitat del subjecte i condicionen tota la seva vida. Valas ens parla de com la malaltia de la sida pot modificar a les generacions futures. El fet que l'Altre de l'amor esdevé el contaminant potencial, posa en joc el desig i el pot apagar. El desig està arrelat al cos per l'estructura del llenguatge. El desig governa la vinguda al món del ser biològic i podem fer la hipòtesi que el desig a través del significant pot produir lesions corporals. És difícil establir quina és la causa, només ho podem observar en la clínica.

En la consulta, la pacient amb pericarditis pot parlar del seu pare depressiu i absent en les decisions familiars, amb llargs períodes dins el llit quan ella va néixer i una mare infermera, trista i amargada, amb pocs recursos maternals, abocada exclusivament a la cura del *cos* de la pacient Maria, parla de la pericarditis en relació amb la mare que l'ofega. Una mare unida a ella pel vincle amb el *cos* i amb la seva malaltia i també amb el seu pare depressiu, malaltia incontrolable, que no para, com el seu *cor*. Rememora una escena durant una revisió de la seva malaltia, en la qual tres metges la miren, l'observen i palpen, mentre el seu cor batega incontroladament.

Què passa amb aquest gaudi del que ella s'allunya posant distància, marxant a viure a un altre país? Què hi ha en aquest circuit d'excés de gaudi de l'Altre, que no passa per ser la causa del desig de la simbolització d'un *objecte perdut*, que fa que la pulsió en lloc de dipositar-se en les zones erògenes es localitzi en aquesta part del cos, el cor, símbol pels antics i moderns de les nostres emocions?

Alan Marlet (1997), psiquiatra i psicoanalista a l'Hospital de Bourdeaux, diu: «En la cura de malalts psicosomàtics, ens trobem sovint amb subjectes que han tingut un trauma que els ha deixat sense defensa. Hi ha un altre que gaudeix, un gaudi il·lícit, al qual el FPS faria barrera. Un gaudi fora del simbòlic, però no fora del cos. Hi hauria una resposta del subjecte en forma de FPS al gaudi pervers de l'Altre».

Jacques Lacan (1967) ens demostra amb l'exemple del gos de Paulov, que va fer una úlcera d'estómac, com el significant pot actuar en el cos i és posat com exemple per il·lustrar el fenomen psicosomàtic. El significant que Paulov va introduir, la campana, que representava l'experimentador, remet al que ell espera, la salivació. Aquesta secreció gàstrica és un gaudi del cos que produeix una resta de gaudi, *un excés*, formant una úlcera. El psicoanalista francès posa l'accent en el fet que el desig de Paulov va pervertir les necessitats fonamentals del gos i que aquest en no tenir llenguatge, no va poder comprendre ni simbolitzar el que l'experimentador li demanava. El desig insistent d'un Altre pot induir a una lesió corporal quan una necessitat corporal del cos és obstruïda i el subjecte no es pot defensar. És a dir, un adult pot induir lesions en el cos a un subjecte que no es pot defensar de les imposicions superjoiques que no comprèn i, per tant, la metàfora subjectiva esdevé un fracàs.

Molt diferent del que passa en un símptoma neuròtic, en què el subjecte es defensa del desig de l'Altre com en el cas dels símptomes histèrics. Les representacions que han estat dominades per la repressió apareixen en el retorn de l'allò reprimit, transformades pels mecanismes de condensació i desplaçament. Les representacions, ja allunyades del conflicte vivencial del subjecte, desplaçades dels fets inicials, com ens parla Kandel, retornen en forma de condensació.

Però què passaria amb el fenomen psicosomàtic i amb la idea del fet traumàtic?

Lacan parla d'una falla parcial en la metàfora subjectiva, hi ha una petrificació en la cadena significant, un significant que esdevé signe, un enigma que no se'n sap el significat.

Freud (1917) ens diu que: «en les neurosis traumàtiques, hi trobem com a base de la malaltia, una fixació del subjecte a l'accident sofert [...] es diria que el subjecte no ha passat encara el moment del trauma, considerant-lo sempre present».

Aquesta *fixació*, que Freud reprèn en moltes ocasions i que utilitza com un terme necessari per explicar *la repressió*, la defineix com la més important quant als processos patològics, perquè seria el fracàs de la repressió, amb la irrupció i el retorn del que estava reprimit. Aquesta irrupció tindria el seu punt de partida en la *fixació* i el seu contingut seria una regressió de la libido cap aquest lloc.

Treballs de Yadin Dudai (Dudai, 2002) van més lluny de la discontinuïtat. La *reconsolidació* com l'empremta mnèmica, es torna modificable quan és reactivada. En el cas de tornar a ser reactivada a través de rememorar, l'empremta es mostra disponible per a noves associacions i es torna làbil. Aquest fenomen ens mostra com el fet de la paraula en la cura analítica, quan el pacient rememora, pot inventar molt més del que va determinar el fet, a partir d'una discontinuïtat. La possibilitat de canvi que implica la plasticitat desfà qualsevol vincle directe entre l'experiència viscuda i l'efecte produït. L'empremta deixada per l'experiència està disponible per a un devenir diferent del determinat per l'experiència inicial.

Què passaria, doncs, amb el fenomen psicosomàtic que, com diu Lacan, és una modalitat de gaudi (quelcom pulsional que no s'ha pogut simbolitzar) que està *fixat*? Inamobible en el cos, s'imposa fora del discurs, com el trauma, i implica una referència en el temps a un esdeveniment que el va *fixar*.

Colette Soler (1978) diu que podem suposar que el FPS fixa un tret. I d'on ve aquest tret? Del gaudi de l'Altre. Un tret unari pres d'una figura del gaudi de l'Altre, havent agafat del tret, segons els casos, d'una imatge o d'una escena que commemora la presència corporal. Colette Soler es pregunta com es fixa aquest tret unari (pura repetició, com el número). Pensa que no es pot ignorar una relació important amb la pèrdua d'un objecte que sembla jugar un rol amb el FPS.

Miller (1990) diu, referint-se al fenomen psicosomàtic: «Per què en lloc de la incorporeïtat de l'objecte a, apareix un significant corporal? Què passa que en aquest cas el que està perdut, no sigui l'objecte perdut que està fora del cos?». Jacques Alain Miller comenta que el FPS és un *camp d'investigació* on sempre ens belluguem amb el *com*.

Lacan (1975) diu: «tot succeeix com si quelcom estigués escrit en el cos, alguna cosa que ens és donada com un enigma […] seria una escriptura jeroglífica […] i és al voltant del tret unari on gira tota la qüestió de l'escrit».

«Què passa amb el gaudi del psicosomàtic? —diu—. Si vaig evocar una metàfora com congelat, és perquè hi ha efectivament una espècie de fixació. Freud no empra perquè sí el terme *fixerung* i és perquè el cos es deixa escriure quelcom de l'ordre del número. I és per la revelació del gaudi específic que hi ha en la fixació, que s'ha d'abordar un psicosomàtic».

Bibliografia

Dudai, Y. *Memory from A to Z keywords, concepts and beyond.* Oxford University Press, 2002

Freud, S. «Lettre à Wilhelm Fliess du 6.12.1896». *Naissance de la psychanalyse*, París: PUF, 1956, p. 155

—. *Epistolario II* (1891-1939). Plaza & Janés, 1970, p. 84-85

—. (1917), *La fijación, al trauma. Lo inconsciente.* Lección XVIII. Obras Completas (OC) Vol. VI. Madrid: Biblioteca Nueva, 1974. p. 2 294

—. (1920), *Más allá del principio del placer.* OC, Vol. VIII

Freud, S.; G. Groddeck. *Correpondencia.* Barcelona: Anagrama, 1977

Foulques, E. *El saber de lo Real. De Groderek a Lacan.* Buenos Aires: Ed. Nueva Vision, 1993, p. 190

Kandel, E. R. *Psychiatry, Psychoanalysis, and the New Biology of Mind*, Arlington, Virginia: Katz, 2005

Kandel, E. R.; Dudai, Y.; Mayford, M. R. (2014), «The molecular and systems biology of memory.» *Cell* 157, 163-186.

Lacan, J. «FPS, distintos en la neurosis». «FPS, conflictos directamente inscritos sobre el cuerpo». *La psicosis.* S*eminario III.* Paidós, 1955

—. (1975), «Conferencias en Ginebra sobre el síntoma», *Intervenciones y Textos II.* Manantial, 1991, p. 139

—. *Les quatre concepts fondamentaux de la psycoanlyse.* París: Le Seuil, 1973, p. 214

—. *La logique du fantasme,* leçon du 15 novembre 1967. Seminario inédito.

Marlet, A. (1997), ¿Se interpreta el Fenómeno psicosomático?, *1.ª* Jornadas de *Gresaim*, Barcelona.

Miller, A. «Algunas reflexiones sobre el FPS», *Matemas II.* Buenos Aires: Ediciones Manantial, 1990, p. 177

Soler, C. (1978), «Retorno sobre la cuestión del síntoma y el FPS», *Estudios de psicosomàtica.* Vol. 2. Compilación de Vera Gorali. Atuel-Cap

Unsermet, P. «Relaciones cuerpo-mente: Manifestaciones psicosomáticas en la infancia y la adolescencia». Ponència del XIX Congreso Nacional de la Sociedad Española de Psiquiatría y Psicoterapia del niño y el adolescente. Eivissa, 2006

Valas, P. «La psychosomatique». *Revista freudiana,* 1996

LA CLÍNICA EN LAS FRONTERAS

Alejandra Pizarnik, la escritura y la vida

Graziella Baravalle

Siguiendo a Freud en su apreciación de los poetas, a los que considera preceden a los científicos en su conocimiento de la subjetividad humana, he elegido a esta gran poeta argentina para aprender de su poesía aspectos de la relación entre la escritura y el límite.

Desde el punto de vista de una teoría de las estructuras clínicas, por lo general, se considera como *casos límite* a aquellos casos en los que es difícil hacer un diagnóstico. Ya sea diferenciar entre neurosis y perversión, entre psicosis y perversión, entre neurosis y psicosis. Un alcohólico o un drogadicto puede realizar actos perversos bajo el influjo de lo que ha consumido, pero el síntoma de su adicción no constituye una estructura clínica, ya que puede tratarse de un neurótico que se droga para calmar su angustia o un psicótico que trate de apaciguar sus voces o sus delirios. Un síntoma no define la estructura. Habrá que esperar al desarrollo de la transferencia para saber de qué se trata, y a veces puede llevar mucho tiempo.

El caso al que me refiero, al que accedo por los *Diarios* (Pizarnik, 2010) recientemente publicados, su poesía completa y otros escritos, así como lo que han escrito su biógrafa, sus amigos y conocidos, habría sido un caso límite considerado desde su sintomatología y sus «trastornos de conducta», al decir del DSM. Alejandra Pizarnik vivió al límite, en el límite y mi hipótesis es que lo que la mantenía viva en el sentido literal y metafórico del término era la escritura, que al mismo tiempo que le daba un proyecto y un lugar, y que también fue, entre otros determinantes, lo que finalmente la arrastró en su torbellino lenguaraz manifestado en un cambio de estilo notable.

Jacques Lacan, a partir de su estudio de la obra de James Joyce, que nos dejó en su Seminario *Le Sinthome* (1975-1976), presentó la hipótesis de lo que se ha llamado el nudo de cuatro, una modificación del nudo borromeo —atadura de los registros real, simbólico e imaginario— que eran anudados por un cuarto redondel, llamado *sinthome*, constituido por la obra del escritor, donde firmaba con su nombre.

La obra de Alejandra Pizarnik, con sus características particulares, también nos enseña de qué manera el lenguaje y el estilo que la representan constituyen una herramienta para sobrevivir a las turbulencias de su experiencia vital, y cómo esa misma herramienta deja de cumplir esa función y de escribir el límite que la separaba de la muerte convirtiéndose en el *Infierno musical,* que da título a uno de sus poemas.

Alejandra Pizarnik nació en Buenos Aires en 1936 y murió por sobredosis de Seconal sódico en 1972. Era hija de inmigrantes judíos (ruso-polacos) que habían logrado evitar los campos de concentración en que luego murieron sus parientes. Sus padres la habían bautizado Bume (en yidis), Blímele le decían en la escuela judía y Flora en castellano. Pero ella eligió Alejandra ya en la adolescencia. Su biógrafa Cristina Piña lo atribuye a alguna fantasía de provenir de joyeros de la nobleza rusa. La realidad es que su padre era *cuentenik*, vendía joyas a plazos a domicilio, con lo que logró un buen pasar, y su madre era un ama de casa que nunca llegó a dominar bien el castellano. De niña, Flora era asmática y tartamuda. De adolescente tuvo problemas de peso y acné, y ya entonces empezó a tomar anfetaminas para adelgazar. Tenía una hermana mayor, aparentemente la hermosa de la familia, que ni siquiera es mencionada en sus *Diarios*.

Su vocación de escribir fue precoz, aunque ensayó la pintura y el dibujo. Fracasó en cualquier intento de estudios institucionalizados y finalmente aceptó que su destino era la poesía. Se reunía con escritores y artistas en las tertulias y talleres de la intensa vida literaria de Buenos Aires de la década entre 1950 y 60. Obtuvo un pronto reconocimiento por su excelencia como poeta y recibió el apoyo y la protección de Octavio Paz y Julio Cortázar, a quienes conoció en París donde pasó los años más fructíferos para su formación y también durísimos en cuanto a sus padecimientos emocionales y sus penurias económicas. Sus diarios de París, que escribió y corrigió siempre con el fin de publicarlos, nos documentan sobre este período. En ellos se aprecia netamente esa presencia del borde, entre la vida y la muerte, entre el adentro y el afuera, entre la disciplina y las orgías sexuales y las borracheras, entre la poesía y la prosa, entre los escritores reconocidos y los mendigos de la calle.

Sus primeros libros, de contenido claramente melancólico, están construidos con poemas en los que predomina el mensaje, la creación de sentido, que están, como dice César Aira (1998), al servicio de la construcción de un personaje, la pobre niña perdida, abandonada, que hace «literario lo que sin eso sería pura queja narcisística». Los temas repetitivos de esta metáfora autobiográfica son la infancia desdichada, la soledad, el dolor de existir y el deseo de muerte; la invocación permanente de la muerte como salvación y un elemento fundamental, la búsqueda de un refugio, de un lugar en el lenguaje (que Lacan llamó *dit-mansion*). El lenguaje fue un problema para ella desde pequeña, ya que como nos señala agudamente Nora Catelli (2013), el aprendizaje de la lengua fue para Pizarnik una obsesión. Sus padres hablaban yidis, y ella tenía, antes de su análisis con León Ostrov, una tonada que la hacía parecer extranjera. Sus poemas los escribió en la lengua que se enseñaba en la Escuela Normal, un castellano culto diferente al argentino que se hablaba en la calle. Veremos que el voseo aparecerá recién en sus escritos cuando cambia de estilo. Llevaba un cuaderno llamado «Palacio del Vocabulario», donde anotaba citas de escritores y también estudiaba el diccionario. Sus *Diarios* nos muestran esta preocupación y esta seria y obsesionante dedicación de su vida a la escritura. Porque la escritura funcionó para ella como un *sinthome*, lo que le permitió, como decía, crearse como un personaje, o como un ego, también al decir de Lacan.

Esta relación con el lenguaje y la escritura se presenta sin embargo como algo contradictorio (de igual modo que la transferencia es necesidad y obstáculo al tratamiento psicoanalítico). Por un lado, la poesía podía convertirse en un lugar donde habitar, donde lograr una inscripción en el Otro (la sociedad, la cultura, sus amigos escritores); incluso llegó a obtener una beca Guggenheim y una Fulbright, lo que suponía apaciguar su terror a la desintegración, a la amenaza de la angustia y el suicidio que se le mostraba como salida. Por otro lado, siempre surge insidiosamente un aspecto no tan tranquilizador respecto de las palabras.

Las palabras, que deberían convertirse en un «jardín accesible», se trasmutan en «palabras vestidas de féretros»; las palabras «se suicidan» y aparece la duda respecto de la salvación.

Por razones de espacio y tiempo leeré solo algunas estrofas. Remito siempre a la *Poesía completa* (Pizarnik, 2012), donde se han incorporado poemas que faltaban en las ediciones anteriores, importantes para comprender el segundo estilo.

Origen
[…] Pero ¿quién me dará la respuesta jamás usada?
Alguna palabra que me ampare del viento
alguna verdad pequeña en qué sentarme
y desde la cual vivirme […]

A medida que se avanza cronológicamente en su obra, tanto en sus poesías como en sus diarios, se registra con más insistencia la temática del doble y el espejo, así como la presencia de las alucinaciones, visuales y auditivas, junto con la permanente mención a su deseo de muerte. Se trata de poemas trágicos y perfectos en su sencillez, a veces especie de *haikus*. El uso del sustantivo es intenso, demoledor. Seguimos en lo que llamo campo del mensaje, la creación del yo ideal, del personaje metafórico, que aunque no hay que confundir con el autor, se le acerca mucho. En los *Diarios* (Pizarnik, 2010), se advierte el mismo movimiento ascendente de la pulsión de muerte. Como señala Nora Catelli en el artículo citado, no se ha publicado el último cuaderno de 1972, año en que murió.

Los diarios de París (de 1960-64) nos ponen en contacto con su miseria y desamparo, sus borracheras, sus relaciones sexuales sin amor, todo lo que le servía para llenar el vacío y el insomnio que poblaban sus noches. Pero al mismo tiempo en sus notas toma posiciones muy claras respecto a su estilo y su lugar como poeta. Adscribe explícitamente a la poética de los «poetas malditos» a quienes estudia seriamente: Baudelaire, Rimbaud, Lautrèamont y especialmente Artaud, al que traduce y prologa. Sabemos que para estos escritores la práctica poética llegó a ser una vía para acceder a una forma de conocimiento absoluto y a una ética: convertir la vida en un poema. Pizarnik escribió: «hacer el cuerpo del poema con mi cuerpo» y al igual que esos poetas utilizó el alcohol y las drogas también para experimentar con la escritura. Drogas que conocía desde joven, pues no solo había tomado anfetaminas para adelgazar, sino todo tipo de tranquilizantes. La utilización médica puede haberse luego adornado con la posición del poeta romántico, siempre con el fin de calmar sus terrores. El hecho es que nunca dejó la costumbre de las pastillas.

La poesía así le sirve para responder a sus propios interrogantes vitales y aliviarse del retorno de un goce pulsional enigmático e insoportable. Pudo publicar y recibir un gran reconocimiento, el nombre reconocido también funcionó como una barrera a su desamparo, si bien hay que pensar en el uso del seudónimo para comprender su fragilidad. Esto siempre fue acompañado por una intensa vida sexual que le ayudaba a soportar sus amores desdichados, amores que podían ser heterosexuales u homosexuales, pero su común denominador era que, por la excesiva demanda de amor, casi siempre la abandonaban.

Al volver de París escribió sus mejores libros, su aceptación en el mundo literario fue total. Pero su inquietud y su fragilidad psíquicas continuaban y aumentaban, lo que la lleva a analizarse con E. Pichon-Rivière, a quien llega a través de su hijo Marcelo Pichon, entonces un joven poeta, que publicó póstumamente los escritos de su padre sobre Lautréamont, el poeta favorito de Alejandra.

En esta época su biógrafa y sus conocidos señalan una intensificación de un humor cáustico y procaz, que contrastaba mucho con su poesía anterior, y que comienza a aparecer poco a poco en la misma. *A posteriori* podemos pensar que se trataba de momentos maníacos, en los que *la lengua,* pulsional y originaria se imponía a su escritura anterior, lo que aparecerá claramente en su segundo estilo.

En este período del regreso de París nos encontramos con el mismo temario, pero ha crecido como poeta. Aunque este dominio de su herramienta poética no impide que se empiece a gestar el segundo estilo. A partir de 1965, y basándose en el libro de Valentín Penrose sobre la condesa Erzebet Bathory, escribe *La condesa sangrienta*, poemas en prosa en que aparece la sexualidad ligada íntimamente con el sadismo y la muerte.

La poesía de este período del que llamo «primer estilo» culmina con el libro de poemas en prosa *Extracción de la piedra de la locura* (1968), en el que se tematiza poéticamente esta extracción del objeto, que supuestamente la ayudaría a desembarazarse de ese goce mortífero (voces, alucinaciones) que le llega desde todas partes. En el cuadro del Bosco que le sirve de inspiración, lo que se extrae es una flor azul, flor que nos remite al nombre que ella borró, Flora, y al azul del que ella siempre habla, de los ojos de su padre. En uno de esos *haikus* escribe:

> Del combate con las palabras ocúltame
> Y apaga el furor de mi cuerpo elemental.

Con las palabras hay que luchar para domesticar el goce pulsional que trasportan, y esto no siempre se logra. La escritura a veces puede alcanzar sus fines, pero también puede llegar a desbordar al escritor y dejarlo ante su gran desgarro y su catástrofe. El poema *Anillos de ceniza* ilustra exquisitamente su vivencia de «las voces» y la lucha entre estas voces ajenas y las palabras de la escritora.

> [...] una tribu de palabras mutiladas
> busca asilo en mi garganta,
> para que no canten ellos
> los funestos, los dueños del silencio.

Estas palabras mutiladas, cortadas, entremezcladas, son las que darán existencia al segundo estilo, antes de que la autora se dé definitivamente por vencida. (También se dio por vencido su analista. En una entrevista que puede verse en internet, la hermana de Pizarnik relata que Pichon llamó a su madre para decirle que ya no podía hacer nada por Alejandra.)

En *Fronteras inútiles* escribe la imposibilidad del lugar propio (era asidua lectora de Virginia Woolf), habilitado según el psicoanálisis, por la metáfora paterna:

Un lugar
no digo un espacio
hablo de
qué
hablo de lo que no es
hablo de lo que no conozco.
[...] un lugar de ausencia
un hilo de miserable unión.

El problema del nombre y de la identidad se repiten y en los *Diarios* de esta época deja también constancia de la imposibilidad de mantener la disciplina necesaria para escribir, la bebida, el amor no correspondido y el miedo a la locura que serían exorcizados por el deseo de muerte. Véase el poema *Privilegio* de este mismo libro, así como *Fragmentos para dominar el silencio*: «[...] La muerte ha restituido al silencio su prestigio hechizante. Y yo no diré mi poema y yo he de decirlo...».

El lenguaje se va independizando del sentido en glosolalias y retruécanos y algunos de sus textos se van modificando hasta llegar a los que sus contemporáneos llamaron «textos pornográficos» u «obscenos».

En 1969, en un texto extraño, supuestamente teatral pero irrepresentable (como la otra escena, la obscena) aparecen en su obra temas oscuros y escatológicos (que antes solo aparecían en sus diarios) característicos de fantasías sexuales infantiles, presentados al mismo tiempo con un humor cáustico y un gran dominio del material lingüístico, pero que resultan inquietantes *a posteriori*, al compararlos con el desarrollo de su poesía y de su vida a partir de allí. La pieza se titula *Los poseídos entre lilas y* marca el inicio del fin.

En 1970, poco después de la muerte de su padre, hace un primer intento de suicidio. Logran salvarla y permanece ingresada algunos meses. Sus amigos, escribe C. Piña, «ya observan en ella algo desesperadamente vital y peligroso». Su libro *El infierno musical* de 1971 nos pone en contacto con sus enormes temores acerca del futuro. La mayoría de los poemas de este libro muestran su denodada lucha en lo que ella llama «un proyectarse desesperado en la materia verbal». Cito algunas frases:

> [...] Alentaba en mí la esperanza de que se estableciera algo parecido a
> [...] un punto de partida firme y seguro, un lugar desde el cual partir [...]

Creo que en este momento del recorrido de su obra, no es aventurado afirmar que este lugar es el que crea el Nombre del Padre, cuya ausencia suplantaba el vacío aspirante que siempre la torturaba y que procuró llenar con sus poemas. Pizarnik lo dice también así: «[...] Para que las palabras no basten es preciso alguna muerte en el corazón».

En diciembre de 1971 publica el poema *En esta noche, en este mundo,* su balance poético y su despedida, dedicado a su amiga Martha Moia.

En este poema, de excepción para una época de su escritura en la que predomina la prosa, dice los motivos de su suicidio: el fracaso de la escritura como instrumento para posibilitar su inscripción en el Otro, la conciencia, por lo tanto, de su exilio del mundo, la pérdida de la identidad, el agotamiento del erotismo y la presencia premonitoria de la muerte. Alejandra Pizarnik renuncia.

Los textos que rodean este poema y que se sucederán hasta su fin, son escritos en prosa que los poetas consagrados de entonces llamaron «pornográficos», ratificando para Pizarnik la imposibilidad de lograr un reconocimiento según esta vía de escritura. Estos textos se acercan bastante a los escritos de algunos psicóticos cuando describen sus alucinaciones, y fueron su producción casi exclusiva en los dos años anteriores a su muerte. Lo cual indica una búsqueda necesaria de un nuevo estilo para desembarazarse del goce, que como sabemos tampoco le resultó suficiente. Ejemplo de este nuevo estilo son los textos de *Una musiquita muy cacoquímica, La bucanera de Pernambuco, La pájara en el ojo ajeno...* en los que deja de lado la construcción del personaje metafórico del yo ideal. Son textos de una gran ironía trágica y un dominio genial de la lengua, el uso creativo de *clichés* y de refranes, de las *hablas impuestas* que vienen del Otro, creando así ese estilo diferente, mediante retoques en las palabras, intentando por medio de otra formalización dominar la herencia enajenante de la lengua, que es lo que en teoría literaria se denomina estilo. Estilo que tal vez hubiera logrado imponer si no se hubiera suicidado, y que utilizaron después los poetas de la generación siguiente como Osvaldo Lamborghini, Laura Klein, Néstor Perlongher.

> Alpiste Ma Mamelle: todo para la teta, nada para la testuz,
> Más vale pájaro en mano que en culo
> Gran pajarería Felipe Derblay cumple su sueño del pájaro propio...

Este intento también fracasó como solución para ella y en sus últimos meses alternan ambos estilos. La cultura argentina (y sobre todo el medio que le gustaba cultivar a Pizarnik) ha sido por lo general mojigata y represora. Los escritores marginales solo tenían un círculo reducido de amigos. Pero los que ella frecuentaba le sugirieron que no escribiera porquerías. Como ese poema *Sala de psicopatología* que solo entró en la última edición, a la que remito, así como al sugerente artículo de Edgardo Dobry, «El laboratorio, el germen y el exceso...».

Su esperanza de encontrar una dimensión propia y habitable por medio de la escritura, que por momentos pareció estar a su alcance cuando la escritura podía constituir un límite, fracasó. También vio desvanecerse su anhelo de salvarse por el amor, otro *leitmotiv* de su poesía. En los meses anteriores a su muerte mantuvo una relación amorosa con una mujer que la abandonó, y poco tiempo después hizo su segundo y logrado intento de suicidio.

La sombra del objeto cae sobre el yo, la muerte reemplaza a la amiga que se ha ido y así la melancolía muestra su vínculo con el enamoramiento. Ni el psicoanálisis, ni la escritura pudieron crear el límite necesario para construir el lugar habitable. El sujeto se ve definitivamente propulsado hacia la órbita de la pulsión de muerte. Estando ingresada en el hospital Pirovano, en una salida de fin de semana, vuelve a ingerir una sobredosis de Seconal. Cuando sus amigos la encontraron ya muerta, estaba rodeada de muñecas maquilladas, patéticos dobles de la «niña» y tristes representantes de la amiga perdida (¿o de su hermana?). En una pizarra en la que iba anotando frases, había escrito, entre otras cosas «No quiero ir/ nada más/que hasta el fondo» y «Oh Isidore» su querido conde de Lautréamont, que también se había suicidado con pastillas y sobre el cual escribía su analista Pichon-Rivière.

Algunas conclusiones: al analizar estos textos, podemos acercarnos al efecto del lenguaje en los poetas, especialmente en los llamados «malditos» por su relación con la muerte y la locura, cuando ese algo que se les impone y no pueden dominar se manifiesta a través de ese lenguaje donde predomina el «fuera de sentido», o sea lo real del goce.

Lacan, en el seminario citado, sugiere que Joyce logró, con su obra, crear un cuarto eslabón que reuniera los registros real, simbólico e imaginario de la subjetividad como suplencia del Nombre del Padre faltante. Pero es evidente que también su esposa, Nora, que le calzaba a Joyce como un guante, había contribuido a esa función. Pizarnik buscó esas dos salidas, el lugar, la casa del lenguaje, y el amor. El cambio de estilo y la alternancia final entre ambos, nos da cuenta de su primera búsqueda. Creo que es el fracaso en la segunda salida lo que la impulsa al suicidio, haciendo que su poesía carezca de sentido. En una de las entradas del último cuaderno del que disponemos escribe: «Las palabras son más terribles de lo que sospechaba. Escribir no me sirve para que me quieran». No olvidemos que Pichon-Rivière había llamado a la madre para decirle que «ya no podía hacer nada». Tal vez si el amor o el análisis hubieran podido sostenerla, hubiera creado un tercer modo de escribir, el que despunta en *Sala de psicopatología*. En este poema, logra un lenguaje propio, cercano a la prosa que soñaba alcanzar, «simple, chata y común». Su temática, aunque referida a su internación y a su locura, se inscribe también en la problemática de los otros, la pobreza, el manicomio, el recuerdo de su analista, las críticas a los médicos, la escritura descarnada del sexo. Queda lejos la «pobre niña abandonada». Es un estilo que podríamos llamar adulto. Pero esta vía quedó inexplorada, y nos falta el último cuaderno de sus *Diarios*, que tal vez nos podrían decir algo más.

Para extraer las enseñanzas clínicas que constituyen estos escritos y esta vida de poeta, diría que hay que tener una gran prudencia respecto de la posibilidad de creación de un cuarto eslabón en el análisis (la sublimación es un destino de la pulsión, no es voluntaria). Más bien que pudiera constituirlo el análisis mismo. Esto último es justamente lo que se debe intentar para detener el agotamiento de la libido y el predominio de la pulsión de muerte que es consecuencia del desligamiento de la pulsión.

El lenguaje (en los poetas la escritura) es un medio de domesticar el goce pulsional, pero también lo transporta y lo vectoriza.

Para terminar, trascribo un fragmento de este largo canto que es *Sala de psicopatología* (1972):

Sala 18
Cuando pienso en laborterapia me arrancaría los ojos en una casa en ruinas y me los comería pensando en mis años de escritura continua, 15 o 20 años escribiendo sin cesar, aguzada por el demonio de las analogías, tratando de configurar mi atroz materia verbal errante,
Porque —oh viejo hermoso Sigmund Freud— la ciencia psicoanalítica se olvidó la llave en algún lado:
Abrir se puede
Pero ¿cómo cerrar la herida?

Bibliografía

Aira, C. (1988), *Alejandra Pizarnik*, Buenos Aires: Beatriz Viterbo Editora, 2012

Catelli, N. *(2013)*, «Los *Diarios* de Alejandra Pizarnik: estrategias de lectura», *Cuadernos Hispanoamericanos,* n.º 756.

Dobry, E. «El laboratorio, el germen el exceso: Pizarnik entre los *Diarios*, la poesía y la Sala de psicopatología.»

Lacan, J. *El sinthome,* (1975-76), Buenos Aires: Paidós, 2006

Pizarnik, A. *Poesía completa*, Barcelona: Lumen, 2012

—. *Diarios*, Buenos Aires: Lumen, 2010

«Tienda de los milagros»

Carlos Blinder

Comenzaré con una cita de J. P. Sartre: «La tortura es una plaga que infecta toda nuestra época».

Este caso refleja como la acción del terrorismo de estado logra desubjetivizar a un sujeto, recluido 13 años en la cárcel, y su reaparición en la familia amenaza con el derrumbe de esta, desencadenando alta violencia.

Situaciones límites, de alto contenido traumático, que en organizaciones psíquicas previas, producen patología de la frontera.

Llega a iPsi una familia de sudamericanos: Mario tiene 45 años, Leonor 43 y la hija de ambos, Rosa, de 21 que trae en la primera entrevista un libro de Jorge Amado: *Tienda de los milagros*. Me quedo pensando en qué milagro esperará.

Mario (sentado entre ambas) me cuenta que las cosas en la familia no funcionan y que él no se encuentra a gusto con su mujer. La historia de la pareja va unida a la historia de sus militancias políticas.

Al poco tiempo de casarse, ambos son detenidos. Leonor estaba embarazada, y Rosa nace en el Hospital Militar.

Él asume frente a los militares toda la responsabilidad; su compromiso había sido mayor, e intenta exculpar a su mujer. Lo logra y a los cinco meses Leonor es liberada. Ella y su hija deambulan por los países del cono sur, huyendo de los golpes de estado y cuando Rosa tiene cuatro años se instalan en España. Él permanece, como dije antes, 13 años preso.

Su relato es frío, desafectivizado, es meticuloso con los detalles y fechas.

Leonor continúa. Pone más acento en la conflictiva de las relaciones familiares. Me contará la historia del exilio y del reencuentro:

Hace 9 años se reúne «esto», el núcleo familiar. Rosa tenía entonces doce años. Hasta entonces la familia era ella y yo, estábamos las dos hasta que vino él. Yo con él me escribía... pero cada vez menos, era una comunicación formal. Las relaciones aquí son complejas (Rosa se ríe burlonamente). Últimamente fueron deteriorándose. Con Rosa había una relación, y construir una relación entre él, ella y yo... Nunca, nunca, me había visto Rosa con una pareja, nunca...

A la hija la noto tensa, pronta a explotar y con un deje despectivo; interviene taxativamente y sentencia: «En casa hay una ley del silencio, impuesta por él. Se habla de fechas. Antes, para mí, él no existe (es un *lapsus*). No habla. No sabe hablar, conmigo no sabe. Para mí es un enfermo, que está mal del coco. Sí, se "supone" que pasó trece años en la cárcel. Relacionarse con uno puede, más de uno, no. No puede estar bien conmigo y con ella. Habrá hablado dos, tres veces conmigo. Yo hice mil esfuerzos, estoy harta».

La ley del silencio: es lo que la militancia impone cuando alguien cae, no se debe hablar. Hablar es peligroso, es sinónimo de delación, de muerte. Mario se acostumbró a no hablar. Pocas palabras en un centro de detención.

La madre intenta interceder: «No debe ser nada fácil, llegar, esta es tu hija».

La hija continua implacable: «Él impone, sutilmente impone. En años no me saludaba, porque es un enfermo. Yo no tengo por qué soportarlo porque tú lo eliges. No es mi padre, no sabe serlo y te lo has ganado a pulso, año a año y día a día».

Mario intenta una tímida defensa; pienso que quizás mayor de la que pudo en aquellos brutales interrogatorios y acusaciones: «Es cierto lo que ella dice, no he vivido cosas normales, me cuesta bastante, había épocas en que no podías hablar nada. No estoy en la cárcel pero lo sigo estando».

Ha vivido cosas «muy» anormales.

Les pregunto qué ocurre ahora.

Mario: «Me sentí mal con mi mujer, incómodo, lejos. Ella es lo contrario que soy yo, plantea todos los problemas, hace girar la casa en torno a sus problemas. No ponía límites y te vas desgastando».

Los límites…

Rosa, burlonamente acota: «Pero papá es un mártir…. Me podía haber tarado por tu culpa, chaval! Mi infancia fue feliz, no me faltaba nada».

Le pregunto a Rosa: ¿Tu padre lejos, en la cárcel, y no te faltaba nada?

Rosa explota llorando: «Es una basura, no he visto a nadie tan egoísta y cruel, hice millones de esfuerzos… no vale nada».

Le señalo que ella debía sentir que no valía nada para él, que se sentía abandonada, que debía sentir una brutal ausencia en esos trece años que su padre estuvo preso.

Rosa: Sí, sigue siendo un preso. Es peor que haya venido así…

> «Es un inválido como padre. Los militares han conseguido eso, y no ha hecho nada. Eres un esquizofrénico. Un día te da por hablar, y otro ni saludar, no vales una mierda, solo es daño lo que me has dado. Estoy harta de entenderlo, son 9 años, no soy masoca, me harté de este señor. De pequeña me decían: «tenés padre, escribíle». La gente está o no está. Te hacen esperar, un semidiós… que entregó su vida por la patria. Vuelve y no me da nada. Para mí, mi padre no existe, si no está de pequeña, no está. Era mi padre biológico».

Me llama la atención la lucidez de la hija: los militares lo invalidaron: «han conseguido eso y no ha hecho nada».

Quizá no pudo hacer nada, indefenso frente a una brutal violencia, como un niño indefenso y aterrado.

La hija desencadena en la familia la repetición de ese hecho traumático, la invalidez del padre, su desubjetivación, pero le está pidiendo que haga algo, que no siga inválido. Le pide un acto de amor (me resuena el autor del libro que trae: Jorge Amado).

El padre no reacciona. Se queda paralizado. Quizás no pueda. Su agresividad está bloqueada, como estuvo, para poder sobrevivir en la cárcel. No podía contestar las agresiones. Tenía que aguantar.

Las agresiones verbales pasan a físicas, incluso dentro de las sesiones; en una de ellas Rosa le pega una patada al padre. En casa, lo insulta, le tira la comida, lo muerde. Habitualmente Mario aguanta y no responde. Hay un violento pasaje al acto. Fallan las palabras, la simbolización. Se cae en situaciones límites.

Intento frenar esta situación, reordenar, poner límites, prestarles palabras. Centro mis intervenciones en la terrible situación que han pasado los tres, y en la brutalidad que tuvo que soportar Mario.

Él me contesta que no siente tanto enfado como su hija. «Ella esperaba un padre idealizado, esperaba más de lo que ha recibido.»

Ante la altísima violencia que se desencadena en las entrevistas familiares, decido proponerles encuentros individuales. Es también tomar lo que ellos han dicho: «se puede estar de a dos», no más. Ya podrán, espero, estar de a tres.

Comienzo con Leonor, que me cuenta que tenía 19 años cuando lo conoció: «él era un semidiós, muy ocupado por la política. Yo estaba muy dependiente de él y él no me dedicaba mucho tiempo». Respecto a su familia de origen cuenta que «el problema en mi casa era mi madre: o te marchas, o te quedas y te vuelve loca, la perfecta era ella… mi padre jamás abrió la boca, es muy dependiente».

Le señalo que parece repetirse la historia con Mario; Leonor continua: «Mi madre destrozaba a mi padre delante nuestro: es un inútil». Pienso que ella también tolera que su hija destroce a Mario en su presencia. «Ahora que murió mi madre —dice— resucitaron: mi padre está más hablador, y mi hermana lleva la casa.» Resucitar es un «milagro»… otra vez el libro. Me pregunto quién tendrá que desaparecer en esta familia.

Cuando estuvo sola con su hija, no podía permitirse «el lujo de deprimirse»; tampoco le dio miedo, en sus periplos latinoamericanos, las huidas de la dictadura, no vivían más de dos meses en la misma casa. «Cuando vino él, me descansé y me deprimí, y tenía miedo a todo: a salir, a cualquier ruido. Allá los mataron o los invalidaron de por vida.»

En la entrevista con Mario, me dice que desde los 18 años estuvo comprometido políticamente. «No existía nada más que eso».

«Tenía 23 años cuando caí preso. Fue afectivamente cortar los lazos de afuera, no esperar nada de nada de fuera. Bajé la cortina, dependía de la gente que tenía al lado. En la familia no contábamos las cosas, no se expresaba mucho lo que sentíamos. Yo era el bueno, el responsable. Me fui desgastando mucho con Leonor, todo rotaba alrededor de sus problemas, a todo un pero. Yo soy capaz de vivir con poco afecto.»

«Mi hija quiere ser la exclusiva, y me desarma cuando alguien me insulta, me deja frito, es imposible que la haga razonar…»

Rosa, me cuenta que estudia medicina porque «.. quisiera rehabilitar inválidos» (los mecanismos sublimatorios parece que le funcionan). Recuerda de su infancia que se agruparon con otros exiliados que volvieron hace años, que actuaban como familia adoptiva. «Cuando él cayó preso, me hizo posible que tuviera una gran familia, vivíamos en un gueto… hace 4 años que pude tener los primeros amigos de aquí». Estaban barajando la posibilidad de volver, cuando a su padre le dieron la libertad, «… no volvimos por eso…». Le señalo que parece que también le culpara a su padre por no haber regresado todos a Sudamérica.

Después de estas entrevistas, retornamos al espacio familiar. Extraigo algunos fragmentos:

Rosa: Él decidió, yo no elegí nacer en la cárcel. Él eligió militar, venir a España, yo no he podido elegir nada, tengo taras por tu culpa, nadie me ha hecho tanto daño. Bastante dolor me has dado, mi objetivo es expiar mi dolor, me las vas a pagar. Solo dolor, es la puta mierda, basura, no te soporto, no te aguanto, he tenido que tragar.

Mario: No solo tú tragabas, me hago responsable de las cosas que he hecho, lo que más lamento en mi vida —dice llorando— es no haber podido vivir con mi hija cuando era pequeña. No he podido hacer nunca lo que los otros padres, con sus hijos pequeños. Me sentí injertado cuando vine a Barcelona, sin derecho a mi papel de padre.

Leonor: Tu padre nunca había hablado así. Yo sé el valor que tiene lo que ha dicho. Nunca derramó una lágrima por nadie, solo por ti. Tu padre te quiere y no le dejas expresarle su cariño…

Intervengo, resituando: «Los militares, ¡qué hijos de puta!; si les jodieron tanto la vida, ¿por qué se la seguirán jodiendo ahora ustedes?»

Intento propiciar con mis preguntas, que se reconstruyan los episodios del cautiverio y del exilio, tratando de aliar ambos episodios en contra del enemigo común, la cruel contingencia de la vida que les tocó pasar a los tres: él en la cárcel, ellas en el exilio...

El perseguidor externo: los militares, cristaliza dentro de la familia, a veces en el silencio agresivo de Mario, a veces en las explosiones de la hija.

Rosa me dice que yo le he podido sacar muchas cosas a su padre. Pudo contar cosas sin «cantarlas», sin delatar. Pudieron recordar y no verse forzados a repetir. Se va enterando de cosas que aparentemente desconocía o renegaba: los cargos contra su padre, lo que él sentía, más allá de las fechas y los datos. «Me enteré de su nacimiento —cuenta Mario— porque mi madre me envió una carta. Yo estaba incomunicado, atado y encapuchado. Me llevaron a los baños, me levantaron la capucha, era la carta de mi madre. Me decía que Rosa había nacido, que estaban bien. Me volvieron a bajar la capucha...»

Todavía siguió muchos años con la capucha.

Mario puede ir contando sus emociones en la cárcel: «das dos pasos y te chocas contra una pared, otros dos, contra una reja, es desesperante.

Hay un comentario bastante ilustrativo: «Las cosas más dolorosas ahí era con los compañeros muertos... gente que se había jugado la vida... a veces aparecían colgados. Siempre estuve entero. Tuve un bajón cuando después de 10 años de estar en la misma celda, me cambiaron. Era desesperante, perdías las referencias, no veías el mismo paisaje por la ventana, todo estaba cambiado, creí que enloquecía. Me salvé porque no saqué la cabeza, no destacaba».

Es interesante como se aferra a las referencias de la celda, y casi o no casi, enloquece ante el cambio.

Rosa se estremece... y no solo Rosa. «Cuando llegaste, te pedía que me contaras, para conocerte. Me he enterado aquí de estas cosas, él nunca ha hablado, debe ser duro hablar, contar lo que sintió, no lo que pasó...»

«Mi encuentro con ellas fue raro, extraño, no sabía con qué me iba a encontrar. El contacto afectivo era extraño».

«Rosa pasó y ni me saludó, hacía 4 años que no la veía. Estuvimos toda una noche con Leonor hablando, reconstruyendo cosas, pero a veces me tenía que tapar los oídos cuando ella hablaba, me molestaba el ruido, la gente, estaba confuso, inseguro. Ellas tenían una historia construida, y yo no tenía entrada por ningún lado.»

Las relaciones entre Mario y su hija mejoran, pueden hablar en las sesiones y en casa. Vuelve a primer plano la conflictiva entre Mario y Leonor. Propongo entonces una serie de entrevistas con la pareja, en las que él reitera su malestar, su desenamoramiento.

Luego de cuatro meses, con una frecuencia de una sesión semanal, Mario plantea que quiere dejar de venir, se siente obligado y a veces no tiene de qué hablar. Necesita un *impasse*, reconoce que «he reubicado mi papel respecto a ella y a mi hija… rechazo cosas que antes no podía».

Quizá no podía más, eran ya demasiadas palabras, tenía que taparse un poco los oídos.

Pienso que han existido situaciones altamente traumáticas para esa familia, y en especial para Mario, quien ha sido violentamente excluido, y luego incluido en la familia sin tiempo de elaboración.

Intentará fallidas alianzas, a veces con la hija (como dos hermanitos) frente a su esposa idealizada: una madre omnipotente, que lo acoge y que a veces dicta la ley: «tú con la niña y yo a dormir».

Mario despliega sus carencias, «eres un esquizofrénico», le dice la hija, todavía tiene la capucha, bajó la cortina y su agresión, identificado con el agresor, se manifiesta a través del silencio, ninguneando a la hija.

Leonor, que en esos años permaneció fijada a esa pareja idealizada, ese «semidiós», y con la culpa por la deuda hacia él por haberla salvado de la prisión, no puede formalizar otras parejas, aferrándose a su hija como un intento de cubrir, narcisísticamente, el duelo por su marido y el exilio.

La vuelta de su marido pondrá en crisis esta situación. También se desplegará la repetición de su propia historia familiar: un padre inválido.

Rosa «conoce» a su padre en el inicio de su adolescencia; sus deseos edípicos, vividos tan particularmente, se reactivan, cobrando gran importancia, dentro de los duelos adolescentes, el duelo por la pérdida de los padres de la infancia, esos padres idealizados. Es lo que pide Rosa, que la contengan, que la limiten, pide restituir a ese padre inválido.

Ante el conflicto entre sus padres: la crisis matrimonial, la hija se ofrece como sacrificio (como lo hizo el padre para salvar a su esposa), para descentrar aquel conflicto, en cierta tarea de distracción, que cae, a lo largo del abordaje familiar, cuando se van resolviendo los vínculos entre el padre y la hija y vuelve a emerger el conflicto de pareja.

Creo que este caso clínico ilustra la acción del terrorismo de estado, que pervierte la ley, genera alta violencia y un desgarrador pánico, y somete a las víctimas a la total indefensión, que remite a dependencias arcaicas. Logra invalidar al sujeto, produciendo patología límite. Y este a su vez, al reincluirse en la familia, produce el derrumbe familiar.

Y esta situación de terrorismo de estado ilustra a su vez la problemática intra- e intersubjetiva en la producción de patología límite. La deprivación afectiva, la violencia extrema y la ley perversa.

Quizás, citando al libro, solo un milagro puede evitar que entonces la «tienda» psíquica se derrumbe.

La cicatriz.
Las heridas del alma perduran más que las físicas

Gemma Cánovas Sau

Tania acude a mi consulta a raíz de unas entrevistas con su madre adoptiva. Socia de un colectivo de madres y padres adoptantes, se trata de una mujer culta, sensible, profesora de universidad. Constituye familia monoparental y tiene dos hijas, Tania y Lucía, procedentes de un mismo país del continente latinoamericano y de padres biológicos diferentes. La madre tiene una familia extensa muy amplia. Tania fue adoptada con 6 años y 10 meses, después de su hermana mayor que ya convivía con su madre adoptiva desde hacía unos años.

Al principio, durante las primeras entrevistas, muestra su preocupación por la hija mayor. Según ella, no se aclara con sus estudios, la ve desorientada, etcétera, pero a medida que transcurren las visitas va apareciendo la problemática de Tania, que cuenta con una edad cronológica de 15 años, pero a nivel de escolaridad y comportamiento se puede situar en una etapa inferior.

Historia

La madre biológica entrega la niña a su hermana —tía de la niña— cuando la menor tiene dos años y ella está embarazada. Tania es maltratada física y psicológicamente por su tía que a su vez tiene cuatro hijos. Esto produce moratones y cicatrices en su cuerpo. Una vecina denuncia la situación e intervienen las autoridades locales. Reside en un orfanato dos años sin que nadie de su familia vaya a verla. Tania recuerda haber pasado mucha hambre, vagar por la calle con niños y aparece de forma reiterada el recuerdo de haber comido gusanos y, más aún, un accidente provocado en que se le quemó una parte de la zona del estómago/barriga. Cuando lo explica en sesión lo hace levantándose el jersey para enseñar la gran cicatriz, recuerdo en lo real de su cuerpo de haber sido agredida, no solo como señal de una quemadura, sino de un trauma. Según consta en el informe realizado por el psicólogo de una entidad de beneficencia del país de origen, la tía calentó una lija de piedra y la hizo sentar encima porque la niña miccionaba frecuentemente. Estuvo residiendo en un hogar transitorio durante unos dos años hasta que fue adoptada.

Los resultados de la exploración cognoscitiva que le practicaron indicaban un perfil por debajo de la media, subrayando baja tolerancia a la frustración, carencia afectiva y ansiedad.

A nivel médico cuando entra en la institución a la edad de dos años se diagnostica parasitosis intestinal, anemia, desnutrición crónica, retardo del crecimiento, descartando lesión cerebral. Tiene enuresis nocturna esporádica.

Está evaluada por ICASS con un grado de discapacidad del 65%, con discapacidad psíquica-sensorial en 2009 y obtiene un perfil por debajo de la media en todas las áreas cognitivas, según informe psicopedagógico de su escuela, donde asiste en aula reducida.

En las fotos que me muestra la madre, en la época de la adopción, aparece una Tania con mirada triste, perdida y asustada, incluso en las que aparece con su madre adoptiva y su hermana antes de volar a España. La madre también nos enseña fotos de la casa barraca donde vivía la niña, así como de la tía maltratadora.

Síntomas

Empiezo a visitarla en 2012 con una frecuencia de una sesión semanal. Paralelamente, la niña acude a una especie de reeducación con una logopeda que le trabaja la expresión verbal a instancias del colegio donde acude.

En las entrevistas con la madre y en las sesiones con Tania, aparecen alusiones a conflictos frecuentes entre ella y su hermana mayor, crisis depresivas caracterizadas por llanto, ausencias, mutismo, frases del estilo: «no sé por qué vivo», «me quiero morir», así como actitudes muy infantiles mezcladas con despuntes típicos de la preadolescencia: reivindicación, rebeldía así como sexualidad desbocada.

Expresa un mecanismo de escisión en el que aparecen dos Tanias, la que ha sido adoptada que se siente catalana y perteneciente a un gran clan familiar (siempre repite la cantidad de tíos, tías y primos que tiene) y otra, la inmersa en la extrema pobreza, vapuleada por las circunstancias vitales adversas, abandonada a su suerte y anclada a su país de origen, al cual, de forma paradójica, mitifica como paraíso perdido, no como infierno perdido si se ajustara a la realidad que ha vivido.

Con frecuencia confunde fantasía y realidad, está muy pendiente de las celebraciones, santos, cumpleaños y regalos que pueden hacerle. Fantasea con tener estudios de mayor que le permitan dedicarse a profesiones que la hagan feliz y rica. Oscila entre estos pensamientos y el temor a hundirse en un bloqueo emocional, en el que se siente inferior a todo el mundo y reacciona de forma desproporcionada frente a pequeñas frustraciones.

Mezcla una gran competencia con su hermana y, a la vez, se mimetiza, copiando actitudes, palabras y, por ejemplo, dibujando personajes femeninos estereotipados tipo manga, afición que ha imitado de Lucía.

Tiene una amiga que la martiriza, la domina y de la que está muy dependiente, no permitiéndole que se abra a otras relaciones en un circuito excluyente. Esta amiga parece presentar un perfil femenino de maltratadora, al cual ella se adapta por miedo a perder su supuesto afecto.

Aparecen pasajes al acto en relación con su actividad sexual, información que me transmite su madre, tales como utilizar en diversas ocasiones al perrito que tienen en casa como objeto masturbatorio y el visionado de películas de animación japonesas pornográficas por Internet de forma clandestina.

La alusión frecuente a su cicatriz, instalada en lo real de su cuerpo, da paso paulatinamente, en un despliegue asociativo, a diversas cicatrices de orden afectivo. Las secuelas postraumáticas del abandono y del maltrato devienen cicatrices emocionales que son las preocupantes.

Dice J. Barudy: «Para entender como los mecanismos de defensa pueden convertirse en benéficos o maléficos, hay que asociar las dos lanas con que se teje la resiliencia: la construcción de la personalidad antes del trauma y la disposición del herido/a, de guías o tutores tras el trauma».

Dirección de la cura

A través del trabajo de las sesiones, y frente al despliegue de las dos Tanias anteriormente mencionadas, la dirección de la cura establece los siguientes objetivos:

- Integrar las dos Tanias en una sola. Tratar de relanzar a través de la palabra preguntas bloqueadas respecto a su identidad femenina.
- Ajustar su percepción distorsionada diferenciando fantasía y realidad.
- Aumentar su valoración personal incorporando fragmentos traumáticos de su historia vital en un proceso elaborativo respetando su ritmo y tiempo internos.
- Trabajo en sesión mediante la palabra y utilizando en ocasiones técnicas proyectivas, dibujo, música, escritura.

La madre, a la cual se cita periódicamente, colabora en un principio pero plantea interrumpir temporalmente el tratamiento al cabo de medio año debido a que sus horarios de trabajo han cambiado, lo cual le impide seguirla acompañando. Aduce que viven fuera de Barcelona, y me pregunta, o más bien afirma —reconociendo que hay aspectos que han mejorado en la personalidad de su hija— si hago psicoanálisis, y si puede ser efectivo en la problemática de Tania.

Se logra resolver el escollo de la interrupción mediante un acuerdo en la frecuencia de las sesiones y la delegación esporádica en un familiar para acompañar a Tania a mi consulta.

Como parte del tratamiento de Tania, se acompaña a la madre en un proceso en el cual ella ha de acompañar a su vez a su hija en una adolescencia atípica en relación con una infancia no superada. Ello comporta, también, regular una sexualidad incontrolada con riesgo de pasajes al acto. Evidentemente este proceso requiere también un cuestionamiento de su propia adolescencia y vida sexual.

Pueden destacarse dos fases en el tratamiento. La primera, en que Tania despliega, por así decirlo, una serie de inquietudes tales como los problemas de relación con su hermana en el hogar, la emergencia de recuerdos traumáticos girando en torno a la carencia de comida y a la quemadura (cicatriz) desde una posición subjetiva muy regresiva alejada de su edad cronológica. La segunda fase en que se adentra, tantea un mundo de tipo preadolescente, alternando temas tales como hablar de cocina, de guisos de su país de origen, con escuchar música pop constantemente a través de su móvil y tararearla. Estas observaciones coinciden con actitudes que indican una cierta rebeldía en casa frente a su madre.

Conclusiones-Reflexiones

El Trastorno Límite de Personalidad (TLP), según indica el DSM-IV-TR es «un patrón de inestabilidad en las relaciones interpersonales, la autoimagen y los afectos, y de una notable impulsividad».

En cuanto a los criterios diagnósticos, se manifiesta al menos en dos áreas de las siguientes:

- Cognitiva
- Afectiva
- Actividad interpersonal
- Control de los impulsos

En todos los informes aportados por médicos y psicológicos de Tania se destaca la ausencia de lesión cerebral y se subraya la influencia en su desarrollo de una primera etapa infantil con vivencias traumáticas, del tipo de las anteriormente mencionadas.

A lo largo del tratamiento, y especialmente en una primera etapa del mismo, se constata una gran disarmonía entre la edad cronológica aproximada, el desarrollo cognitivo y la evolución psicoafectiva.

La entrada entre la prepubertad y la pubertad puede decirse que se efectúa en un plano masivamente físico, pero que su cuerpo desarrollado convive con la niña aterrorizada. Así, tratar de unificar las dos Tanias, la mestiza como ella misma se denomina en ocasiones y la catalana, incluye aproximar la niña abandonada-traumatizada con la adolescente que indica sus años. El camino es complejo, ya que el mecanismo de escisión la protege de una gran depresión o un resquebrajamiento interno.

En algunas sesiones el trabajo con ella me ha recordado, en ciertos aspectos, el trabajo con niños psicóticos que atendí hace unos años. Son tratamientos que requieren una implicación diferente, más intensa, más allá de favorecer a través de la escucha y la interpretación que emerja de la palabra.

Mi hipótesis de futuro en cuanto a la dirección del tratamiento, se basa en sustituir el empuje de la pulsión sexual desbocada —con riesgo de pasajes al acto— a la circulación de preguntas bloqueadas acerca de la femineidad, que relanzan la pena, la rabia y el dolor acerca de dos mujeres que ejercieron de figuras maternas en su primera infancia, mujeres que la abandonan y maltratan: su madre biológica y su tía materna.

¿Podrá Tania, a pesar de estas vivencias, acceder a un plano simbólico y construir de forma resiliente una identidad femenina que le permita sentirse relativamente cómoda con su existencia? Su madre adoptiva juega un gran papel en este reto, así como el progreso perseverante del trabajo en las sesiones de su psicoterapia.

Bibliografía

Benedeck, A. (1983), *Parentalidad*. Buenos Aires: Amorrortu Editores, 1993

Bolwlby, J. *Los vínculos afectivos: formación, desarrollo y pérdida*. Madrid: Morata, 2003

Cánovas, G. (2010), *El oficio de ser madre. La construcción de la maternidad*, Barcelona: Paidós

—. *La diversidad familiar, RE, monográfico Adopciones, 21, Patología de los sentimientos.* Barcelona: Fundación Maria Corral

—. «Madres solas». *Mujer y Salud*, n.º 26, Centro de Análisis y Programas Sanitarios, CAPS, Mayo 2009

—. «La maternidad como mandato», *Mujer y Salud*, n.º 9, CAPS

—. «Postadopción Reflexiones del trabajo con grupos de padres», *Rev Intercambios*, n.º 11, 2003

Cernuda, P. *Madres solas*, Madrid: La Esfera de los libros, 2006

DSM-IV, *Manual diagnóstico y estadístico de los trastornos mentales*, p. 765

Marre, D. Bestard, J. comp, Cánovas, G. *La adopción y el acogimiento: Presente y perspectivas. Reflexiones en torno a los procesos subjetivos en la adopción y nuevas formas de familia*, Barcelona: Universidad de Barcelona (Dpto. de Antropología Social y Cultural), 2004

Tubert, S. *La muerte y lo imaginario en la adolescencia.* Madrid: Saltés, 1982

El adolescente límite en un dispositivo institucional de justicia

Glòria Esteve Nadal

Los adolescentes que atendemos en el centro de justicia en el cual trabajo están cumpliendo una medida judicial de internamiento por haber cometido actos delictivos. La mayoría responden a una modalidad de adolescente transgresor y actuador, compartiendo rasgos muy parecidos y fácilmente generalizables desde un punto de vista conductual y relacional. Por lo general les cuesta tolerar la frustración, tienen reacciones impulsivas, una baja autoestima, falta de empatía y dificultad para el manejo de las emociones. Se evidencia una imposibilidad para soportar las sensaciones de malestar, que son expulsadas al exterior a modo de pasaje al acto o de manifestación de ira y agresividad.

Algunos adolescentes nos llegan en situación de crisis compensada, con diagnósticos como trastorno de personalidad en sus diferentes modalidades, especialmente narcisista, antisocial o límite. Unos pocos nos llegan con un diagnóstico de trastorno psicótico no especificado y la mayoría están considerados como trastornos de conducta, de control de impulsos, etc. (mayoritariamente referenciados en el DSM-IV).

No es fácil discriminar si la fenomenología clínica y las manifestaciones conductuales observadas responden a una estructura u organización psíquica acorde con la categoría diagnóstica con la que vienen o acorde con la que podríamos determinar desde la teoría y clínica psicoanalítica. Otros factores propios del contexto y del momento evolutivo complican su entendimiento.

¿Se trata de un *exceso* de lo que sería una crisis adolescente intensa con exteriorización ruidosa del conflicto? ¿Predominarán las dificultades de adaptación a la situación de internamiento y se trataría entonces de un mal encaje en la dinámica institucional? ¿Hasta qué punto el consumo de droga, muy habitual en estos casos, confunde al ofrecer una imagen engañosa y distorsionada de lo manifiesto?

Es cierto que el hecho de estar en un contexto de privación de libertad, separados de su entorno social y familiar, coartados en sus manifestaciones conductuales, exigidos a cumplir una normativa, obligados a convivir con otros adolescentes y con adultos que desconocen... pone en juego multitud de elementos que interaccionan entre sí. Por una parte añaden dificultad para entender el cuadro, pero, por otra, constituye una situación excepcional para entender y operar con estos adolescentes.

Será el conjunto de lo que se despliegue en la convivencia del adolescente en el centro durante el transcurso del *tiempo* de la medida lo que permitirá poner en evidencia las diferencias y particularidades de cada uno de ellos. El modo de responder a la intervención y su evolución nos acercará a conocer sus subjetividades, discernir el diagnóstico y redirigir el tratamiento.

Puesto que el centro no permite ni el consumo de droga ni la actuación transgresora ni la actividad libre, no es extraño que el malestar se halle despojado de sus expresiones habituales y aparezca en otro lugar. En este sentido, junto a otras manifestaciones conductuales, son muy frecuentes las somatizaciones y el insomnio. Será preciso ofrecer alternativas.

En el contexto de una institución la intervención es múltiple. Afecta a todo el equipo de profesionales con los que se generan multiplicidad de transferencias. Se interviene en las actividades y en la vida cotidiana, individualmente y en grupo, desde lo conductual y desde lo reflexivo, desde lo educativo y lo terapéutico. El trabajo interdisciplinar es fundamental para el abordaje de estos casos complicados.

El profesional *psi* además de dirigir una atención individual directa que utiliza el lenguaje como herramienta principal, se nutre de las observaciones e intervenciones realizadas por los educadores para complementar la comprensión del caso con lo que aparece en sesión, para luego revertir en el equipo aquello que considere oportuno para su tratamiento.

Nos centraremos ahora en aquellos casos que se aproximan más a los tipos de trastornos tratados en estas jornadas.

Sean considerados los casos límite como inclasificables o inubicables por no ser ni neuróticos, ni psicóticos, ni perversos o por tener rasgos de todos, «en tierra de nadie» según algunos autores, o como constitutivos de una categoría con entidad propia según otros, lo cierto es que nos presentan una modalidad de sufrimiento que afecta también a la hora de plantearnos desde dónde intervenimos. ¿Desde la justicia? ¿Desde un dispositivo de salud mental? Y ¿cuál? ¿Un centro de día? ¿Un centro terapéutico? A menudo transitan por diferentes servicios públicos y privados sin encontrar un lugar que pueda hacerse cargo de su atención y tratamiento.

La obligatoriedad de la medida judicial nos viene a favor en tanto *asegura* la permanencia del adolescente en el centro para poder intervenir.

¿Qué podemos decir de estos casos? Intentaremos definir el cuadro a partir de lo observado así como reflexionar sobre los límites y las posibilidades para su tratamiento en este contexto.

En primer lugar constatamos una incapacidad para sentirse tranquilos, una sensación de estar en una continua inestabilidad que adopta formas distintas y variables, una gran vulnerabilidad y labilidad emocional, que los lleva a huir por medio de la acción y la actuación —que en nuestros casos llega a ser delictiva—, y al consumo de tóxicos como estimulante en los momentos de vacío depresivo, o relajante cuando la tensión se hace incontenible. Casi todos los adolescentes con trastornos límite tratados en el centro son propensos a desarrollar una adicción.

Este malestar de fondo, cuando no consigue hallar una manera de mitigarse produce una caída hacia el vacío, lugar de la ausencia no solo de todo deseo y motivación, sino también de contenido. No hay palabras que puedan representar esta sensación, ni tampoco las hay para salir de este estado, evidenciando un déficit simbólico limitante.

Estamos de acuerdo con F. Colina cuando dice que en el trastorno límite hay un problema para gestionar el deseo y engarzarlo con alguien. En este caso el obstáculo adquiere tal carácter e intensidad que, dice, «solo encuentra ante sí tres soluciones: 1) fabricar un deseo artificial en el terreno del consumo de la droga, 2) abandonarse en la depresión [en nuestro caso sería un vacío depresivo oscilante], y 3) suplir el déficit de deseo por la liberación de la pulsión, que dé pie a conductas impulsivas, desenfrenadas y destructivas» (2013).

El sentimiento trágico de la vida, la sensación de desamparo y de fracaso están presentes bajo el telón de fondo de la angustia de separación.

«La *vivencia de desamparo* conlleva una *angustia de separación* tan intensa y difícil de simbolizar que se resuelve con la identificación narcisista con el objeto primario, estableciendo un vínculo fusional de aferramiento para no perderlo. Así se asegura ilusoriamente la conservación psíquica del objeto total incorporado y se neutraliza la angustia. No se puede simbolizar la ausencia. Si no hay pérdida no hay duelo posible. El objeto se posee siempre, eso le hace a uno muy *dependiente*, con temor al abandono (Korman, 2003).

La consecuencia de este mecanismo es la exacerbación del narcisismo, con vivencias de abandonar-ser abandonado, idealización del objeto-denigración del mismo. El objeto es construido dentro y no tiene una entidad propia externa reconocida, es por ello que observamos una falta de empatía en las relaciones y el supuesto derecho a manejar, controlar o atacar al objeto-otro «cuando se aleja de mí».

«La regulación edípica del narcisismo fallido es escasa pero no ausente. No solo se trata de un narcisismo exacerbado sino de la insuficiente reorganización retroactiva edípica» (Korman, 2013).

Miguel tiene 15 años, vive con la madre, la hermana y la abuela. La madre se casó embarazada a los 18 años, separándose al cabo de dos años por los malos tratos del marido hacia ella. Madre e hija fueron a vivir con la abuela. Luego tuvo otra relación de pareja, un extranjero que la deja embarazada y sin saber que lo está se va a su país de origen. Miguel no ha conocido a su padre, pero se parece un poco a él, en el tono del color de la piel. La madre sintió que había perdido un hombre pero tenía el bebé, que ocupaba el lugar más importante en su vida. Era muy guapo y cariñoso…fue His Majesty the Baby y ahí se quedó.

La infancia de Miguel transcurrió entre algodones y sin límites, puesto que, además, desde los 2 a los 6 años tuvo algunas crisis epileptiformes ante las cuales la familia creía que «era conveniente no contrariarle». Llegada la pubertad ya no podían ponerle freno: hacía lo que quería, le cogían arranques de ira haciendo destrozos de lo que encontraba por medio, exigía dinero con amenazas a la madre y la abuela, invadía la casa con sus amigos disponiendo de todo el espacio familiar, arrasaba la nevera, consumía cada vez más droga, etc. Hasta llegar a la agresión física hacia los miembros de la familia.

La madre se enfadaba mucho con él, amenazándolo con el abandono, o bien le daba mucha pena porque lo veía sufrir, puesto que después de una descarga violenta lloraba desconsoladamente y se abrazaba a ella. «En el fondo es bueno y muy cariñoso», dice la madre. Los intentos de llevarlo al CSMIJ fueron vanos, él huía cada vez que tenía programada una visita.

Ingresó en el circuito de la justicia por una denuncia de maltrato familiar. Posteriormente se le fueron sumando otras causas (robos con intimidación, perturbación del orden público…).

Nos llega con un diagnóstico —no escrito— de *síndrome del emperador* y trastorno narcisista de personalidad.

La denuncia le confronta con el miedo al abandono. Miguel dice querer mucho a su madre «es lo más importante de mi vida, sin ella no tiene sentido vivir». Cuando se da cuenta del daño que le ha causado se siente muy mal y quiere compensarla con atenciones y cariño. Pero sin solución de continuidad pasa a ignorarla o a volverla a amenazar, como si realmente fuera otra persona. Esta reacción escindida se va repitiendo en la relación con los demás durante su internamiento.

En el centro se muestra desenvuelto, se hace un lugar *abultado* en el grupo de iguales. Ocupa mucho espacio, invade el de los otros, en las sesiones grupales toma la palabra todo el rato, sin darse cuenta de que no deja espacio a los demás. Tiene reacciones imprevisibles muy impulsivas y agresivas, llegando a necesitar contención física para calmarse, cambios de humor, crea conflictos con la autoridad.

La demanda y la transferencia

En general, en este tipo de patologías no hay demanda comprometida de ayuda tal como la podemos entender desde el lugar de alguien que sufre y pide ayuda. Sí hay reconocimiento del sufrimiento, aunque la causa del mismo esté proyectada en el otro, en el afuera, y se tienda a expresar en el terreno de la conducta. La demanda suele aparecer en momentos reactivos a un estímulo externo muy incómodo que no pueden eludir (por ejemplo, ante una prohibición, una obligación o una espera) o a la presión de una inquietud interna a la que no se pueden sustraer y suele dirigirse de forma instrumental, esperando una solución inmediata.

Pero cuando se establece un *vínculo transferencial* entonces sí aparece una demanda intensa y masiva, que incluye el afecto, con mucha necesidad de hablar para ser comprendido totalmente, sin fisuras. Entonces se idealiza la relación y se espera del otro su complemento narcisista. La fisura rompe la magia y hace oscilar el péndulo hacia el lado de la persecución y el rechazo. Desde el apego excesivo considerando al otro como un aliado hasta el desapego total, de manera brusca y sin conexión entre ambas posiciones, así es su modalidad transferencial.

Miguel está hablando de sí mismo, desesperado para que yo entienda lo mucho que sufre sin poder salir de permiso para estar junto a su madre. Yo le escucho, le invito a hablar de ello, él siente que yo le comprendo y fantasea con que le voy a dar un permiso para salir. Pero cuando percibe que no va a ser así rompe el vínculo y su discurso se dirige hacia el *vosotros* («vosotros no me entendéis, no me dais nada»), su actitud se endurece como protección ante la sensación de abandono y pierde momentáneamente el contacto con la realidad mediante un despegue paranoide que interrumpe la comunicación.

La *percepción de la realidad* queda pues afectada. Se visualiza bajo la óptica del narcisismo, con oscilaciones, inconsistencias y distorsiones. Observamos construcciones peculiares con cambios bruscos, negaciones parciales así como fenómenos pseudoalucinatorios y delirantes.

En estos cuadros límite el empobrecimiento simbólico hace sus estragos en el campo del *aprendizaje.* Confrontarse con el no saber supone una herida en su narcisismo que resulta imposible de tolerar La mayoría de estos adolescentes han fracasado en su escolaridad. Aunque algunos consigan recuperar su deseo en avanzar, tienen muchas dificultades para tener un pensamiento claro y mantener una continuidad.

Cuando la relación de objeto es de tipo narcisista afecta el establecimiento de posteriores vínculos, los cuales contienen unos rasgos de omnipotencia, sin consideración de alteridad, caracterizados por el dominio y los celos. Muchas relaciones de pareja presentan estas características.

Sería el caso de otro adolescente, Gustavo, que no puede concebir quedarse sin compañía. Cuando sale de permiso se trae la novia a casa para no tener que dormir solo por la noche —y no está solo, vive con sus padres y hermana—, cuando está con ella tiene que estar tocándola continuamente, por la calle no la deja ni un instante, cuando no la necesita la deja tirada. No puede tolerar en absoluto la soledad, necesita estar permanentemente conectado, cual cordón umbilical con el cuerpo de la madre cuando era pequeño, con una chica después, con una conexión por cable, por ondas, el móvil, el MP3 o MP4... o el cuerpo a cuerpo. Y tiene que dominar el objeto, para asegurárselo.

En la *intervención dentro de la sesión* es muy importante que el terapeuta de manera serena y estable cree un espacio acogedor desvinculado de la acción juzgadora y sancionadora que el propio entorno incluye; adopte una posición contenedora de la multiplicidad de reacciones oscilantes como la proyección masiva, la idealización, el ataque, las expresiones de rabia y de ira, etc. Y mediante la creación de un clima de escucha se pueda ir conduciendo al campo simbólico de la palabra aquello que tiene lugar en el terreno imaginario y de la actuación.

Es preciso facilitar el establecimiento de un vínculo que les haga sentir que tienen un lugar, que importan a alguien, que no están abandonados. Hay que cuidar los señalamientos e interpretaciones puesto que pueden ser (mal) entendidos y vividos de forma persecutoria, tal y como hemos visto antes.

Conviene ir marcando las diferencias existentes con el objeto incorporado para poder tolerar espacios diferenciales sin sucumbir y posibilitar la reconstrucción del objeto fuera.

Es necesario volver sobre la propia historia para posibilitar la recuperación de vivencias que quedaron olvidadas, negadas o escondidas, para poder significar un pasado, dar sentido al presente y poder proyectar un futuro.

Es preciso reforzar las propias capacidades para abrir la posibilidad de un relanzamiento del deseo hacia objetivos externos.

Hay que contar con la tendencia a la impulsividad y la acción como elementos que siempre van a estar ahí, para conducirlos hacia fines más constructivos.

En el caso de Miguel el abordaje terapéutico y la continuidad de este fueron facilitados gracias al vínculo que estableció con los animales en las actividades de la granja que contribuyeron de forma decisiva a sostener su internamiento ya que la acción de cuidar y preocuparse por ellos cumplió una función estabilizadora y reparadora.

Bibliografía

Colina, F. (2011), *Melancolía y paranoia*. Madrid: Editorial Síntesis
Ferrer, C. (2013), «Patología fronteriza. Características y abordaje de estos pacientes», *Sessió clínica COPC,* 19/06/2013
Freud, S. (1914), *Introducción al narcisismo*, Obras Completas. Vol. II. Madrid: Biblioteca Nueva, 1973
Korman, V. (2005) «Cuadros con insuficiente resignificación edípica (CIRRE), primera parte». *Revista intercanvis,* núm. 15, pp. 9-22
—. (2006) «Cuadros con insuficiente resignificación edípica (CIRRE), segunda parte». *Revista Intercanvis,* núm. 16, pp. 33-50

El soñar, los sueños, los límites y el derrumbe en un largo tratamiento

Octavio García

Winnicott, considerado por A. Green (1972) el psicoanalista de lo fronterizo, dice en sus textos, escritos en los años 60:

> [...] el estudio psicoanalítico de la locura, sea cual fuere el significado de esta, se realiza principalmente sobre la base del análisis de los llamados «casos fronterizos». (1965)
> Con el término de *caso fronterizo* me refiero a aquél en el cual el núcleo de la perturbación del paciente es psicótico, pero éste posee una suficiente organización psiconeurótica, siempre capaz de presentar alteraciones psiconeuróticas o psicosomáticas cuando la ansiedad psicótica central amenaza con irrumpir en forma grosera. (1971)
> [...] la finalidad del paciente es llegar hasta la locura, o sea, enloquecer dentro del encuadre analítico, y eso es para él lo más próximo a recordar. (1965)
> A veces es un alivio que acontezca la tragedia y el paciente enloquezca, pues si se da cabida a una recuperación natural, habrá «recordado» hasta cierto punto la locura original [...] al derrumbarse el paciente perseguía un fin positivo [...] (1965)

F consultó motivado por un continuo estado de desánimo, irritabilidad, aislamiento y pobreza de relaciones, que pronto evidenciaron un estado depresivo lejano compañero en el tiempo. Había llegado a nuestro país unos años atrás. Heredero de un grave historial de violencia familiar, él se sentía sin embargo extraño y ajeno a esa violencia, en modo alguno portador de nada que se le pareciera. La figura de un padre alcohólico, que a diario en la noche generaba terrores de todo tipo con tremendos conflictos y peleas familiares, parecían explicar la índole de todos sus pesares, a pesar de su creencia en tener aquellos recuerdos, donde volaban objetos, se rompían muebles y había que esconder los cuchillos, como algo superado. Un proceso que se prolongó a lo largo de su infancia y parte de su adolescencia. Uno de los primeros sueños de su tratamiento decía más cosas.

«Me miro en el espejo y veo mi cuerpo, pero con la cara de mi madre.»

Su madre apareció al inicio como su protectora y cuidadora a pesar de las tensiones con ella, a la vez que inocente respecto a las broncas con el padre, algo pronto cuestionado y que un sueño apunta.

«Mi madre le compra una botella de alcohol a mi padre con el que está, pero ocurre aquí, y yo me extraño y le cuestiono por qué compra esto.»

Los sueños nos van abriendo temáticas para la indagación. En ellos irán emergiendo violentas peleas incluso físicas con su madre.

F es homosexual. La llamada del hombre era poderosa pero profundamente intimidatoria. La complejidad y gravedad de su padecimiento se hizo pronto clara, aunque había podido cursar estudios de elevado nivel movido desde una natural creatividad artística infantil, desarrollando una prolongada y estable ocupación profesional hasta decidir dejar su país, así como mantener una importante relación sentimental. La emigración complicó las cosas, tanto en lo sentimental como en lo profesional, su estabilidad emocional venía haciendo aguas a pesar de sus esfuerzos y de aspectos de notable capacidad.

Cuando se relajaba tenía intensas sensaciones de caer en un pozo y perder el control de sí mismo. Los sueños se fueron haciendo muy angustiantes y extrañamente inesperadas sus experiencias en los mismos. A los pocos años de tratamiento, experimentó una forma de sueño inusual para él, a raíz de la noticia de que su padre, al que no había visto en largos años se encontraba muy grave, a lo que se añadió un tema de salud propio potencialmente preocupante unido a una fuerte dolencia muscular que le tuvo varios días postrado y con medicamentos. Estando estirado se levanta y se mueve por la habitación, su cuerpo está ahí, estirado, dormido, lo puede ver, pero él está despierto y se siente muy ligero, puede atravesar las paredes y las puertas, todo muy hermoso y diferente, tranquilo, con una luz dorada. Después vuelve a su cuerpo y al recostarse sobre sí mismo todo se vuelve oscuro y denso, con la luz de siempre, el cuerpo rígido y pesado, sin poder moverse durante un rato. Asevera que no era un sueño, era algo diferente. En realidad era una modalidad de sueño lúcido tradicionalmente denominado «viaje astral» por el esoterismo, la parapsicología y a veces en los estudios sobre la lucidez onírica. Sorprendentemente sus intensos síntomas físicos desaparecen, si bien se hacen más poderosos y rechazados sus sentimientos de presencia y proximidad de su madre a su cuerpo, que en otros momentos adquirirá cierto dramatismo al mirarse las manos y ver las de su madre. Si bien el sueño lúcido es una facultad humana, a veces ocurre en situaciones de intensa ansiedad persecutoria. Él mismo señala la sensación de huida que se desprende de su experiencia, algo que sucede en el mes de agosto.

Posteriormente algunos sueños le asustan, le paralizan, como si tuvieran continuación en la realidad, está un poco ido, distraído, en un estado extraño cuando pasea o conduce. Se relaja para estar más tranquilo y resulta que van surgiendo sensaciones, sueños y estados que evidencian un mayor malestar. En algunos momentos no discrimina entre sueño y realidad en forma muy marcada, sueña creyendo que está despierto viendo su entorno acostumbrado, lo cual le confunde y desconcierta por la certeza e intensidad de la percepción. Además han ido apareciendo escenas de progresiva crudeza, violencia o angustia que le afectan mucho al despertar y pueden mantenerlo largo rato sin poder levantarse o dudando de que se trate de sueños. Numerosas pesadillas siembran sus noches haciendo difícil el descanso, algo que se prolongará a lo largo de muchos años. Todo esto es característico de personalidades con una excesiva fragilidad, permeabilidad e imprecisión en los límites, como veíamos entre el dormir, el sueño y la vigilia, como veremos respecto a la identidad sexual en algunos sueños o entre el yo y la realidad en algunos fenómenos de despersonalización o alucinación. En otros sueños escucha golpes, creía que estaba en su casa despierto, pero despertó y los fuertes golpes eran dentro de su cabeza. También surgen sueños de abuso sexual violento.

«Una mano grande me presiona la cabeza y me están penetrando por detrás con algo muy grande, no sé si un pene o un objeto grande, alguien viejo, calvo y monstruoso todo ello de forma humillante, violenta y agresiva.»

Dirá que esto es como una especie de psicosis, nada desencaminado. Con el tiempo irán apareciendo también sueños con su madre en que llora y la llama o la busca o le pide, y frecuentemente ella no aparece, no le hace caso o simplemente se va. Los sueños de salir del cuerpo ocurren ocasionalmente, especialmente observamos que cuando se encuentra más hundido y desanimado, como si fuera su deseo huir de la vida y volar. A veces dice «no quiero vivir en este cuerpo». Después de su relato en sesión se siente mareado, descentrado, sin poder enlazar las ideas. En otros el padre golpeaba a la madre, aparecían hombres castrados, personas que desconocían si eran hombre o mujer él incluido, agresivas peleas, violaciones, muertes y persecuciones inagotables.

«En un piso antiguo de mi país se había cometido una masacre, un hombre había matado con una pistola a una familia completa compuesta por varios niños, la madre y el padre, incluso veo como el asesino le puso la pistola en la boca a un niño y le disparó. El piso estaba todo desordenado, sucio y casi en ruinas».

Progresivamente se irán dando más y más relaciones sexuales violentas en la realidad, desplegando un componente agresivo desconocido para él, del que nunca pensó podría ser portador. Una agresividad, más o menos manifiesta, que sabemos suele ser uno de los distintivos de la patología límite (Green, 1972). Se daba una elevada promiscuidad, caracterizada por la brusquedad, intensidad y la posterior desolación. A veces fuera de la consulta, pero también dentro de ella, activado por algunas de mis intervenciones, él podía experimentar un efecto de mareo, distorsión de la realidad, destellos de luz, alteración del tamaño corporal o verse incapaz de hilar las ideas, lo cual me exigía un tacto y prudencia extremos que no siempre era capaz de regular acertadamente, efecto todo ello de la reintroyección que «en los niveles psicóticos es el equivalente de la angustia señal del nivel neurótico», menciona C. Paz (2009) citando a J. Bleger (1967). Diversos autores advierten del riesgo de las interpretaciones transferenciales capaces de generar mucha ansiedad. La inestabilidad era poderosa, ya que en su vida cotidiana se daban períodos en que todo podía estropearse, no ser oído o visto, el teléfono, el ordenador, las máquinas o contemplar a la gente de forma grotesca y distorsionada. En alguna ocasión estando conmigo estaba al mismo tiempo en otra escena, y no conseguía articular las palabras ante el impacto de la duplicidad de situaciones. Vemos la fragilidad de sus fronteras y la siempre amenazante posibilidad de la desorganización o el derrumbe psíquico, la dinámica de su locura privada, oscilando siempre en los límites. Pero nunca fallaba a las sesiones y el vínculo de nuestro trabajo sostenía sus esperanzas de mejoría y estabilidad personal.

No nos resulta nada difícil ir observando como el sueño revela la magnitud del terror familiar, las angustias infantiles y la intensa hostilidad, siendo primariamente más un intento de resolución del trauma (Á. Garma, 1990) que una realización de deseos (Freud, 1900) que siguiendo la perspectiva de Ferenczi sobre la función traumatolítica del sueño entendida como disolución del trauma, venía a ampliar la función freudiana de la satisfacción del deseo. En nuestro caso difícil dar cuenta del deseo cuando lo que estaba en juego era en forma importante la propia identidad, los sueños destilaban trauma, quizás como fotogramas de los desesperados intentos en las profundidades por armar una organización psíquica alejada del colapso. Dice A. Green (1972):

el análisis de sueños es, por regla general, infecundo en el tratamiento del fronterizo [...] no expresan un cumplimiento de deseo sino que sirven a una función de evacuación [...] el propósito del sueño no consiste en reelaborar retoños pulsionales, sino en descargar el aparato psíquico de estímulos penosos [...] Los sueños de los fronterizos no se caracterizan por la condensación sino por la concretización. [...] Se pueden observar también fracasos oníricos en estos pacientes: despertarse para no soñar o encontrarse rodeados por una atmósfera extraña, inquietante, que constituye un estado onírico transicional semejante a una pesadilla.

En este sentido manifiestan de forma directa, violenta y cruda ansiedades de una magnitud que el paciente no puede asumir y que necesita descargar intentando librarse de ellas. Sin embargo, no por ello tenemos que desestimarlos, de partida hemos visto cómo nos abrían territorios para la investigación. De hecho fueron una brújula en el camino intensamente usada en nuestro trabajo. Indudablemente F soñaba durante largos períodos para mi escucha y para poder evacuar en mí sus ansiedades, pero también en contraposición a A. Green, C. Paz se refiere a «la trascendencia de los sueños en estos análisis como inapreciable información acerca de la fantasmática inconsciente, también de los avatares transferenciales y sobre todo de los distintos momentos del proceso analítico con ellos».

En esta línea, de gran valor me resultaron las series de sueños para ir observando y evaluando el progreso, marcaron hitos importantes y evidenciaron aspectos de la situación intrapsíquica y de sus cambios. Comparto esencialmente este punto de vista, si bien la postura de Green, también formulada por otros autores, enfatizaba poner más atención en la función que en el contenido al menos primariamente, dando cuenta de la dificultad o incluso imposibilidad en muchos casos de tratar tales sueños en la forma tradicional. Sin embargo, la valoración hace ya décadas del contenido manifiesto hace que no sea considerado como un simple disfraz del contenido latente, sino un amplio y profundo contenido comunicativo en sí, dando «una nueva profundidad a la superficie» como decía E. Erikson (1954) del psicoanálisis, y considerando como afirma C. Paz, al menos en ocasiones, esta evacuación anda a la búsqueda de un continente, haciéndose eco de la clasificación de L. Grindberg que dividía los sueños en evacuativos, evacuativos en busca de un continente o mixtos y elaborativos.

Actuando como un contenedor no amedrentado por aquello que él necesitaba expulsar de sí, en relación con los sueños la función continente resultó relevante, además de los esfuerzos interpretativos posibles, pero también tratando de sortear las dificultades, ya avanzado el tratamiento, exploré con él formas o medios alternativos de trabajo con sueños cuando detectaba oportunidad. Cuando los momentos de estabilidad lo hacían posible, trabajamos con sus sueños de forma vivencial, moviéndose en ellos con los ojos cerrados exponiéndose a afectos diversos, posicionándolo en personajes o partes del sueño sintiendo y pensando desde ellos, dramatizando en la fantasía algunas situaciones de dificultad o miedo, interaccionando con agujeros en el asfalto, encarnando personajes extraños o dialogando con él mismo desde otros personajes. En este sentido tomé los sueños como una oportunidad para la integración de aspectos disociados de forma más experiencial, haciendo posible encarar situaciones afectivas de poderosa intensidad de un modo que podían ser digeridas y asimiladas en forma digamos progresiva, explorando su locura sin verse solo invadido o sometido por ella.

Avanzado el tratamiento aparecen sueños de verse como mujer, mitad hombre y mujer, dudas en los servicios, incluso verse embarazado, mostrando la fragilidad de sus límites en el terreno de la identidad.

> Una mujer sale del baño al que voy a entrar. Le pregunto qué hace en el de hombres, pero me dice que es el de las mujeres, que el de los hombres está en la primera planta. Yo miro el dibujo indicativo y veo que el de mujeres está mal hecho, tratando de tapar el dibujo que indicaba que el baño era de hombres.

Pero progresivamente también había empezado a pedir ayuda de forma más notable, traer algunos sueños en que yo aparecía o aparecía su padre en su forma real con él o con sus hermanos, algo inédito en la consulta. A lo largo de estos años transitando por su locura privada, F ha ido encontrando y dándose, en paralelo con sus pesadillas nocturnas y diurnas, un respeto, un trato y un cuidado personal que evidencian el cambio fraguado en su ser y estar en el mundo.

A los nueve años de tratamiento, cuando había mejorado mucho su estado y a pesar de la precariedad laboral que no encontraba salida había ido encontrando calma, claridad y templanza en sí mismo, ocurrió un episodio trascendental. Consigue un trabajo que le despierta profundas ansiedades. Se esfuerza en preservarlo pero en unos días se produce un verdadero derrumbe psíquico, cuando yo ya me encuentro de vacaciones. Mis circunstancias me permitieron tener contacto telefónico con mucha frecuencia y verlo en varias ocasiones. Acontece una vivencia extrema de angustia, desesperación y desamparo que lo mantienen en un estado de miedo, fragilidad y amenaza continua. En ese momento vivía solo, así que organizamos el traslado a la vivienda de un amigo, facilidad de comunicación conmigo, así como la asistencia farmacológica psiquiátrica. La estructura de *holding* permite sostener muy en el límite la situación. En septiembre se deshace en lágrimas, inseguridades y tristezas, con una poderosa vivencia regresiva que lo ha catapultado a una situación infantil de miedo y zozobra frente a todo, incluido venir a consulta. Sueña:

> Estoy en el salón de mi casa de origen, con mis hermanos. De pronto el techo y las paredes se empiezan a venir abajo. Les digo a todos que salgamos corriendo, cojan lo preciso y salgamos, incluso que salgamos ya sin nada, y tengo como una visión de que esto mismo está ocurriendo en todas las casas de alrededor.

Se ha despertado aterrorizado, no podía levantarse ni hacer nada, y sentía mucha necesidad de que sus padres se ocuparan de él. Cuando los padres se peleaban tenían que salir corriendo de casa y refugiarse bajo un árbol, a veces hasta altas horas de la madrugada, hasta que su padre se calmara y se durmiera después de destrozarlo todo. Nadie de las casas vecinas les acogía. Añade que desde siempre ha tenido temor que al llegar a casa se hubieran caído las paredes y el techo, en realidad una permanente amenaza de derrumbe psíquico desde lo inconsciente.

El proceso se hará arduo y laborioso, con una amenaza continua de mayor desorganización psíquica, además del miedo a alguna actuación, si bien predomina la vivencia depresiva, la fragilidad y la dependencia. En un momento en el servicio de psiquiatría le aconsejan inesperadamente que deje el tratamiento conmigo y realice un tratamiento conductual, todo un despropósito. Entra en pánico y me dice que tiene terror a enloquecer, con mucho miedo y desconfianza incluso hacia mí, temiendo que yo no sepa por dónde nos encaminamos. Llora mucho, se encoge, me mira de forma evitativa, aterrado y temo una crisis psicótica, en un arduo período que me tiene en vilo. Un contacto presencial y telefónico diario además de hablar con el servicio de psiquiatría conjuran el peligro. Poco a poco se van calmando las cosas, con momentos muy difíciles, pero irá recuperando la confianza en nuestro proceso y a lo largo de los meses la estabilidad.

Un sueño en que destrozaba furiosamente unas sillas frente a la sorpresa de su madre que negaba esta agresividad en casa le resulta inesperado. Asombrado, me dice ingenuamente que él nunca se había enfadado ni puesto así y no lo entiende, con sincera y frágil inocencia infantil afirma que siempre había sido bueno y se esforzaba por no pelearse como siempre hacían los demás. Un intenso trabajo permitirá que aparezca un sueño que nos informa del proceso de reconstrucción: empleados de su trabajo en su ciudad natal están levantándole a su madre una casa, y también otras casas en los alrededores. Su madre está muy pesada, muy inquieta, quiere que todo le quede bien. Él le dice que no se preocupe, que él ya se ocupa y lo pulirá todo.

En esta línea un tema repetitivo ha ido emergiendo en los sueños. Viaja en los autobuses de su ciudad natal. Al inicio de estos sueños, en los alrededores del surgimiento de la crisis unos meses atrás, se subía y no tenía con qué pagar, no sabía cuánto valían o iban por lugares desconocidos, de noche, sin llegar a destino.

> En mi ciudad natal tomo el bus n.º 8, pero resulta que va por otro sitio, no conozco nada, todo está totalmente diferente. Decido bajarme pero me encuentro perdido.

Poco a poco se ha ido produciendo un cambio de fondo que nos van confirmando los sueños. El trabajo de este tiempo ha permitido ahondar profundamente en la vivencia regresiva y promover una firme recuperación. Largos meses después de la crisis sueña lo siguiente:

> Tengo que volver a casa, es de día, veo la parada del bus n.º 8,

aunque dudo de si será el que me lleve. Subo y tengo una bolsa de monedas y pago lo que corresponde y el bus me lleva directo, sin dificultades, hasta la parada más próxima a mi casa.

Este proceso presenta un momento muy significativo. Le propongo la posibilidad de representar de forma artística algunas de sus sensaciones y sentimientos, por mi parte quizás un gesto intuitivo gestado en nuestra intensa comunicación emocional. Enseguida hace una prueba, pero la desestima con rechazo como había hecho durante tres décadas sin ninguna producción y me pide que yo se la guarde. Pronto inesperadamente empieza a explorar una forma de creación artística que realiza como juego y sin pretensión de mayor alcance. El placer y el resultado son tan estimulantes, que nos conduce por el camino de ir dándole posibilidades reales como actividad profesional. Durante tiempo se hará muy difícil, con muchas dificultades en cuanto a su propia valía, amén de la realidad actual que hace tan difícil vivir del arte. Tres años después y a pesar de muchas dificultades y el momento social tan imposible en el que nos encontramos, empieza a despuntar el ganarse la vida. No solo está dedicándose a aquello para lo que estudió, sino aquello que era una pasión que surgía en él de forma espontánea de niño. Su recuperación, un logro del largo proceso y de la experiencia del derrumbe y su elaboración exitosa. Este último período tan poderoso del proceso de F ejemplifica las concepciones de Winnicott (1965) cuando sostiene que «el paciente sólo se curará si alcanza el estado de derrumbe original». Por supuesto, siempre que el derrumbe pueda ser gestionado mediante la suficiente comprensión y contención, en nuestro caso culminando una larga trayectoria de trabajo.

El tratamiento de los casos fronterizos no puede estar nunca exento de sufrimiento, tanto del paciente como del terapeuta.

D. Winnicott (1967)

Bibliografía

Bleger, J. *Simbiosis y ambiguedad.* Buenos Aires: Paidós, 1967

Erikson, E. (1954). *Los sueños de Sigmund Freud interpretados.* Buenos Aires: Hormé. 1973

Freud, S. (1900). *La interpretación de los sueños.* Obras Completas (O.C.) Tomo II. Madrid: Biblioteca Nueva, 1983

Garma, Á. *Tratado mayor del psicoanálisis de los sueños.* Madrid: Tecnipublicaciones, 1990.

Green, A. (1972) *De locuras privadas.* Buenos Aires: Amorrortu. 1994.

Paz, C. (2009) «Lugar e importancia de los sueños en los pacientes borderline. Acerca de nuestras posibilidades interpretativas en estos análisis». *Revista de Psicoanálisis de la Asociación Psicoanalítica de Madrid.* 2009. nº 57

Winnicott, D. (1965) «La Psicología de la locura». En Winnicott, D. *Exploraciones psicoanalíticas I.* Buenos Aires: Paidós, 1991

—. (1967) «El concepto de regresión clínica comparado con el de organización defensiva». En Winnicott, D. *Exploraciones psicoanalítica I.* Buenos Aires: Paidós, 1991

—. (1971). *Realidad y juego.* Barcelona: Gedisa, 1995

¿HACIA UNA NUEVA CLÍNICA PSICOANALÍTICA?

Una mente devastada

Aurora Angulo Carrasco

La psicoterapia como proceso de reconstrucción. Expondré el caso de un paciente al que he estado tratando durante 10 años. Proceso colmado de vicisitudes, primero, debido a la fuerte coraza que impedía el acceso a la verdadera situación psíquica del paciente y luego el tener que hacer frente a la desolación de un mundo interno desprovisto de todo tipo de organización debido al predominio de la fantasía sobre la realidad y a un *self* carente de límites, siendo motivo de una gran confusión entre el adentro y el afuera.

La idea es compartir mis reflexiones haciendo referencia a los diferentes autores que me ayudaron a profundizar en este tipo de patologías, tanto desde una perspectiva metapsicológica como técnica, debido a que casos de esta naturaleza y gravedad, en los que una aparente normalidad esconde un mundo terrorífico, de locura y desesperación, convierten el abordaje terapéutico en una tarea especialmente compleja en la que hace falta una constante adecuación a necesidades muy primitivas y a una total falta de recursos psíquicos.

Caso Prometeo

La primera entrevista con Prometeo me causó un especial impacto. Tanto por su indumentaria como por su manera de presentarse. Venía vestido con una chaqueta que parecía quedarle grande, con gafas oscuras y tapones en los oídos que se quitó una vez sentado. También se sacó la chaqueta y la dejó caer al lado de la silla donde lo había invitado a sentarse. Me provocó asombro porque al lado tenía otra silla donde hubiera podido dejarla, no obstante, simplemente la soltó en el suelo. Lacónicamente me dijo su nombre y me hizo constar que venía de parte del Dr. A. Que se había estado analizando con él y que como este doctor no lo podía seguir atendiendo, le había dado mi referencia y que quería empezar cuanto antes. Le propuse tener primero unas entrevistas para conocernos un poco y luego decidiríamos. Me contestó que él ya había venido decidido, pero que si yo lo quería hacer así no había problema. Todo esto dicho en un tono monótono, desprovisto de emoción. Igualmente, llamaba la atención su actitud corporal, se le notaba tenso, excesivamente rígido en sus movimientos.

Sobre su historia

Había nacido en un país sudamericano pero sus abuelos eran de procedencia europea. Cuando tenía aproximadamente 10 años toda la familia volvió a Europa, aunque antes habían venido de visita porque su madre, desde hacía mucho tiempo, viajaba constantemente y permanecía varios meses, dejándolo a él y su hermana que era cuatro años mayor, a cargo de su padre y del servicio doméstico.

Se recuerda como un niño que siempre estaba llorando, ya más grandecito destacaba en la escuela por sus buenas notas aunque con comportamientos y observaciones peculiares, que atribuían a que debía ser superdotado, tanto él como su hermana.

Cuando vino a Europa (no a España) también destacó en el colegio hasta que empezó con estudios superiores, fue muy difícil dejar de ser el «sabio» de la clase. Consiguió terminar aunque con muchas dificultades, no obstante, se sentía como un enviado de los dioses, él podía con todo. Pero poco a poco se sentía que iba perdiendo facultades, no entendía por qué las cosas no le salían bien. Es en esa época que le aconsejan tratamiento, empezó un análisis en el país europeo en el que se encontraba y a consecuencia de ello, se dedicó a leer psicoanálisis. Consiguió saber mucho de Freud, y la idea que permaneció sobre esta experiencia era que se había tratado de una especie de ejercicio intelectual de gran altura. Pero cada vez se sentía peor, pensó que marcharse del país le iría bien, así que postuló a una beca para venir a hacer un postgrado en España y la consiguió. Ya estando aquí es cuando tiene una descompensación (ataques de ansiedad y delirios paranoides), lo llevaron a urgencias donde fue atendido a nivel psiquiátrico, lo medican y se decide a buscar ayuda psicológica. Empieza psicoterapia con el Dr. A, quien después de unos 3 años de tratamiento, por razones de salud no lo puede seguir atendiendo y procede a su derivación.

Resumen del tratamiento

Cuando llegó a mi consulta tenía 29 años. Inicialmente se muestra desconfiado, me hace correcciones referentes a que lo que yo le estaba diciendo no encajaba con la teoría freudiana. Hacía referencia al edipo y que ese era su problema, aunque le habían dicho que su edipo era invertido y parecía que estos casos eran más difíciles de solucionar.

En lo referente al encuadre, me vi obligada a atenderle acostado en el diván porque según me explicó, él siempre se había psicoanalizado y no estaba dispuesto a otro tipo de terapia.

Nos pasamos mucho tiempo en esa extraña situación en la que él venía como un robot, se tumbaba en el diván y soltaba su monótono discurso, lleno de tópicos psicoanalíticos, a veces interrumpido por temblores y lloros, dando la impresión de ser explosiones emocionales desprovistas de significado.

Fueron pasando los días, los meses y los años. Poco a poco su coraza intelectual fue cediendo poniéndose en evidencia su devastada mente.

Pasó de las letanías y los tópicos psicoanalíticos a una forma de comunicación en la que predominaba la incoherencia, consecuencia de su percepción del mundo dominada por la fantasía. Sin conciencia del adentro y del afuera y menos aún de los límites de su *self*. Él entrando en otros u otros entrando en él, era la manera como concebía las relaciones. Se protegía manteniéndose a distancia, metido en su fortaleza, decirle algo parecía que le molestara, era como pretender invadirlo.

Me enteré entonces del porqué de los tapones en los oídos y de los motivos por los que soltaba la chaqueta en el suelo. Se ve que cuando iba por la calle, los ruidos se le convertían en amenazantes, no los soportaba, le daban pánico y había encontrado la solución poniéndose tapones. Lo de la chaqueta en el suelo era porque tenía la idea de que así no invadía mis pertenencias, y su exigencia inamovible de tumbarse en el diván era para evitar meterse dentro de mí a través de su mirada.

Paralelamente, llevaba una vida aparentemente adaptada a la realidad, había terminado el postgrado y había conseguido un trabajo. No obstante, digo «aparentemente» porque mantenía el trabajo gracias al esfuerzo terapéutico que hacíamos entre los dos, ya que cada tarea se contaminaba de fantasías y lo pasaba realmente mal, a pesar de que había conseguido aferrarse a ciertos rituales que lo ayudaban a mantener las apariencias.

Como es de imaginar, un caso así, plantea constantes reflexiones tanto a nivel metapsicológico, como sobre la técnica, de qué manera ayudarlo a salir de ese mundo anclado en la fantasía y cómo favorecer el que se puedan ir construyendo pilares sostenedores de su mundo interno.

Reflexiones desde un punto de vista metapsicológico

Lo que es evidente es que Prometeo vivía dominado por la fantasía, esta se había instalado precozmente en su funcionamiento psíquico de una manera defensiva, obstruyendo su natural desarrollo.

Prometeo había sufrido las ausencias de su madre a partir de los tres meses de nacido, con el agravante de que así como con su hermana se había mantenido la misma persona como cuidadora, en su caso las personas habían ido cambiando.

A partir de la reflexión sobre traumas tan precoces consideré necesario acercarme a las teorías psicoanalíticas que inciden en los orígenes del desarrollo. Profundizar en etapas primitivas anteriores a la formación de símbolos y a la posibilidad del lenguaje.

Pensé además que se trataba de un caso que requería una visión multidisciplinar. Desde esta perspectiva me pareció que debía prestar atención no solo a las teorías más clásicas sino también a las múltiples investigaciones realizadas desde la teoría del apego, así como a los aportes del psicoanálisis relacional contemporáneo y a los descubrimientos actuales de las neurociencias.

No obstante, teniendo en cuenta las limitaciones de tiempo, me limitaré a mencionar autores muy específicos, cuyas aportaciones han sido especialmente relevantes en mis reflexiones sobre este caso. Concretamente haré referencia a Bowlby, Winnicott, Bion, Meltzer, Coderch y Fonagy.

Si lo pensamos desde los planteamientos de la teoría del apego, es evidente que en este caso no pudo generarse un «apego seguro» (Bowlby, 1951). Es importante recordar que la contribución crucial de Bowlby fue su inalterable opinión de la necesidad del niño de un apego temprano e ininterrumpido (seguro), a la madre, o al cuidador sustituto. Pensaba que el niño que no posee este apego podía presentar signos de deprivación parcial, promoviendo una necesidad excesiva de ser amado o, por el contrario, de venganza, intensa culpabilidad y depresión o, también signos de deprivación completa, con sus resultados de apatía, indiferencia, retardo en el desarrollo y, más tarde, signos patológicos de diferente índole.

Según Winnicott (1965), en la infancia es habitual cierto grado de psicosis que el vínculo con una madre «suficientemente buena» compensa, cuando esto no es posible, el niño pequeño tratará de organizarse por sí mismo siguiendo una línea defensiva que se hace evidente en las enfermedades psicóticas. También, hace referencia a todas aquellas tareas que solamente pueden ser cumplidas por la madre para que el niño pueda tener un desarrollo emocional adecuado posibilitando la gestación del «*self* verdadero» y la configuración de lo que este autor denomina el «objeto subjetivo».

En el otro extremo encontramos lo que Winnicott (1965) denomina el «falso *self*», consecuencia de un vínculo materno-filial patológico. Dicha desarticulación vincular da lugar a una precoz y defectuosa adaptación del niño al medio ambiente. Del cual siente que se tiene que defender provocando así un desarrollo precoz del *self*, origen de variadas patologías.

No obstante, si queremos seguir profundizando desde un punto de vista en el que además del apego, y el contexto traumatizante, es determinante el tipo de vínculo y las vicisitudes en su establecimiento, nos pueden ayudar los desarrollos teóricos propuestos tanto por Bion como por Meltzer, específicamente en lo que hace referencia al «claustro».

Para intentar acercarnos a este concepto, es imprescindible que primero hagamos un acercamiento al concepto de identificación proyectiva propuesto por Klein (1946) refiriéndose a un fenómeno que ella pudo observar desde la clínica infantil.

M. Klein (1946), desde la óptica de las relaciones objetales, centrándose en una perspectiva fundamentalmente relacional, describe el interjuego de proyecciones e identificaciones como estructurantes del *self* en desarrollo. Desde esta perspectiva llamó identificación proyectiva (IP) a la extensión narcisista que elimina la diferencia entre *self* y objeto y aniquila la propia identidad. Según Klein, los estados de frustración y ansiedad aumentada constituyen el estímulo que lleva al bebé al uso de la IP con la finalidad fantasiosa de penetrar el cuerpo de la madre librándose así de todo dolor.

Bion (1959), tomándolo desde otra perspectiva, trabaja sobre el concepto de IP rescatando su potencial de comunicación primitiva, básicamente inconsciente que resulta fundamental para el aprendizaje. Según él expone, la identificación proyectiva no puede ser simplemente considerada como una fantasía que concierne a un objeto, sino que ha de ser vista como una operación orientada a comunicar algo a un objeto que sea capaz de contener la fantasía.

En esta teoría, la IP juega un papel fundamental como fuente de la formación de símbolos y pensamiento en el niño (a través de la *rêverie* y la función alfa de la madre, la cual contiene y da sentido a las emociones). No obstante, Bion (1962) también nos llama la atención sobre la IP excesiva o patológica, aquella que promueve fenómenos como la claustrofobia así como el bascular maníaco depresivo y los trastornos del pensamiento.

Meltzer (1994) propone entonces la denominación de identificación intrusiva para describir esta dimensión del concepto que capta el motivo esencial de este tipo de fantasía inconsciente omnipotente. Resaltando que se trata de una situación primitiva e inicial donde el *self* está en el umbral de la diferenciación. La situación es tan primitiva que aún no se puede hablar de sujeto y objeto. Es algo así como un estado cercano al narcisismo primario. Todo ello nos lleva al planteamiento de un fenómeno que se da en el objeto externo, tal como lo expone Klein, pero también —o solo— en la fantasía del bebé, concretamente en la representación que de la madre tiene el bebé, es decir, en el objeto interno, según lo plantea Meltzer.

Siguiendo con nuestro recorrido en este momento es inevitable hacer referencia a las neurociencias. Coderch (2010), cuando se cuestiona sobre la explicación neurobiológica de lo que denominamos objetos internos apelando a lo que ahora conocemos como las neuronas espejo y su funcionamiento, las mismas que provocan circuitos neuronales sostenidos que se van dando a consecuencia de la simulación incorporada de circuitos análogos al de las personas con las que interactuamos y a partir de los cuales se configura el cerebro de cada ser humano. Así, el observador estará viviendo en su interior la misma emoción, aunque sea de manera inconsciente. Si esto es así, nos dice, podemos afirmar que estas primeras personas/objetos, que están presentes en nuestros cerebros, dejarían de ser una pura fantasía sin materialidad. Y es lo que nos permite sentir empatía con los otros y hacernos cargo de sus emociones.

Este proceso estaría en la base de la formación del psiquismo y hace referencia a la trascendencia de la relación con el objeto primario. Desde Bion (1959), le llamaríamos el objeto contenedor que recibe y modifica la proyección, que puede ser luego devuelta al individuo sin la ansiedad original. Pero si surgen obstáculos, si por ejemplo, el objeto primario es inaccesible, si no hay lugar para la empatía, si no responde a las necesidades y demandas comunicativas del ser humano en crecimiento, las consecuencias, desde una perspectiva psicológica, suelen ser nefastas.

Es cuando la IP proyectiva pierde su carácter comunicativo, pasando a convertirse en IP intrusiva (Meltzer, 1994). Se deja de luchar por la respuesta del objeto, se genera resentimiento y violencia retrayéndose hacia un objeto interno, movimiento acompañado de fantasías grandiosas y omnipotentes de dominio, posesión y control. Así es como, según este autor, el objeto interno queda convertido en un «claustro», y aniquilado el objeto externo en su posible función continente. Se trataría de una situación narcisista donde no existe separación.

Teniendo en cuenta lo expuesto, pensemos en nuestro pequeño Prometeo, constantemente privado de la presencia de su madre y sometido a constantes pérdidas debido al cambio de las personas que se ocupaban de su cuidado.

Podemos deducir que la confianza en la permanencia del objeto se perdió pero su psiquismo necesitaba salir adelante, para ello utilizó los recursos de los que disponía, en primer lugar la fantasía y elementos de carácter eminentemente sensorial. A través de los ojos conseguía meterse en el objeto, lo hacía suyo, lo controlaba, lo dominaba, así, supuestamente, nunca estaba solo ni desvalido.

Uno de los pasajes que recordaba de su más tierna infancia era el estar detrás de la puerta de la sala escuchando a su madre mientras ensayaba sus interpretaciones musicales, cuando esta paraba y sentía otros ruidos se aterraba porque lo arrancaban de ese lugar idílico donde permanecía unido a su madre a través de las notas musicales.

Cuando ya era más grandecito e iban con su padre a acompañar a la madre al aeropuerto y él lloraba, su madre le decía: «si lloras es porque no me quieres, la mamá se va porque tiene que aprender a tocar mejor», «si lloras eres malo porque no quieres que la mamá sea feliz».

Por otra parte, cuando esta madre volvía, quería recuperar el tiempo perdido, para ello dormía con los niños, se bañaba con los niños, etc. Acontecimientos que Prometeo recuerda con terror por la atmósfera de gran excitación que se generaba.

Así es como Prometeo, huyendo de un vínculo frustrante y patológico, se fue alejando del mundo real, confundido con un objeto interno al que fantasiosamente dominaba y controlaba.

Reflexiones sobre la técnica

Ya he comentado que al principio del tratamiento Prometeo tenía el aspecto de un robot, rígido, absolutamente frío y apático en su forma de comunicarse, pero poco a poco esta coraza fue cediendo y la imagen que se presentó ante mí era la de un caracol al cual se le había desprovisto de su concha protectora. Quedó en evidencia un ser pequeño, gelatinoso, baboso, sin contornos definidos, frágil, sin ninguna consistencia.

Había que volver a los inicios, debía intentar acercarme a ese ser amorfo y junto con él trabajar en la construcción de su psiquismo. Era necesario recurrir al continente de las teorías, algunas de las cuales ya he mencionado, evidentemente era alguien que partía de un apego inseguro (Bowlby, 1951), defensivamente se había desarrollado un «falso *self*» (Winnicott, 1965), no había contado con un adecuado continente (Bion, 1959) y se había refugiado en una fantasía omnipotente, descrita por Meltzer (1994), como «claustro», donde se hallaba cautivo, alejado del mundo real, imposibilitado para todo tipo de aprendizaje y, consecuentemente, con una mente absolutamente devastada.

No obstante, más allá de una comprensión metapsicológica sentía que necesitaba herramientas más concretas que me permitieran ayudarlo a entrar en un proceso con el objetivo de llegar a ser persona, es decir, poder acceder a la diferenciación y a la conciencia de *self* a través de una mente capaz de asimilar y canalizar el mundo emocional y, por tanto, tener acceso al pensamiento.

Me gustaría detenerme en cada una de las enriquecedoras propuestas que tienen como objetivo claro la reflexión sobre la técnica, algunas basadas en las neurociencias y el psicoanálisis tal como se propone en *Awakening the Dreamer* (Bromberg, 2011) pero no siendo esto posible me limitaré a destacar la gran aportación que para mí ha significado el concepto de «mentalizar», planteado por Fonagy y colegas.

Tal como nos dicen Allen, Bateman y Fonagy (2008), este concepto implica un tratamiento focalizado en el déficit de mentalizar del paciente. Sostienen que una intervención se considera mentalizadora cuando va dirigida a que el paciente se encuentre en la mente del terapeuta, es simple y corta, centrada en los afectos, claramente enfocada a la mente del paciente, dirigida a identificar diferentes perspectivas de ver las cosas y relacionada con eventos actuales y contenidos fundamentalmente conscientes.

Los autores intentan responder a la pregunta: ¿pero qué es lo nuevo? A lo que responden que lo nuevo consiste en poner el foco en el mentalizar. Por un lado, buscando favorecer la optimización de esta capacidad del paciente cuando se halla obstruida, por otro, propiciando que el paciente se ubique en una actitud mentalizadora, a partir de la relación con un terapeuta empático, interrogativo, curioso, mentalmente abierto y eventualmente lúdico.

Consideran que su énfasis en el mentalizar es más bien un refinamiento que una innovación. Sostienen que el concepto de mentalización se halla enraizado en el psicoanálisis, si bien ha florecido en el marco teórico de la teoría del apego.

Desde la perspectiva psicoanalítica hacen referencia al concepto freudiano de las ligaduras de las energías impulsivas en pensamiento, a las ideas de Bion acerca de la función continente del pensar, a los desarrollos de Lecours y Bouchard referidos al proceso que transforma experiencias impulsivo-afectivas en fenómenos y estructuras mentales organizadas (mentalizar implica transformar algo no mental en algo mental) y a las consideraciones de Winnicott en torno al rostro materno como espejo.

Intentando ver más concretamente estas aportaciones en la clínica, volveremos a mi paciente Prometeo.

Tal como ya he comentado, él me había puesto la condición de tener las sesiones acostado en el diván. Pero, conforme avanzó el proceso y fue ganando confianza, me explicó que necesitaba el diván porque de lo contrario, con su mirada, acabaría metiéndose dentro de mí y no quería hacerlo. Sin embargo, conforme fue logrando mayor diferenciación entre fantasía y realidad, aceptó tener una sesión de diván y dos cara a cara (teníamos 3 a la semana).

Creo que el cambio fue favorable para nuestro trabajo basado en la mentalización, ambos pudimos ir haciendo un reconocimiento mutuo mucho más integrado.

A continuación expongo algunas viñetas de una sesión del décimo año de tratamiento:

Viñeta

Paciente: De la sesión anterior anoté que no tengo que tener terror a tener cansancio o agujetas, que no me va a pasar nada, que son formas de reaccionar de mi cuerpo, que es normal que me canse, que es tan natural como el necesitar dormir.

Luego lo que me dijo de las bromas, que me sientan tan mal porque no las entiendo, que lo que me dijeron las compañeras de que me quitara la camiseta, que era una broma, que no se iban a lanzar sobre mí para obligarme a hacerlo, ni agredirme, ni arrancarme la piel y los pelos, que todo eso era una fantasía mía basada en mi miedo a la gente. Lo he podido pensar, me doy cuenta.

Como se puede apreciar, en esta viñeta, hace referencia a algo que yo le dije en la sesión anterior donde yo le explicaba reacciones naturales de su cuerpo, que él vivía con pánico porque le parecía que eran el preámbulo de su desintegración y muerte. Igualmente le había señalado su dificultad para entender las bromas y que por eso se le convertían en terribles amenazas.

En la misma sesión me dice:

—Tuve un sueño, pero antes de contárselo me parece que vale la pena que le recuerde lo que muchas veces me pasa con los hombres que veo por la calle, que tengo ganas de comérmelos, todo con tal de no tener envidia. Pero el lunes, después del sueño me sentí diferente, pensé que los niños pueden correr, jugar con tranquilidad porque han aceptado la separación y son conscientes de tener un cuerpo. Recordé que hace tiempo usted me habló de las gemelas iraníes que nacieron enganchadas y deseaban la separación para poder vivir y que eligieron operarse corriendo el riesgo de morir para lograr conseguirlo. Usted también una vez me hizo un dibujo para explicarme como consigo confundirme y esto lo vi claro.

El sueño fue el siguiente:

—Sucedía en Madrid, se trataba de una gran boca de metro con escaleras muy altas y con peldaños supergrandes, yo estaba sentado en uno de ellos. Era un concurso de TV, se le pedía a un discapacitado, un idiota, que bajara sin caerse, él lo iba haciendo y cuando ya faltaba poco para llegar al final, la presentadora que se mostraba como muy simpática les avisaba a sus compinches que eran unas mujeres ubicadas en un lugar muy visible, que le enseñaran sus pechos y su sexo para distraerlo, pero el discapacitado se cogía con una mano de la baranda y con la otra se tapaba la cara para no ver a las mujeres, la escalera se convertía en mecánica y conseguía llegar al final sin caerse.

Preguntándole por el sueño me explicó que él se identificaba con el discapacitado, le dije que seguramente esto sucedía debido a sus grandes dificultades para pensar, pero que en el sueño había podido tener recursos, que el taparse los ojos era como no dejar que la fantasía lo invadiera y que el cogerse de la baranda era como poder aprovechar algo de lo real donde poder aferrarse, y que pudo lograr su objetivo. Que antes me había dicho que después de ese sueño se sintió diferente, que pudo pensar en unos niños corriendo, sin miedo.

Ante esta intervención me respondió: «Sí, usted me habló de mi cuerpo, de que era normal que sintiera cansancio, que es mi cuerpo y soy alguien separado, y no es un castigo sino un don, algo bueno».

Conclusiones

A través de esta presentación he pretendido compartir un largo y exhaustivo trabajo con un paciente muy enfermo que conseguía ocultar, a través de una vida aparentemente adaptada, su desesperación y drama interno, pero que vivía desesperado, aterrorizado. También he intentado dar cuenta de los autores y teorías a los que recurrí en busca de un «continente» y de las valiosas aportaciones que he encontrado en el concepto de «mentalización», en relación con la técnica. Igualmente, y como ya he mencionado, desde un principio pensé que era necesaria una intervención multidisciplinar, en esta línea he de agradecer al Dr. Rafael Clusa, médico psiquiatra, que se ocupó del aspecto farmacológico favoreciendo un trabajo en equipo, que permitió al paciente acceder a la confianza necesaria para que sea posible la ayuda terapéutica.

Bibliografía

Abello Blanco, A. y Liberman, A. *Una introducción a la obra de D. W. Winnicott*. Madrid: Ágora Relacional, 2011

Allen, J. G.; Fonagy, P. y Bateman, A., *Mentalizing in Clinical Practice*. American Psychiatric Publishing, Inc., 2008

Angulo, A., «Super Yo y Claustro – Luces y Sombras del Superyó». *V Jornadas d'Intercanvi en psicoanálisi,* Barcelona: Gradiva, 2006

Bion, W. *Volviendo a Pensar*. Buenos Aires: Hormé, 1977

—. *Aprendiendo de la experiencia*. Buenos Aires: Paidós, 1980

Bromberg, P. *Awakening the Dreamer*. New York–London: Routledge, Taylor & Francis Group, 2011

Bowly, J. *La separación afectiva*. Barcelona: Paidós, 1980

Coderch, J., *La práctica de la psicoterapia relacional*. Madrid: Ágora Relacional, 2010

Farré, Ll. y Sánchez de Vega, J., «Desarrollos sobre el concepto de Identificación Proyectiva». *Intercambios*, Octubre 1998

Fonagy, P., *Teoría del apego y psicoanálisis*. Barcelona: Espaxs, 2004

Klein, M. *Notas sobre algunos mecanismos esquizoides* (1946) Obras completas. Buenos Aires: Paidós, 1974

Meltzer, D. *Claustrum*. Buenos Aires: Spatia Editorial, 1994

Winnicott, D. W. *El proceso de maduración en el niño. Estudios para una teoría del desarrollo emocional*. Barcelona: Laia, 1975

Hilo-palabra

Miguel Díaz

La intención de esta presentación es reflexionar con ustedes en torno a mi práctica psicoanalítica con pacientes en los que destaca un empobrecimiento en el orden simbólico, donde las conductas impulsivas revelan un modo de satisfacción pulsional que denuncia serias deficiencias en su pasaje por la castración.

Una clínica con poco espacio para la palabra y la escucha, cuyas características nos confrontan a una subjetividad que se mueve en un mundo narcisista, entre la omnipotencia y la impotencia, donde predomina lo imaginario.

Antes de seguir desarrollando el tema propuesto quisiera introducir algunas pinceladas sobre el contexto actual ya que es él el proveedor de representantes que luego nutrirán la vida pulsional.

La crisis de los grandes modelos interpretativos conlleva también la crisis en el imaginario social instituyente de significaciones como son: los modos de representar, sentir, hacer y, por tanto, creadores del mundo simbólico. La narrativa contemporánea se alimenta, mayoritariamente, de visiones globales y esquemas simplistas que propician el riesgo de homogeneizar tanto a la cultura como al sujeto. La presencia de una realidad descarnada tiende a sacrificar aspectos del mundo simbólico, favorecida por el apremio de la temporalidad y la supremacía de la tecnología puesta al servicio de la imagen. Las características del momento por el que atraviesa nuestra cultura occidental, como no podría ser de otra manera, no solo intervienen en la constitución del psiquismo del futuro sujeto y dejan su impronta, sino que también hacen mella en nuestra propuesta terapéutica.

Acorde a ese imaginario social, impregnado de una economía de mercado donde se impone una práctica de consumo, prevalece una corriente que prioriza una eficacia utilitarista, organicista y fenomenológica, que lleva a dejar de lado al sujeto singular.

Se reemplaza los saberes múltiples y contradictorios por saberes técnico-científicos. Este tipo de lectura busca clasificar y etiquetar, lo que lleva implícito ignorar la subjetividad única que representa cada ser humano. La etiqueta alumbra un diagnóstico y este, a su vez, orienta una clasificación que establece un sentido y que obtiene como resultado la invalidación de la persona como sujeto del discurso.

Las características de la clínica que sirven de marco a estas jornadas favorecen un tipo de respuesta acorde con lo que mayoritariamente el discurso contemporáneo sostiene. Este potencia el que sea la fenomenología sintomática la que la define. Los psicoanalistas no estamos a salvo de la deriva que esta clínica propicia y que puede llevar a psiquiatrizar y psicologizar, cuando no a socializar, nuestro discurso. Uno de los riesgos de la (inter)textualidad con la que se construyó el psicoanálisis. Ello nos puede alejar de los mapas nosológicos propios para dar cuenta de las particularidades de la organización psíquica de cada sujeto, las características de su pasaje por el edipo, su relación con el goce...

El sufrimiento psíquico es vivido por gran parte de las personas, como algo exterior a ellos y, por tanto, no se sienten responsables de lo que les pasa y asumen un lugar pasivo frente a la tarea de liberarse de dicho sufrimiento.

Es evidente que, como psicoanalistas, este escollo no es nuevo, aunque el contexto actual lo potencia. Como tampoco son nuevas algunas de las peculiaridades de la clínica sobre la que propongo reflexionar.

El psicoanálisis, como método de exploración de la subjetividad, encuentra en el inconsciente su objeto de estudio sobre las problemáticas humanas. Su campo de actuación es el psiquismo, cuyo cuerpo está compuesto por representaciones, palabras que conforman la vida psíquica, paradigma de lo humano.

Pensar sobre lo humano, significa reconocer que el deseo se ha instalado en el campo de la necesidad. Y de esto se trata entonces, reconocer en el deseo la fuerza que ha permitido al hombre ampliar los márgenes de vida que la condición animal propone.

Los analistas utilizamos para nuestro trabajo, entre otras herramientas, la palabra, la transferencia y el tiempo necesario para que emerja el deseo del sujeto al que tratamos. Todo ello nos involucra ya que está en juego nuestro propio psiquismo.

La clínica que hoy nos convoca la sitúo en el campo de la neurosis. Si ustedes quieren, como escribió Freud, neuróticos de padecimientos graves. Una clínica que reconoce en la potencialidad su sino, que no admite sustituir una historia singular por una universal al reconocer como única la que cada sujeto utiliza para construir su mundo y que, por tanto, es ajena al café para todos.

Potencialidad en el sentido de que es posible o no que algo suceda o exista, como en este caso, en que el sujeto pueda o no ampliar su mundo simbólico y que ello le sirva para dar cuenta de una nueva historia familiar. Historia que fue construyendo a lo largo de un extenso y complejo camino: desde el *infans* al sujeto. De la necesidad al deseo. Desde el cuerpo pulsional al mundo simbólico.

En las primeras entrevistas trato, entre otras cosas, de apreciar la calidad de la dimensión deseante que el paciente transmite y de forma indirecta también su potencial asociado a la capacidad de simbolizar. Busco identificar algo que propicie una demanda.

Constatada la limitación de la función deseante y su correlato, la pobreza, aunque no ausencia, en la capacidad de simbolizar, me dispongo a tratar de salvaguardar la supervivencia de ese potencial psíquico y, desde este, busco ampliar ese empobrecido mundo simbólico. Creo que muchas veces es esa pobreza la que puede confundir el diagnóstico y llevarnos a no tener en cuenta que, aunque escasa, esa muestra de subjetividad, en principio minúscula, nos permite trabajar analíticamente.

Si algo es importante en nuestra tarea como analistas es contar con síntomas que responden a una semiología simbólica. Un territorio lleno de interrogantes, desconocido, enigmático, retorno metafórico de lo reprimido. Expresión de conflictos inconscientes generadores de formaciones de compromiso. Claramente diferenciado del síntoma médico, sinónimo de enfermedad.

Es posible que en la clínica que hoy expongo, estos escaseen y allí esté otra de nuestras tareas, sintomatizar las actuaciones. Transformar estas en expresiones de un sufrimiento psíquico del que el sujeto no es ajeno aunque esto por ahora lo ignore. Actuaciones permanentes que buscan deshacerse de la tensión interna generada por el empuje pulsional y que en primera instancia requieren por nuestra parte sobre todo contención, ya que faltan representaciones para poder gestionarlas por la vía simbólica.

Es la función materna la que habilita la función paterna, otorgando valor y reconocimiento a la palabra de un tercero. No obstante, siempre algo falla en la constitución de ese lugar mediador, lo que lleva al sujeto a moverse en un territorio de carácter pulsional y narcisista, donde la represión y la sublimación muestran sus limitaciones.

La castración simbólica le impone al sujeto subordinarse a la ley que la cultura exige y con ello la constitución de límites a la actividad pulsional.

Correlato de los fallos en este proceso son, entre otros, las auto- y heteroagresiones, la promiscuidad, las adicciones, las perturbaciones en el terreno de la alimentación.

Todas ellas muestran las dificultades que hubo en la regulación pulsional como resto de la ecuación que conforman narciso y edipo y que muestra que el primero fue poco modulado por el segundo y sigue dominando los actos del sujeto con su cortejo de agresión, violencia, odio y autodestrucción.

La pulsión encara barreras frágiles. El empuje adquiere la urgencia de la necesidad física pero sin ser una necesidad física, como expresión del desfallecimiento de la función paterna. El sujeto busca un goce inmediato y cercano, sin mediación alguna. En el tiempo de la actuación este se desdibuja, manda la fuerza pura y acéfala de la pulsión, un goce que busca narcotizar cualquier atisbo de deseo. Es el mundo simbólico quien se erige en dique contra esa fuerza pulsional. Cuando fracasa, es el superyó quien intenta restituir imaginariamente la función paterna. Se impone como mandato ciego, imperativo, poco sensato, mostrando los defectos en la interiorización de la ley.

Mortificado por la respuesta de ese superyó, el sujeto se ve enfrentado a un importante sentimiento de culpa con la consecuente necesidad de castigo. Es ese sentimiento quien va a facilitar la munición para una nueva actuación.

Goce pulsional y mandato superyoico, ambos retroalimentándose, provistos de una imponente fuerza que solo una actuación, acompañada de un gran dolor que de forma paradójica conecta al sujeto con la vida, puede, por ahora, poner algún límite a un accionar comandado por ese goce mortífero.

Dichas actuaciones nos exponen a actuar, ya que muchas veces estaremos implicados en las mismas con ataques furibundos hacia nuestra persona, con una fuerte carga de agresividad.

El único intercambio posible en nuestra clínica es a través de la palabra y la satisfacción pulsional directa no lo permite. Se trata de localizar en qué de su bagaje simbólico el sujeto se puede apoyar, nos podemos apoyar. La aventura analítica va en busca de la palabra cuya fuente se encuentra en otra escena y es portadora de una verdad desconocida. Y ahí es donde entra en juego mi propuesta de *hilo-palabra*.

En un primer momento el objetivo es ampliar el espacio simbólico con la intención de construir y sintetizar, para poder luego, vía síntoma y transferencia, deconstruir y analizar. Aumentar la capacidad sublimatoria a través del habla para que en otro tiempo del análisis tenga cabida la interpretación, el humor, la metáfora, como recursos importantes para nuestra tarea.

En los primeros compases del análisis el propósito está puesto en incrementar la capacidad de verbalizar. Encontrar juntos los nombres que den cuenta de sus goces. Construir una historia donde el sujeto comience a tener protagonismo. Se trata de ayudar a crear significado, sin imponer el nuestro, junto a potenciar nuevos modos de gestionar las emociones, lo que le hace sufrir, lo que le atormenta. Para que, con sus recursos, construya una realidad psíquica más habitable.

Intento introducir el *hilo-palabra*, tomando como referencia lo planteado por Sigmund Freud (1920) en su escrito sobre el *fort-da*, en relación con el lenguaje y el lugar de este en la construcción del mundo simbólico del sujeto. El material a utilizar serán palabras en lugar del carrete y el hilo empleado por el nieto del vienés.

Ernst intentaba dar vida a una ausencia, enfrentándose al trabajo de descifrar signos y textos misteriosos de esa inmensa biblioteca que es el mundo que está empezando a habitar y del cual, la primera página, se ha perdido para siempre. La ausencia implica un vacío que procurará tolerar a través de construir un relato propio, aunque para ello necesita no solo contar con su psiquismo sino también los dos elementos que una mano amiga prestó, el hilo y el carrete.

Por mi parte busco «atar» con el *hilo-palabra* ese objeto en que se transforma el sujeto en cada actuación, guiado por un impulso inconsciente, con el objetivo de introducir palabras que nombren y reemplacen la acción, para que esta pueda transformarse en síntoma. El sujeto se expulsa en esa actuación, se pierde como tal. Resultado este que el *hilo-palabra* intentará mediatizar ya que de lo contrario el «carrete» de la actuación no tendrá asidero y por tanto arrastrará al sujeto con él. No se trata de socializar ni normalizar con un saber preconcebido, sino de respetar lo construido por el sujeto en otro tiempo y que le ha permitido constituirse como tal, aunque al querer liberarse de su sufrimiento, ignore lo necesario e incluso vital que fue en su momento, lo que hoy le hace padecer.

Se procura entonces poner en marcha una construcción histórica. Ese será el eje del trabajo analítico, una operación simbólica. Pero para ello se necesita una palabra impulsada por el deseo, en un espacio y tiempo habilitado para conseguirla y que, por tanto, no puede ser programado.

Por este motivo se me hace difícil pensar un análisis limitado a un número determinado de sesiones, o breve, o focal. De allí que nuestra oferta terapéutica, que evita soluciones consoladoras, tenga muchas dificultades para hacerse más lugar en una cultura que prima los resultados en función de una resolución rápida, acompañada del menor esfuerzo personal posible y, por supuesto, que sea rentable en términos de dinero y tiempo invertido.

Nuestra dinámica analítica está asociada a la lentitud del tiempo artesanal, tiempo humano, incompatible con la búsqueda de la rápida obtención de resultados.

El psicoanalista, artesano de la palabra, elabora con el *hilo-palabra*, el material que permitirá construir, dentro de un escenario simbólico, un nuevo sentido a la antigua narración constituida en el sujeto.

Para ello debemos contar con un marco que permita el despliegue de nuestro dispositivo en el que se pretende una presencia comprometida del analista. Crear un clima de confianza acompañado de una ética que reconoce en el paciente un saber y que solo él conoce las respuestas. Por nuestra parte lo acompañaremos en su indagación.

Las dificultades de establecer una cierta continuidad y estabilidad del proceso analítico, ya que el mismo está constantemente expuesto a la ruptura, requieren de una cierta plasticidad del encuadre que evite que la rigidez del mismo alimente las resistencias propias de un proceso de estas características.

Previo a poner en marcha el análisis y luego de que las primeras entrevistas dieran como resultado su indicación, de común acuerdo fijamos unas reglas mínimas, cantidad de sesiones, horarios, recuperación de sesiones y honorarios. Nada se modificará sin un acuerdo de ambas partes. Cualquier alteración que obligue a cambiar lo acordado o si se produjeran situaciones no previstas en dichos acuerdos, requerirá un nuevo pacto que siempre llevará la rúbrica de ambos. No trato pues de aplicar un saber mío, sí trato de identificar aquello que el sujeto enuncia pero que a la vez ignora y que es fuente de su padecer y, con ese material, construir juntos una narrativa que dé un cierto sentido explicativo a lo que hasta ese momento son impulsos que llevan a una acción sin sentido.

Ante la desconfianza que genera nuestra presencia, ya que no podemos olvidar la compleja y difícil relación que el sujeto tiene con el otro, trato de dar respuestas, sobre todo, en la línea de comprender su sufrimiento. Recordar que él busca alivio a lo que le pasa pero no a cualquier precio.

Sugiero una cierta explicación de lo que ocurre, en base a componer, con el material que ha aportado, una primera teoría sobre su sufrimiento al estilo de una opinión. Crear un mundo de realidad compartida que se alimenta de otras opiniones distintas a las de él.

La transferencia, como siempre, juega un papel decisivo ya que se constituye acorde a la organización psíquica y, por tanto, serán las de ambos, paciente y analista, las implicadas en el vínculo que se genere, sin olvidar que este fenómeno lleva incluido el pasado y que en la relación actual se resignifica.

Tendremos delante un sujeto que en muchos momentos acusará la apertura de una herida narcisista. Su intención primera será cerrarla a través de una posición de dominio imaginario. Busca no depender de nadie, se encierra en un narcisismo mortífero que le lleva a rechazar al otro. Pero en realidad lo que consigue es una pseudoseparación, porque el sujeto continúa dependiendo del otro. No asume la independencia que le permitiría su separación efectiva aunque la busca desesperadamente. Su mundo narcisista guiado por la omnipotencia, solo contempla dos opciones: ser sometido o someter y ante semejante elección le cabe una sola respuesta, imponerse al objeto antes de ser devorado por él.

Toda dinámica que se introduzca con el fin de limitar el goce para abrir la posibilidad a que el deseo haga su aparición, se convertirá en una puerta al vacío que puede vivirse de forma aterradora, ya que este está asociado a la locura y a la muerte.

¿Cómo hacer un lugar al deseo cuando el goce gobierna? ¿Cómo lograr hacer prevalecer los efectos moderadores de lo simbólico?

En el acto clínico, la práctica psicoanalítica se transforma en arte. Y ya se sabe, en cuestiones de arte es importante la adquisición de conocimientos técnicos sumados a la experiencia práctica, aunque eso no es todo, ya que es la subjetividad del artista quién se implicará y hará posible que la obra se concrete o no.

Me planteo mi tarea como analista como una aventura que tiene como objetivo un acto creativo. Creación que se va a traducir, si se consigue, en una nueva narración sobre el mundo que el paciente dice vivir, una nueva posición frente al deseo, frente a la castración. Y ello solo se concretará a partir de que asuma la responsabilidad de sus palabras y de sus actos.

Bibliografía

Braunstein, N. A., *Goce*. México: Siglo XXI Editores, 1990
Freud, S. (1898), *La sexualidad en la etiología de la neurosis*. Obras completas (OC), Vol. III. Buenos Aires: Amorrortu, 1999
—. (1914). *Recordar, repetir, reelaborar*. OC. Vol. XII
—. (1920). *Más allá del principio de placer*. OC. Vol. XVIII
—. (1923 [1922]). *Dos artículos de enciclopedia: «Psicoanálisis» y «Teoría de la líbido»*. OC. Vol. XVIII
—. (1923). *El yo y el ello*. OC. Vol. XIX
—. (1926 [1925]). *Inhibición, síntoma y angustia*. OC. Vol. XX
—. (1930 [1929]). *El malestar en la cultura*. OC. Vol. XXI
Korman, V., *El oficio de analista*. Buenos Aires: Paidós, 1996
Milmaniene, J. E., *El goce y la ley*. Buenos Aires: Paidós, 1995
Recalcati, M., *Clínica del vacío: Anorexias, dependencias, psicosis*. Madrid: Editorial Síntesis, 2003
Verhaeghe, P., *El amor en los tiempos de la soledad*. Buenos Aires: Paidós, 2001

Límites difusos

Hilda Guida

Comenzaré con un breve relato clínico de los comienzos de mi práctica, que dará pie a algunas reflexiones sobre las dificultades que se presentan cuando el diagnóstico no es inequívoco, y este obstáculo nos plantea más interrogantes que certezas en la dirección de la cura.

Dice Freud en *Inhibición, Síntoma y Angustia:* «Cuando el caminante canta en la oscuridad, desmiente su angustia, mas no por ello ve más claro» (p. 92).

A veces, cuando el diagnóstico es incierto, la apuesta a la neurosis nos permite avanzar. Sin embargo, no sin inquietud; avanzamos gracias a las preguntas que se suscitan y que no pretendemos obturar con una respuesta apresurada.

Lo primero que valoramos en el creador del psicoanálisis es su espíritu abierto, capaz de interrogarse y reconsiderar cada aspecto de la teoría, allí donde el obstáculo es un desafío. La honestidad de mostrar sus fallos, y trabajar a partir de ellos, nos lo muestra buscando empeñosamente ver más claro, sin desmentir la angustia que genera cierta incertidumbre, como el caminante que canta en la oscuridad de la cita mencionada.

Llamaré a mi paciente Carmen. Carmen era una adolescente por la que consultaron sus padres, que la presentaban como alguien con graves dificultades para el estudio, para relacionarse socialmente, para sostener algún tipo de responsabilidad. Decían: «Carmen no tiene límites». Era la menor de tres hermanas, todas con serios problemas, al igual que sus padres. La madre, alcohólica y depresiva, la sobreprotegía, la cuidaba, la asfixiaba y simultáneamente la descalificaba permanentemente, la maltrataba verbalmente y la consideraba incapaz casi para todo. Su padre, hombre de negocios, preocupado por incrementar su patrimonio, estaba muy lejos de suponerle a Carmen la posibilidad de cierta autonomía. Hablaban de ella como de una débil mental, impotente y sometida a los caprichos maternos, que oscilaban entre un cuidado asfixiante y un abandono hostil. No está de más agregar otro dato sobre la impulsión materna. Ella, además de descontrolarse con la bebida, se desbordaba comiendo y jugando grandes sumas de dinero en el casino. Vemos que no solo Carmen «no tenía límites».

Al comienzo, ella relataba episodios de despersonalización: no sentía el cuerpo, no estaba con los pies en la tierra, el cuerpo era vivido como una amenaza incontrolable, se le detenía el corazón, se le alejaban las manos, no podía respirar. Al mismo tiempo, estaba segura de percibir todo igual que su madre, ya se tratara de olores, sabores, colores. La madre «sabía» todo lo que ella pensaba, aunque no lo hablaran.

Sufrió de enuresis hasta edad avanzada, habiendo continuado con episodios esporádicos hasta más de los veinte años. Era frecuente que sufriera accidentes que no podía prever: una explosión de un calefactor que ella sabía que perdía gas y fue a encender, el caño de escape de una moto frente a la que se paró, y otros.

El temor a la muerte la atormentaba, pero lo negaba (cuando podía) con actuaciones riesgosas como cerrar los ojos y acelerar la moto en las esquinas para no ver si venía otro vehículo por la calle transversal.

Otros riesgos a los que se exponía imprudentemente se relacionaban con la sexualidad, ya que sus *partenaires* solían ser personas gravemente afectadas por adicciones a drogas, prácticas perversas, enfermos de sida. En este abanico de relaciones, se precipitaba en la promiscuidad. Entre sus dichos referidos a sus circunstanciales parejas, recorto: «me necesita», «me busca», «no puedo decirle que no».

Durante el tratamiento apareció una angustia masiva que le sobrevenía ante la defecación. Asociando con esta emergencia angustiosa, recordó que en la niñez, jugaba con sus propias heces sacándolas del inodoro y cortándolas con una tijera. Recuerda además en la escena, la mirada permisiva (¿o indiferente?) de su madre, que no acotó ese goce.

Hasta aquí, el recorte clínico.

Desde diferentes marcos teóricos se proponen diferentes nominaciones para estos cuadros en los cuales no está nítidamente constituida una estructura neurótica, si bien tampoco se los puede encasillar claramente en las otras estructuras clásicas, psicosis y perversión.

El ser hablante está atravesado por el lenguaje, que nos afecta dividiéndonos. La constitución de la dimensión simbólica y la unificación que opera la dimensión imaginaria permitirán acotar el horror de lo real y armar una estructura neurótica.

¿Cómo opera el lenguaje para que esta estructura se constituya? El bebé no dispone de otro medio de expresión que el llanto, que se alterna con momentos de placidez y bienestar en la satisfacción. Oscila, al comienzo de la vida, a lo largo de un continuo entre placer y displacer.

Pero la satisfacción no es puramente dirigida a la necesidad biológica, sino que viene con las marcas que el Otro le impone. La voz y las palabras de la madre, que acompañan los primeros cuidados, envuelven al infante tanto como las caricias, los besos y el contacto cuerpo a cuerpo. Estos mimos y la voz de la madre constituyen lentamente el narcisismo incipiente. Por un lado, es el medio sonoro que lo envuelve, es la música que con sus tonos, ritmos, acentos, dejará su impronta. Por el otro, es el sello que recortará el cuerpo pulsional, en el que las zonas erógenas se priorizan y donde cada lugar, cada orificio, cada borde, tomará su valor único según las marcas de este envoltorio corporal y sonoro.

Por lo tanto, el peso de las palabras permanecerá para siempre enlazado con la erotización del cuerpo. De este modo, cuando hablamos de cuerpo, no nos referimos al cuerpo como organismo, objeto de la biología, sino al cuerpo erótico, atravesado por el lenguaje, constituido en este narcisismo y sostenido en la dimensión imaginaria.

El yo de la segunda tópica freudiana se constituye a través de una suma de identificaciones. Una de sus principales funciones es la integración, la síntesis, que confiere unidad al cuerpo. «[el yo] deriva en última instancia de sensaciones corporales, principalmente las que parten de la superficie del cuerpo. Cabe considerarlo, entonces, como la proyección psíquica de la superficie del cuerpo, además de representar la superficie del aparato psíquico» (Freud, 1923: nota 15, p. 27).

También Lacan presenta el yo como un sistema de identificaciones que comprendemos en su estructura imaginaria y en su valor libidinal. Cuando teoriza el estadio del espejo, el yo (*moi*) se construye identificándose con la imagen especular, en la que se aliena de sí mismo. Esta alienación en lo imaginario que integra el cuerpo como superficie cerrada, topológicamente congruente con la esfera, hace del yo la proyección de una superficie, y del cuerpo el soporte material que le corresponde en lo imaginario.

En el estadio del espejo Lacan plantea la construcción yoica como anticipación de un yo sintético que contrarresta con la fragmentación primitiva.

Esa fragmentación se manifiesta en «imágenes de castración, emasculación, mutilación, desmembramiento, dislocación, evisceración, devoración, estallido del cuerpo, que acosan la imagen humana» (Lacan, 1948: p. 97).

Estas sensaciones de falta de unidad amenazan la ilusión de síntesis que el yo sostiene. Aparecen en algunos sueños de angustia en neuróticos, pero también en estados como el de Carmen, donde si bien algo del sostén materno funcionó, muestra flagrante su déficit. No cierra. No terminó de constituirse como unidad ese cuerpo donde la función materna fue deficiente.

La madre, o quien cumpla su función, debe brindar al bebé la ilusión de que nada le faltará, garantizando el bienestar correspondiente. Winnicott caracteriza a esa madre como «suficientemente buena», capaz de sostener a su hijo en ese estado de creencia ilusoria de la que se irá desengañando paulatinamente, a medida que el principio de realidad se instale. Pero protegiéndolo mientras tanto con un sostén benigno que facilitará y acompañará ese tránsito.

Los límites que los padres de Carmen dicen que ella no tiene, son también los límites que faltan a su propio goce sobre esta niña tomada como objeto de los caprichos alienantes de la madre.

El déficit en su estructura da cuenta de esa falta de límite que la «unifique». Aparece en la sucesión de *actings*, y en las terroríficas vivencias de fragmentación del cuerpo. Se expresa en la angustia masiva que la invade en el momento de la defecación, donde la pérdida de las heces es vivida como desintegración del cuerpo.

El síntoma, como transacción y como expresión de satisfacción pulsional (aunque deformada para no ser reconocida), no se presenta aquí. El síntoma sería un anclaje que permitiría formas más estables.

Nos manejamos en el plano de un lenguaje sin relieves, pero intentando ir cubriendo con palabras e imágenes que suplan, que remienden, que tiendan a completar ese sostén insuficiente de sus primeros tiempos de vida.

Es gracias a este espacio constituido en transferencia, que le da la confianza que no pudo tener en su madre, que se posibilitará que además del horror aparezcan algunas escenas, algunos recuerdos, algunas asociaciones. Así aparece la escena de su juego infantil donde se recuerda cortando las heces, y la mirada imperturbable de la madre. Cortando lo que ya estaba cortado... ¿estaba renegando de la falta?

También es a partir de bordear con palabras e imágenes como puede domeñarse la angustia masiva, desbordante, que no permite pensar. Es en la medida en que desde su posición el analista convoque y favorezca estas imágenes, estas palabras, que estas producciones imaginarias y simbólicas podrán acotar lo real traumático de la angustia masiva, y dirigirla a la angustia señal, camino insoslayable en el recorrido de un análisis.

Entonces, la dirección de la cura apunta a situar un sujeto. Carmen creía que su madre sabía todo lo que se le ocurriera, aunque no lo hablaran. Esta es la primitiva creencia del bebé, antes de que se registre alguna diferencia que lo separe de la madre. Obviamente, también fue fallida la función paterna, que no operó el corte necesario. Ese lugar de objeto de goce del Otro, se repetía dolorosamente en sus relaciones de pareja, donde no podía interrogarse sobre su propio deseo, sino que allí estaba, donde el

Otro la requería. Reitero sus palabras: «me necesita, me busca, no puedo decirle que no».

Situar un sujeto significaba entonces operar el corte que el padre no realizó, al menos satisfactoriamente. Mostrar las incongruencias, alentar las ilusiones, acompañar los terrores. La apuesta fue a sacarla una y otra vez del lugar de objeto en que el Otro la situaba.

Cuando Freud escribió *Sobre Psicoterapia*, en 1905, restringió el campo de aplicación para la terapia psicoanalítica a aquellas personas con cierto grado de cultura, un carácter relativamente confiable, que se sientan llevadas por su padecer, que no tengan una edad demasiado avanzada. Especialmente lo indicaba a las formas de histeria y neurosis obsesiva. Pero también acotó: «al menos como hoy lo practicamos» (p. 253).

Cien años después, los analistas no retrocedemos ante estas formas de sufrimiento que no se enmarcan nítidamente en la neurosis.

El síntoma es propio de la neurosis. Como formación del inconciente, permite una satisfacción pulsional, si bien penosamente deformada. Cuando hablamos de síntoma en psicoanálisis, entendemos un padecer del que el sujeto no solo se queja, sino que se trata de algo que lo interroga. El neurótico no sabe por qué sufre, pero sabe que ese sufrimiento le concierne, lo involucra. La demanda de análisis es en ese caso una demanda de saber que supone al analista, del que espera que lo alivie, lo unifique, lo armonice, develando el sentido del síntoma. El síntoma implica un anclaje, un compromiso que brinda cierta estabilidad. El sujeto cree que el síntoma designa una verdad, si bien a la manera del enigma a descifrar.

En pacientes como Carmen, el síntoma con valor de mensaje a descifrar, no está aún constituido. Solo muestra una sucesión de *actings*, y la angustia de muerte en un sufrimiento sin sentido que la aplasta sin que reconozca en su padecer algo propio que se revele.

Entonces, ante el horror del sinsentido, de la fragmentación, del sufrimiento desamarrado, la dirección de la cura apuntará primeramente a anclar el sufrimiento en un síntoma psicoanalítico, que enlace la dispersión pulsional para poder intervenir.

¿Cómo puede atravesarse este camino que permite constituir un síntoma? Uno de los criterios de analizabilidad es precisamente la capacidad de instalar una transferencia. Solo con esa condición el analista podrá acompañar ese movimiento que vaya desde remendar el déficit de la constitución narcisista imaginaria y suplir la función paterna que falló. El amor de transferencia puede hacer suplencia de una madre en exceso y en déficit, y de un padre inoperante. Pero no hay garantía. Es una apuesta a desplegar esa posibilidad subjetiva, y mientras tanto el diagnóstico será conjetural.

Antes de que se delinee un síntoma en el sentido al que me referí anteriormente, podemos hablar de tratamiento. En el mejor de los casos, de la posición del analista podrá depender que un análisis sea posible.

Y para finalizar, una breve reflexión sobre los límites: en primer lugar, la dificultad que muchas veces comprobamos en la clínica en el reconocimiento de las estructuras clínicas, donde suele ser difícil discriminar los límites entre una y otra. Por eso decía al comienzo, que cuando el diagnóstico es incierto, la apuesta a la neurosis guía la dirección de la cura.

También hablamos de límites cuando del cuerpo se trata, cuando la falta de constitución de una imagen corporal completa produce los angustiantes efectos de despersonalización, a los que me referí con el caso presentado.

Límite también es la necesaria frustración sobre los impulsos y arrebatos del bebé, que conduce al reconocimiento del principio de realidad y sus imposiciones. Finalmente, equiparamos el límite con la castración, en el horizonte de la cura. Primero la castración del Otro, y concomitantemente la castración del sujeto. Este reconocimiento del límite le dará la posibilidad de reconocer el abanico de sus potencialidades y cómo desplegarlas. Reconociendo lo que no se puede, el sujeto se apropiará de lo que sí puede.

Bibliografía

Freud, S. (1905[1904]), *Sobre Psicoterapia.* Obras Completas (OC). Vol.VII. Buenos Aires: Amorrortu Editores, 1978
—. (1923), *El Yo y el Ello.* OC. Vol. XIX

—. (1926[1925]), *Inhibición, síntoma y angustia.* OC. Vol. XX

Lacan, J. (1948), *La agresividad en psicoanálisis.* Escritos I. Buenos Aires: Siglo XXI Editores, 1985

—. (1949), *El estadio del Espejo como formador de la función del yo (je) tal como se nos revela en la experiencia psicoanalítica.* Escritos I. Buenos Aires: Siglo XXI Editores, 1985

Análisis en los límites del análisis

Joseph Knobel Freud

En el territorio de los analistas de niños y adolescentes desde hace ya varios años asistimos a un cambio en el tipo de pacientes por los que nos consultan, este es un comentario generalizado: «cada vez los casos son más graves». Podríamos seguir conceptualizaciones teóricas diversas, pero lo importante es el tipo de patología que estamos recibiendo. Trastornos narcisistas no psicóticos, *borderlines*, fronterizos, o simplemente trastornos narcisistas. A los que se suma una situación clínica compleja propuesta por François Richard (2011) desde sus conceptualizaciones sobre la adolescencia: las patologías en exterioridad, «donde la interioridad psíquica es desconocida porque es expulsada a la realidad del afuera», concebidos por Khan en términos de trastornos de la subjetivación en la adolescencia.

Sea cual sea la elección de cómo denominamos a estas nuevas patologías (nuevas por su relación con la cultura contemporánea), lo que es evidente es que las mismas nos han obligado a repensar la clínica psicoanalítica.

Muchos de estos casos nos piden respuestas urgentes porque promueven estados de auténtica urgencia en el contexto familiar y social; según Judith Goldschmidt (2012) «En estos pacientes fronterizos el trabajo de elaboración representativa no ha podido completar las instancias de ligadura requeridas quedando el representante psíquico de la pulsión como la manifestación pulsional provocadora de una tensión psíquica que busca alivio inmediato. Habrá que buscar la manera de transformar la urgencia en espera reflexiva».

Intentaré ilustrar con una viñeta clínica esta situación actual que nos coloca en los límites de nuestra práctica. (Si da tiempo en el coloquio podría presentar otros casos: todos variantes de la clínica en las fronteras.)

En el caso de Edu, la urgencia viene marcada por una noche de «fiesta», denominación actual que algunos adolescentes le dan al salir exclusivamente para colocarse con todo tipo de drogas promoviendo así conductas claramente autodestructivas, de ataques al propio yo, ataques que el propio adolescente actúa como ataques contra sus padres. En este caso el ataque estaba dedicado al padre, separado de la madre desde el nacimiento de Edu, esa noche de «ponerse ciego» le correspondía estar con él. Ni bien pudo le robó una buena cantidad de dinero con el que compró la droga. Esto aparece como un dato importante porque Edu se lo hace saber al padre cuando lo va a recoger al hospital. Subrayo lo de «ponerse ciego» porque creo que corremos el peligro de intentar hacer traducciones simbólicas de ciertas actuaciones que no tienen sentido terapéutico alguno, el paciente no está en condiciones de procesar correlaciones significantes al estilo de que hay algo que no quiere ver, porque estos casos van más acá: hay algo que no pueden sentir.

La violencia entre Edu y sus padres ha llegado a niveles insoportables; cuando está con la madre ella llora reprochándole que él es su fracaso como madre; cuando está con el padre este lo maltrata y ultraja. En una sola cosa estos padres están de acuerdo: Edu es un inútil desinteresado por todo y sus continuos fracasos en los estudios son especialmente dedicados a ellos ya que su única preocupación es que su hijo sea «alguien».

Apunte para una clínica con los padres: para estos y para muchos padres ser alguien está directamente unido a tener un proyecto profesional que necesariamente pasa por unos estudios reglados (en el caso de Edu los padres son económicamente exitosos, pero ambos tuvieron que renunciar a sus estudios universitarios).

Edu responde con violencia a todo: cuando el padre lo va a buscar al hospital, Edu lo agrede verbalmente delante de todo el personal médico.

Como dice Nasio (2011): «[…] ante un joven violento, pregúntese siempre cuál es la decepción que, en lugar de ponerlo francamente triste, generó su odio. En lugar de sufrir el dolor de una pérdida, conservó en su fuero interno el rencor de una ofensa» (p. 28).

«…la mayoría de los conflictos que estallan entre el adolescente y sus padres están motivados por el miedo —incluso inconsciente— de exponerse a la humillación y a mostrarse inútil a sus ojos, a los ojos de todos y ante todo a los propios. En consecuencia, para no sentirse débil, el adolescente es agresivo y ataca» (p. 47).

En estas condiciones, violento y enfadado, llega Edu a mi consulta; fiel a su dinámica habitual me aclara que está ahí porque lo obligan «los viejos», que él no necesita ayuda porque no le pasa nada. «Pero nada es nada. No me importa nada, no me interesa nada, no quiero nada, solo espero que llegue el fin de semana para ponerme hasta el culo de keta»; así que con esa nada es con lo que comienzan las entrevistas diagnósticas.

Tal como proponía en otras Jornadas de Gradiva (2006), «me interesa subrayar que es desde el momento del diagnóstico que comienza a "operar" el sostenimiento del terapeuta. Desde el momento que un terapeuta acepta hacerse cargo de un caso de estas características, está haciendo una apuesta clara por un futuro posible en el que se va a poder trabajar y elaborar lo traumático que insiste en repetirse en el futuro. La primera propuesta es no dejar atrapado al sujeto en un lugar inamovible. Este primer movimiento podrá generar el establecimiento de una verdadera relación terapéutica».

Como muchos otros casos en las fronteras no podemos hablar exactamente de entrevistas diagnósticas, sino de un tiempo concreto que nos tomamos para poder evaluar si algo del orden de lo transicional va a poder instalarse. Siguiendo a Urribarri, «En la técnica propuesta por Green para las estructuras no neuróticas se privilegia la dimensión transicional y dialógica del trabajo analítico: se destaca un recurso que podríamos denominar "*Squiggle* verbal", un estilo de intervención orientado por (y hacia) el movimiento representativo del discurso del paciente» (p. 253).

Volviendo a Edu, esa nada que usa como su presentación-representación de sí mismo es lo que me permitió sugerirle que comencemos un trabajo terapéutico, ya que yo consideraba que con esa manera de pensarse a sí mismo estaba atacando toda posibilidad de ser algo, incluso alguien. Al decir de Green, «En los límites de lo analizable, el trabajo de psicoterapia exige que el analista haya interiorizado precedentemente el encuadre, para que éste esté siempre presente, incluso si no puede ser aplicado». Para agregar: «El trabajo terapéutico debe llevar al paciente a tomar conciencia de la destructividad que dirige contra su propia actividad psíquica» (Green, 2012: p. 21).

Antes de comenzar el trabajo terapéutico con Edu le pedí permiso para entrevistar a los padres (Edu era mayor de edad en el momento de la consulta); ante su «como quieras, tú mandas», cité a los padres en sesiones separadas. En ambas entrevistas recogí datos de una historia esperable: pareja joven que decide casarse porque ella se queda embarazada y que están juntos hasta que el niño nace. Arrepentimiento de ambos por tenerlo y una infancia relatada como una carga.

Edu se extraña y se pregunta sobre mi forma de actuar: no entiende por qué le pedí permiso y tampoco entiende por qué vi a sus padres por separado.

Yo: «están separados, ¿no?»

Edu: «por mí como que no lo estuvieran, si son iguales»

Yo: «te pedí permiso porque el trabajo que te propongo es entre tú y yo»

Edu: «no cuentes mucho conmigo», y se pone a mirar los libros de mi biblioteca...

Yo le propongo dibujar: en una mesa del despacho se quedan esperándolo papeles en blanco y unos lápices. Varias sesiones transcurren entre el silencio, la desconfianza; «no sé qué hago aquí», «para qué vengo»; o la agresión como la de llegar muy tarde a las sesiones y preguntar: «¿te has preocupado porque no llegaba? o «tú sí que te lo montas bien ahí sentado cobrando para mirarme».

Con los pasajes al acto de los adolescentes de estas características recuerdo lo que Green subraya en *De locuras privadas* (1972): «los pasajes al acto tienen la función de una descarga defensiva frente a la realidad psíquica» (p. 111).

Yo: «no solo te miro, también pienso en ti; además al menos te miro, algo que no pasa a menudo en tu vida, y no ha pasado».

Retomo a J. Goldschmidt: «en el caso de personas cuyo fluir representacional es sustituido por vacíos causantes de angustia, habrá que introducir variaciones que permitan percibir lo que no se puede representar. La ausencia de representaciones será reemplazada por la percepción del analista, percepción que no solo se refiere a lo visible sino también a lo audible. Ya no se trata de ubicar el deseo inconsciente sino de generar un aparato psíquico deseante. Para ello, el objetivo del analista será crear el espacio y la capacidad productora de representaciones».

En una sesión dibuja su nombre como un grafiti: llena toda la hoja con esas letras deformadas pero legibles y su necesidad de dejar una huella. Se lo señalo. Él parece escuchar.

Green en *De locuras privadas* (1972) dice: «El analista responderá al vacío con un esfuerzo intenso de pensamiento, para tratar de pensar lo que el paciente no puede pensar, y que se traducirá en un aflujo de representaciones fantasmáticas para no dejarse ganar por esta muerte psíquica» (p. 64).

Edu comenta: «yo soy grafitero, no te lo había dicho pero es algo que me gusta: es ilegal, está prohibido». A Edu la hoja de papel se le queda pequeña; pinta en los trenes. Es una actividad que se tiene que hacer de noche y en grupo (para protegerse), el juego posterior consiste en pasearse horas y horas para ver si pasa un tren pintado por ti.

Él mismo me hace una propuesta porque sabe que a mí me gustan los dibujos, me propone traerme fotos de «sus» trenes pintados para que los vea. Comenzamos una fase donde frente a las fotos de sus grafitis yo puedo asociar, comienza un diálogo y la posibilidad de ponerle pensamientos a lo que él dice que son solo formas.

Dice Juan Navarro en «Clínica del vacío»: «[…] desde un punto de vista terapéutico el llenado del vacío podría entenderse a la manera de la constitución de la alucinación negativa de la madre como estructura encuadradora, o sea, a partir de la creación de signos que no siendo aún fantasmas o recuerdos constituyen, no obstante, creaciones transicionales del analista a partir de los cuales podemos construir formas, sentido, relación, en donde la contratransferencia ocupará un lugar importante como respuesta al vacío con un esfuerzo intenso de pensamiento para tratar de pensar lo que el paciente no puede… La técnica que nos convoca se refiere al compromiso del analista en su contratransferencia y su despliegue imaginativo, así como el manejo del encuadre que permite el llenado hasta que el analista pueda convertirse en un objeto transicional y el espacio analítico en espacio potencial de juego y área de ilusión». Así frente a los grafitis de Edu yo voy asociando; aquí hay una cabeza, aquí hay un pie, aquí parece haber una mano… lo cierto es que los grafitis de Edu tienen trozos de cuerpos dispersados por los vagones pintados; en sus irreconocibles frases le digo que ha inventado un código para decir algo. Tenemos que buscar una relación entre los trocitos de cuerpos y el código de letras raras. Él comienza a asociar: son trocitos de cuerpos de bebé, de algún niño pequeño.

La extraña escritura también es una invención de Edu; yo creo que para pedir ayuda. Él insiste en que no se entiende con los adultos que lo rodean. En el transcurso del tratamiento la escuela secundaria donde intenta terminar sus estudios vuelve a suspenderlo en todas las asignaturas (menos plástica, claro).

Este análisis transcurre a través de un diálogo permanente sobre las producciones pictóricas del paciente; trabajos que hablan de las huellas que lo negativo dejó en su funcionamiento mental.

Algunas veces, Edu no me dejaba ver ciertas fotos; decía «no, este no»; cuando pudimos hablar sobre esa actitud me comentó acerca de su tristeza; algunos de sus grafitis eran borrados, de tanto en tanto los vagones de tren eran limpiados y de esta manera el joven se daba cuenta de lo efímero de sus producciones. Sin embargo al poder hablar de ellas, comenzó a mostrar un creciente interés por el arte, por producir algo propio sobre una tela. Luego tuvo todo un trabajo que hacer con sus padres para convencerlos de que allí había encontrado un deseo que le era propio.

Dice A. Green en *Jugar con Winnicott* (2005): «Cuando hablamos de objetos, no deberíamos limitarnos a la relación con objetos existentes (ya sean internos o externos). Es preciso pensar, además, en la facultad que tiene la mente humana de crear permanentemente nuevos objetos, lo que llamo función objetalizante. No creamos objetos solo a partir del mundo externo, sino que proveemos a nuestro mundo interno de la capacidad infinita de crear objetos». En el caso que nos ocupa el descubrimiento de la posibilidad de sublimar es un objeto en sí mismo.

El análisis que pudimos hacer conjuntamente le ha permitido a Edu encontrar esa función objetalizante que podía, por fin, cubrir el dolor que el vacío había dejado en su psiquismo.

«El análisis clásico o con variaciones y la psicoterapia persiguen los mismos objetivos, como ampliar la toma de conciencia del paciente con respecto a su modo de funcionamiento, la naturaleza de sus conflictos, sus relaciones con su propia historia y, finalmente, su relación con su propia palabra y con la escucha del otro. Este conjunto constituye la mira del trabajo del psicoanalista. Debería conducir a cambios significativos que se traduzcan en una mayor libertad y, en consecuencia, estar acompañado de una actividad psíquica de representación más profunda y amplia». (A. Green, 2002)

Bibliografía

Goldschmidt, J. (2012), «El funcionamiento limítrofe y la ampliación de los límites de la analizabilidad». *Revista de Psicoanálisis*; APA, Tomo LXIX, N.°1, marzo 2012. Buenos Aires

Green, A. (1972), *De locuras privadas*. Buenos Aires: Amorrortu Editores, 2008

—. (2002), *El pensamiento clínico*. Buenos Aires: Amorrortu Editores, 2010

—. (2005), *Jugar con Winnicott*. Buenos Aires: Amorrortu Editores, 2007

—. (2012), «El encuadre psicoanalítico: su interiorización en el analista y su aplicación en la práctica»; *Revista de Psicoanálisis*; APA, Tomo LXIX, N.°1, marzo 2012. Buenos Aires

Knobel, J. «Agonías Primitivas: La clínica del derrumbe»; en *De la angustia y otros afectos*. Barcelona: Gradiva, 2007

Nasio, J. D. (2011), *¿Cómo actuar con un adolescente difícil?* Buenos Aires: Paidós

Navarro, J. (2012), «La Clínica del vacío». *Revista de Psicoanálisis*; APA, Tomo LXIX, N.°1, marzo 2012. Buenos Aires

Richard, F. (2011), *L'actuel malaise dans la culture*. París: Ed. De L'Olivier

Urribarri, F. (2012), «El pensamiento clínico: Contemporáneo, Complejo, Terciario». *Revista de Psicoanálisis*; APA, Tomo LXIX, N.°1, marzo 2012. Buenos Aires

CAMBIO SOCIAL Y DESARROLLO SUBJETIVO

El sujeto de las nuevas tecnologías
o el sujeto a las nuevas tecnologías

Ignacio Rodríguez

Las presentaciones clínicas actuales me generaban muchas dudas diagnósticas. Me preguntaba si se trata o trataba de ¿pacientes neuróticos, psicóticos o límites? Me costaba y cuesta diagnosticarlos, clasificarlos, por lo tanto pensé: ¿inclasificables? Que es también, una de las múltiples formas de referirse a los pacientes límites. Estos pacientes destacan por su estado de alerta y ansiedad elevados, son rápidos, dispersos, etcétera. La lectura del libro *¿Qué está haciendo Internet con nuestras mentes? Superficiales* de Nicholas Carr, me abrió la posibilidad de reflexionar y pensar en ellos desde un punto de vista diferente.

Describe la historia de un periodista, de más de 50 años, que ha escrito varios libros y que publica permanentemente artículos en distintos medios escritos. Progresivamente se va aficionando a obtener de Internet la información que necesita para su trabajo, hasta terminar siendo la única fuente que utiliza. A consecuencia de ello deja de leer libros porque le resulta muy difícil contar con la paciencia que estos le requieren, le es complicado seguir toda la trama que transmiten. No puede esperar a que esta se desarrolle y concluya. Se ha convertido en una persona que ha adquirido las mismas características que los nativos digitales, a pesar de que por su edad no le corresponde estar en ese grupo. Los nativos digitales son las personas que nacieron después de que se extendiese el uso cotidiano de las nuevas tecnologías. Son los sujetos nacidos desde 1980 en adelante y que «han utilizado» los medios digitales desde la primera infancia. Este término fue acuñado por Marc Prensky (2010)[12], así como el de inmigrantes digitales, para referirse a los mayores de esa edad, que nos interesamos y hacemos uso de estas herramientas. Otros autores dicen que la división se tiene que hacer en función de la utilización de los medios, algunos inmigrantes digitales se convierten en nativos digitales debido al uso permanente que hacen de estos. Tanto sea de una u otra manera, los síntomas que se relatan en el libro me sorprendieron y recordaron a esta nueva clínica que encontramos en nuestras consultas.

McLuhan, determinista tecnológico, describe que «cada nueva invención tecnológica, causa, genera un cambio en nuestra manera de pensar». Es así como describe que:

1) En la era la aldea tribal, donde la información circulaba de forma oral, era importante y necesaria la presencia de quién emite y quién recibe el mensaje.

2) Después con la invención de la imprenta, adquiere preeminencia la comunicación escrita; es lineal, el emisor y el receptor no tienen que compartir obligadamente el mismo espacio y tiempo. Se puede acceder a ella en cualquier momento, diacrónicamente y desde lugares muy distantes. Es lineal y más fría. Es la comunicación de la llamada Galaxia Gutenberg.

3) Más adelante, con la aparición de la radio, la comunicación retorna a lo oral pero a distancia, con lo que el emisor y el receptor comparten el mismo tiempo pero no el mismo espacio. Es la época que se ha dado en llamar de la Galaxia Marconi.

4) Con la invención de la máquina de vapor llegamos a la Revolución Industrial, con la consiguiente disminución de los artesanos y la aparición de los obreros, los asalariados. Conlleva un cambio en las relaciones y comunicaciones sociales.

5) En el momento actual estamos ante otro gran cambio, el que acarrean las nuevas tecnologías, que iré desarrollando.

---

12.   Ver todo el cuaderno. Publicado en Internet.

Otro de los grandes lemas de McLuhan es «Formamos nuestras herramientas, luego estas nos forman». En el libro citado su autor relata, «mi mente espera ahora absorber información a la manera en la que la distribuye la Web: en un flujo veloz de partículas. En el pasado fui un buzo en un mar de palabras. Ahora me deslizo por la superficie como un tipo en una moto acuática», «cuanto más usan Internet, más esfuerzo tienen que hacer para permanecer concentrados leyendo textos largos» (Carr, 2010: p. 19). Por otro lado un médico patólogo dice, «he perdido la capacidad de leer y absorber un artículo largo en pantalla o Internet», «Mi pensamiento ha adquirido cualidad de "staccato" (aislado), capta rápidamente fragmentos cortos, ya no puedo leer *Guerra y paz*, incluso un post de más de cuatro párrafos es demasiado largo para absorber. Lo troceo».

Hay muchos relatos en este sentido y uno que me llamó especialmente la atención es el de una profesora de literatura que dice que no consigue que sus alumnos «terminen de leer un libro» (Carr, 2010: p. 21). McLuhan habla de una transición de la forma de pensar. Según Karp, «nuestro sistema lineal de pensamiento, calmado, concentrado, sin distracciones, está siendo desplazado por una nueva clase de mente que quiere y necesita recibir información en estallidos cortos, descoordinados, solapados», «cuanto más rápido mejor» (Carr, 2010: p. 22)[13]. Los sujetos «nativos digitales» comienzan a utilizar las nuevas tecnologías a los dos o tres años de vida, o algunos antes aun. El hecho de haber nacido después de la extensión del uso cotidiano de las herramientas digitales les lleva a la utilización y familiaridad con los aparatos de las nuevas tecnologías antes de haber completado la normativización edípica o podemos decir la inscripción de la represión originaria.

Mi hipótesis es que están sujetos a dos órdenes. Una es a la estructuración que corresponde al sujeto sujetado por la represión y la otra corresponde a la estructuración que impone también una sujeción, pero de otro orden. Es el orden que permite operar con los aparatos digitales. Con esto quiero transmitirles que no se puede apretar cualquier botón de estos aparatos de las nuevas tecnologías en cualquier momento. Desde su infancia aprenden que unos botones le permiten seguir adelante

---

13. Véase también el capítulo 4, «La página profundizada», pp. 78-100.

con el juego y que, si no actúan en segundos, el muñeco en cuestión es eliminado. Incorporan así un orden a seguir, una secuencia que tienen que respetar, ese orden es *binario* y es impuesto por la programación que utilizan estos medios. Es este «lenguaje binario» el que les permite operar, jugar, pulsando el uno y si no quedan atrapados en el conjunto cero; es la ausencia, el vacío, la muerte.

Esto significa que antes de inscribir la represión originaria comienzan a manejar y operar con este código, a leerlo como un lenguaje en los aparatos digitales que es el lenguaje de la lógica binaria. Utilizo aquí, el término lenguaje como la capacidad de podernos comunicar y es una comunicación la que se establece con el mensaje que nos transmite el aparato. Es un tipo de comunicación, cara a cara, con el aparato y más explícitamente con la programación que el aparato en cuestión tiene. Los niños aprenden a manejar estos medios, conocen qué pasos han de seguir. «El orden de los factores», aquí sí que altera el producto. No aprietan cualquier botón en cualquier momento o van a cualquier ventana. Los nativos digitales respetan los órdenes programados con antelación, introyectan que son órdenes determinados por el lenguaje binario; este saber les posibilita luego, trabajar con cualquier ordenador aunque no sea el propio. Sabemos que la información en lógica binaria se transmite a través de un hilo conductor por donde es llevada la corriente eléctrica, hasta que se encuentra con una bifurcación en la que tiene que optar entre un conjunto vacío o un conjunto donde hay un uno. En el conjunto vacío la electricidad se interrumpe. El conjunto que tiene el uno brinda la posibilidad de que aparezca un mensaje o siga la electricidad hacia una nueva bifurcación. En estos primeros años de vida, encontrarse con el conjunto vacío es sumergirse en la ausencia, el desamparo o el cuerpo fragmentado. Un claro ejemplo que escuché de una de estas personas de menos de 30 años fue el relato de cómo se sintió la primera vez que utilizó un juego de este tipo, agitando las manos dijo: «¡Uy, qué angustia, me mataban! Carolina desaparecía». En ese momento esa niña se encontraba totalmente identificada con el muñequito. En su realidad psíquica ese muñequito era ella. Su vivencia me hace pensar que esta niña experimentó su propia ausencia, la ausencia también del otro, en ese espejo virtual. Y que cuando estaba en peligro tenía que actuar inmediatamente. De estos juegos los niños aprenden que si bien los personajes mueren, existe también la posibilidad de resucitarlos con el reinicio del juego, y que solo existe la posibilidad de responder en décimas de segundo para que el personaje no desaparezca. El infante descubre que para realizar su deseo de que el personaje en cuestión siga con vida, no basta con que lo desee. Para ello tiene que someterse a las reglas de funcionamiento de ese aparato. Solo podrá realizar ese deseo siempre y cuando se someta a las normas y reglas, en última instancia, a la ley de funcionamiento de ese medio.

Sabemos que el único acceso al deseo que tiene el sujeto normativizado o neurótico es sujetado a la ley, y que esa ley es la ley de prohibición del incesto. De manera semejante le pasa al niño de las nuevas tecnologías con el uso de esos juegos. Aprende que el deseo solo no basta. Si el muñeco del juego se mantiene vivo es porque de forma inmediata cuando ve que va a ser atacado, aprieta un botón que realiza un movimiento que lo salva. Y así sucesivamente. Cada vez que aprieta el botón sin saberlo conscientemente, lleva a su muñeco a un conjunto uno o positivo, escapando del conjunto vacío, que como ya dije es el de la ausencia, el de la muerte y que por identificación representa su propia muerte. Algo similar se puede repetir cuando buscan realizar alguna función.

Por lo tanto es el deseo de seguir vivo lo que los guía a seguir adelante con el juego. Para que el mecanismo funcione tiene que hacerlo, sujetándose a las normas del lenguaje binario y aceptando asimismo el dominio que el tiempo interno del juego le impone.

De hecho sabemos que la respuesta en una persona entrenada llega luego de tres tiempos: ver-elegir-concluir y lo hace en milésimas de segundo.

¿Cómo lo podemos entender? Existen tres tipos de respuestas neurológicas.

El arco reflejo. Es la respuesta por la cuál ante un estímulo doloroso respondemos de inmediato, casi instantáneamente. Por ejemplo, si nos quemamos una mano, se genera un estímulo aferente que llega a la médula y, en este mismo nivel se conecta con las neuronas eferentes que llevan el mensaje a los músculos, que hacen que de forma acéfala, el sujeto retire la mano de inmediato. El proceso dura solo 20 milésimas de segundo.

Los núcleos de la base cerebral. Cuando realizamos actividades cotidianas, rutinarias, repetidas las hacemos la gran mayoría de veces de forma automática, inconscientemente. Podemos tomar conciencia de ellas, por lo tanto diríamos que son preconscientes. Ejemplos de ello son, conducir un coche, saber dónde están las letras en un teclado, etc. Entiendo que el mecanismo que genera este circuito sigue los siguientes pasos. La percepción a través de los órganos de los sentidos envía un estímulo aferente a los núcleos de la base cerebral. Desde ellos, cuando es una actividad nueva, se conecta con neuronas de la corteza y así se transforma en un mensaje consciente. Desde las neuronas de la corteza vuelve el estímulo a los núcleos de la base y de estos pasa a la acción a través de las neuronas eferentes. Cuando esa actividad se repite, se aprende y se hace de forma automática, sin llegar a la corteza cerebral. Permanece inconsciente porque desde el polo sensitivo la neurona aferente lleva la información a los núcleos de la base cerebral y desde estos a la neurona eferente que lleva a la acción. La respuesta se produce también en milésimas de segundo, aunque un poco más lenta que el arco reflejo, tarda aproximadamente unos 80 milisegundos en jóvenes entrenados. Esta respuesta es la más utilizada por los nativos digitales cuando operan con los aparatos de las nuevas tecnologías.

La corteza cerebral. Es la respuesta consciente, aquella en la que interviene la corteza cerebral, o sea otra instancia psíquica, como ya he dicho en el punto anterior. De esta manera procedemos los inmigrantes digitales cuando utilizamos estas nuevas tecnologías. Ante cada icono reflexionamos si es ese o no y por qué, qué riesgos corremos, etc. En esta circunstancia el tiempo de comprender es razonado, reflexivo, antes de concluir.

¿Cómo nos explicamos estas conexiones? Podemos acudir al concepto de plasticidad sináptica o neuroplasticidad, que nos hace pensar en el viejo concepto Freudiano de «vías facilitadas del síntoma».

Esta facilitación la desarrollamos en el aprendizaje. Al principio estamos inseguros, cuando lo llegamos a repetir unas cuantas veces, lo realizamos cada vez con mayor soltura, para terminar automatizando lo aprendido y realizando de manera inconsciente (Ramachandran, 2011: p. 59-79). Esto es debido a que se facilita el establecimiento de nuevas conexiones sinápticas y se refuerzan las ya existentes. Aumentan los canales iónicos que facilitan el pasaje de los neurotransmisores sinápticos de una neurona a otra. Por eso no solo son vías facilitadas sino también *reforzadas*. El uso repetitivo de los medios digitales crea más y más conexiones neuronales. Tengamos en cuenta que cada neurona establece entre 1.000 y 10.000 (15.000 según otras fuentes) conexiones sinápticas con otras neuronas (Carr, 2010: p. 33).

Además, tenemos que tener en cuenta que: los neurotransmisores que están en las sinapsis nerviosas, pasan fundamentalmente desde el axón de una célula a la dendrita de la siguiente. La repetición del impulso eléctrico nervioso cambia la estructura de las sinapsis, y esto hace que la proximidad funcional entre axón y dendrita sea menor (Carr, 2010: p. 41). Esta neuroplasticidad o plasticidad sináptica favorece así la «eficacia sináptica». Ante el mismo estímulo se produce una mayor respuesta. Eso equivale a decir que son *«vías facilitadas, reforzadas y más rápidas»* en la transmisión del mensaje.

En relación con el tiempo, además de la rapidez del tiempo de los medios digitales, tenemos que tener en cuenta que a la edad que comienzan a utilizar los medios digitales, los niños están regidos por el tiempo del proceso primario. Esta doble inscripción del tiempo los gobierna, genera una fijación, que lleva a una actuación inmediata potenciada por la angustia ante la presencia del conjunto vacío. Respuesta tan veloz que denomino «ver-elegir-cluir». Gráficamente sin el «con», de concluir.

Una prueba de este dominio del tiempo lo vemos cuando los mayores les preguntamos cómo podemos hacer determinada operación con el ordenador. Ellos contestan: esto es así y así, abriendo una tras otra 5, 10 pantallas diferentes y antes de que podamos ver la décima parte de los iconos de una pantalla, ya están en la cuarta. Tener inscriptos una multitud (un *pool*) de significantes les facilita esta rapidez. Atesoran estos significantes binarios, que es una cantidad muy grande de información que utilizan de forma automática e inconsciente cuando operan con los diferentes medios digitales. No son capaces de tener consciencia de cuál es su tiempo en relación con el tiempo del adulto (inmigrante digital en el mejor de los casos, patoso digital la mayoría de las veces).

Una pregunta que me parece interesante es, ¿a qué se debe el comportamiento diferente ante la toma de decisiones?

Al inscribir la represión originaria, se inscribe también la llamada cuarta dimensión[14]. Desde ese momento existe un antes y un después de la represión originaria. Hay un antes en el que era «su majestad el bebé» al decir de Freud o «ser el falo» según Lacan y un después, en el que ese ser el falo desaparece, se reprime, cae bajo la barra de la represión originaria. También se reprime el lugar que ocupaba el Otro Primitivo Madre, como objeto todopoderoso. «La Cosa» (*Das Ding*) quedará reprimida para siempre. Es una pérdida traumática que le permite tomar consciencia de que lo que era ya no lo es, que el deseo de la madre ya no se dirige exclusivamente hacia él. Aparece un tercero que tiene el poder de capturar el deseo de la madre. Como consecuencia nace el ideal del yo, de querer tener todos los emblemas que ese tercero tiene y así recuperar a la madre para sí. Es decir, tercero que «no es» el falo sino que «lo tiene». El niño pasa así de la dinámica del ser a la del tener. Deja de ser el falo a tener que luchar por el poder, por su propio reconocimiento.

El niño introyecta otro orden, desde el narcisista-imaginario pasa al orden simbólico; de ser a tener y de ser el falo del deseo materno a sujeto sujetado por la ley de prohibición del incesto.

Estas inscripciones son los primeros vestigios de la capacidad de pensar y reflexionar. La lógica formal nos explica que existe un tiempo de ver, un tiempo de comprender y un tiempo de concluir. 1) vemos un objeto, 2) luego nos damos un tiempo

---

14. El tiempo.

para comprenderlo, reflexionar, razonar, entender y 3) finalmente concluimos (Lacan, 1966: p. 187-203).

En estos sujetos nativos digitales sujetados también a la represión originaria a diferencia de «Carolina», que todavía no tenía inscripta la represión originaria, el encuentro con el conjunto vacío representa el límite, la detención, la castración. Para ellos, el conjunto uno representa la posibilidad, el lugar del poder y como tal, un lugar cargado fálicamente. La elección se hace entre la castración y el poder fálico.

He observado que en los sujetos nativos digitales, que tienen esta *doble inscripción,* pero con una gran preeminencia de lo lógico binario en el gobierno de su aparato psíquico. Cuando 1) ven el objeto, 2) discriminan-eligen, como dijo McLuhan, «*Somos lo que vemos*», deciden a través de un golpe de vista, sin una comprensión razonada. Como ya dije, si lo pueden hacer así, es porque tienen vías facilitadas y esa percepción al ser igual o semejante con algún uno del *pool* de unos anteriormente inscriptos y a su disposición en los núcleos de la base, les permite rápidamente elegir y escoger. Si fuese una elección que tienen que aprender tardarían más porque entrarían en juego las sinapsis de la corteza. Finalmente, 3) concluyen de inmediato.

Un ejemplo es el de una persona que vino a mi consulta por un problema de celos sobre su pareja. Forzó a su mujer a acompañarlo. En la tercera entrevista relata que su padre era extremadamente celoso. Le repetí, «celoso», se detuvo pensativo un instante, y *velozmente* continuó hablando de otro tema. Al cabo de unos minutos dijo, «mi primera mujer me fue infiel muchos años y yo no me enteraba». Explica la situación y cuando terminó le señalé, «con lo que le pasó tiene su lógica que usted pueda sentirse celoso, pero su mujer es otra mujer, es una persona diferente de su exmujer». Vuelve a detenerse otro instante y dijo, «bueno ya està, no es necesario seguir viniendo».

Este señor ve un objeto, padre celoso. Él se reconoce identificado a su padre, por lo tanto, «él es celoso». Inmediatamente se detecta ahí y concluye. Dijo lo mismo respecto de la historia de infidelidad que sufrió. Ve, discrimina y con-cluye. Entiendo que dominado por este lenguaje binario, que la facilitación sináptica pone a su alcance no puede darse el «tiempo de comprender» en el sentido de que no analiza, ni reflexiona, no quiere pensar más allá o no puede pensar más allá, dado que el lenguaje binario representa una estructura que lo sujeta y rápidamente concluye. Parece que a este sujeto solo le basta el «título del libro».

Estos sujetos introyectan que tienen que actuar de inmediato, dilatar el tiempo puede significar que caen absorbidos, tragados por el conjunto vacío. Entiendo que el sujeto de las nuevas tecnologías intenta siempre avanzar hacia el próximo conjunto uno y así capturar la última información. Tener información es tener poder, tener valor, lo que equivale a tener el falo. Por ello entiendo que estos sujetos no pueden dejar de controlar su correo; ¡llegan a mirarlo hasta 150 veces por día!

Hay varias características en la que distintos autores están de acuerdo. Una es que son activos, interaccionan con los medios digitales sin dificultad, desarrollan una gran habilidad. La segunda es que no tienen dificultad para concluir, optan, eligen y deciden sin titubeos.

El sujeto de las nuevas tecnologías habitualmente además realiza su tránsito por el edipo y en su estructura psíquica quedan inscritos estos dos tipos diferentes de funcionamiento o estas dos lógicas, que responden a dos lenguajes diferentes. La conclusión es que *estos dos sistemas pugnan, compiten por el gobierno de la estructura psíquica del sujeto*. Es, *la repetición permanente y cotidiana* del uso de las nuevas tecnologías la que genera una facilitación y refuerzo de la vías sinápticas, que posibilitan *el predominio de la lógica binaria* sobre el sistema lógico triádico o edípico de las neurosis.

Otro aspecto importante a tener en cuenta es que el código binario adquiere rango de *lenguaje binario*. Para ello, algo que me parece muy importante es poder pensar que 0 o 1 no tienen estrictamente valor en cuanto números en sí. La función que tienen es de *operadores lógicos. Entendiendo por operador lógico: los símbolos que posibilitan hacer o realizar determinadas operaciones.*

Cuando nos encontramos ante un conjunto cero, que como tal representa el vacío, la ausencia de marcas, de trazas, de objeto, su función es de detención, de prohibición e imposibilidad de transitar por determinado camino, es decir, de castración.

Todo lo opuesto es lo que nos posibilita el encuentro con un conjunto uno. Este permite la posibilidad de pasaje, de avanzar, de lograr que aparezca un mensaje. Implica información, seguir siempre adelante en busca de lo nuevo, del brillo, con una permanente promesa de goce, de encontrar el falo.[15]

Por eso, la opción del sujeto es entre significantes. Recorre un trayecto y se encuentra con una bifurcación en la que tiene que elegir entre cero o uno, optar entre castración o falo.

Las primeras veces es una elección inconsciente en la que avanza por prueba y error. La identificación que se produce en los primeros juegos con estos aparatos es imaginaria, o lo que es lo mismo, una identificación primaria incorporativa. El ejemplo de Carolina nos muestra como aprende que si ese muñeco-ella misma está en peligro puede salvarlo y salvarse con solo apretar un botón.

Esa acción equivale a dirigirse a un conjunto uno, reiterar esta acción da lugar a instaurar una serie. Es una serie de unos. Nos podemos preguntar: ¿son todos iguales? Sabemos que no, dado que tienen valor de operador lógico. Cada uno, cada conjunto uno tiene un valor diferente. Lo explicaré de dos maneras: 1) desde el juego más sencillo, en el que cada ataque que sufre un muñeco es hecho desde un lugar y con una cadencia de tiempo distinta; hasta los más elaborados, en donde el muñeco es atacado con diferentes armas y tiene además que sortear diversos obstáculos. Por lo tanto, la serie de elementos diferentes va en constante aumento. Cada ataque representa que un conjunto cero se presentifica. De manera semejante ocurre con los unos, apretamos el botón con una cadencia distinta y cuando se complican los juegos puede saltar obstáculos diferentes, por lo tanto operamos con botones-unos diferentes.

¿Son todas repeticiones? Es así como Frege (1884), lógico-matemático, dice que «*a* no es igual a *a*», fundamentando que *a* siendo un operador lógico, que realiza su función sobre objetos o significantes *cada vez diferentes*. Desde la lingüística Saussure (1915)

---

15. Este hecho posibilita trabajar con las categorías de verdadero/falso. Verdadero, en correspondencia con pasaje de electricidad: 1. Falso, sin paso de la electricidad: 0.

nos dijo algo semejante, «el significante vale por la diferencia», «*es lo que otros no son y no es lo que otros son*». La mesa es una mesa y, por lo tanto, no es una ventana o la pared, cada significante tiene valor por ser diferente a otros. Y tenemos diferentes mesas. A cada lector le evocará una mesa diferente, una de la cocina, otra de las comidas familiares, etc. Y aunque se trate de la misma mesa sabemos que se halla anudada a recuerdos distintos o escuchamos en análisis el mismo recuerdo anudado a significantes diferentes. Así sabemos como dijo Lacan que «*la repetición no es sin diferencias*». Del mismo modo que, cada conjunto uno con su función logra un producto, un significado diferente cada vez.

El niño que aprieta ese botón va inscribiendo un acto por el que construye una serie. Todos son unos y ese orden de significantes al tener valor por su diferencia, lo tenemos que pensar como un *orden simbólico*. Inscribir ese orden de significantes diferentes con funciones que posibilitan significados distintos, implica la inscripción de una lengua. Lengua de «significantes binarios» «*ampliados, multiplicados*», que generan un mundo de posibilidades dado su funcionamiento como operadores lógicos. Es un mundo de posibilidades con el que escapan a la sujeción. Eso significa que: si bien cuando el niño opera con un medio de las nuevas tecnologías se sujeta obligadamente al orden impuesto por ese gran Otro de los medios digitales —en caso contrario, el sistema no funciona—, por otro lado, este le devuelve la posibilidad de escapar a la castración con esa gran cantidad de significantes con valor fálico que se suceden «uno tras *uno*» covirtiéndose así en una promesa inagotable de goce sin límites. Pensemos en todo el abanico de posibilidades que la red de Internet ofrece o los mensajes continuados que los usuarios se envían entre sí. Esta promesa es una de las razones que explicarían el porqué de la adicción a los medios digitales.

Otra característica de los nativos digitales es su atención y pensamiento disperso. En el ordenador se conectan a 5-7-8 pantallas al mismo tiempo (están solo 20 segundos de promedio en cada una), al iPad, con el WhatsApp, con música, todo a la vez y saltando de una pantalla a otra o de un equipo a otro. Leen en promedio 200 palabras por página Web, troceando lo que leen. Estas características contribuyen a generar *confusión con los pacientes límite*.

Si estas hipótesis y estas observaciones son válidas, me pregunto: ¿Podemos concebir un análisis con solo el tiempo de elegir, donde no existe un tiempo para asociar, recordar, concienciar, elaborar…? ¿Existirá el análisis sin pasado, centrado solo en el presente y/o en el futuro?

Además de estas incorporaciones e introyecciones de la lógica binaria que se producen en la estructura psíquica de los nativos digitales, también tenemos que hablar en ellos de una estructura triangular. Leen en los medios en un lenguaje binario, pero hemos de contar un polo más en ese interjuego. «Ellos» son los que lo leen con y desde su estructura psíquica. Si bien estas personas leen un lenguaje que es binario de los medios digitales, pero al formar parte del proceso, se convierte en triangular.

Es su percepción, y son sus respuestas a través de los núcleos de la base cerebral, los que dan cuenta de la existencia de este tercer elemento que triangula con los conjuntos ceros y unos.

Regresando a la pregunta inicial, *¿Porqué la confusión con los pacientes límite?* Cuando esta cosujeción o este cogobierno del aparato psíquico se inclina más al predominio de «lo binario», podemos ver que sus actos y su discurso están en el límite de lo neurótico. Es decir, están al *«margen de la lógica formal y dentro de la lógica binaria»*. Predomina en ellos un discurso disperso, sin detención y con muchas dificultades de conexión con el pasado y con su historia. Su búsqueda se limita al presente, a lo inmediato. Solo hablan del pasado cuando relatan el síntoma que los trae. Este los ha separado del funcionamiento lógico binario donde estaban instalados y al cual regresan en cuanto pueden a reinstalarse en su goce.

Bibliografía

Prensky, M. , *Nativos e Inmigrantes Digitales*. Distribuidora SEK, 2010
Carr, N. (2010), *¿Qué está haciendo Internet con nuestras mentes? Superficiales*. Taurus, 2011

Ramachandran V. S. (2011), «Capítulo 1. Miembros fantasma y cerebros plásticos», *Lo que el cerebro nos dice*. Barcelona: Paidós, 2012, pp. 59-79

Lacan. J. (1966), «El tiempo lógico y el aserto de certidumbre anticipada. Un nuevo sofisma», *Escritos 1*. México: Siglo XXI Editores, 1984, pp. 187-203

Frege, G. (1884), *Fundamentos de la Aritmética*. Barcelona: Ed. Laia, 1973, p. 99

Saussure, F. (1915), *Curso de Lingüística General*. Buenos Aires: Losada, 1975 (véase los capítulos 3 y 4)

El trastorno fronterizo y su estatuto metapsicológico

Luis Sales

Cuando hace meses me planteé la participación en estas Jornadas, se me ocurrió una reflexión sobre la diferencia entre el paradigma cultural vigente en la Europa de finales del siglo XIX y principios del XX, la etapa anterior a la Primera Guerra Mundial, época en la cual Freud estableció el psicoanálisis, y por otro lado, el panorama actual de la cultura posmoderna y, más aún, de la llamada globalización, que es el escenario en el que debemos nosotros continuar su labor clínica y teórica.

El interés de este planteamiento radica en el hecho de que, como todo el mundo sabe, desde hace ya varias décadas las psiconeurosis —indicación prínceps del psicoanálisis, al decir de Freud— han dejado de ser la patología prevalente en nuestro medio, viniendo a ocupar su lugar esa amalgama de cuadros y fenómenos clínicos que agrupamos bajo diversas denominaciones: *borderline*, fronterizos, nuevas patologías, estados límite, trastornos narcisistas, etc.

Para expresar la idea de forma muy resumida: la Europa de finales del siglo XIX y principios del XX conoció un modelo cultural rígidamente patriarcal, centrado en un reconocimiento colectivo muy estricto de la ley y el orden establecidos. Es lo que se ha conocido como la época victoriana, que tuvo su exponente más esplendoroso en la Viena de fin de siglo. Como consecuencia directa de dicho modelo, el imperio de la represión propició el desarrollo de la estructuración edípica, con fuertes identificaciones secundarias a la figura paterna, temida pero a la vez muy idealizada, y como resultado de todo ello, la tendencia a desarrollar patologías neuróticas.

En este sentido, es cierto que el paradigma social actual, lejos ya del corsé victoriano, se ha liberado en buena medida de la represión, habiendo en su lugar ganado la partida la desmentida, el mirar para otro lado, el «ya lo sé pero me da igual»; por otra parte, el ideal vinculado a la autoridad paterna ha caído, la ley es reconocida pero a menudo burlada —hecha la ley, hecha la trampa— y el superyó ha dejado de ser aquel factor de sofocación pulsional que tanto le preocupaba a Freud en *Malestar en la cultura*. En estas condiciones, es evidente que la neurosis ha perdido en muy buena medida su caldo de cultivo, mientras que la perversión (en todas sus formas: sexual, social, política, la corrupción) no solo —como se suele decir— ha «salido del armario», sino que campa por sus destinos y a sus anchas, tanto en el ámbito privado como en el público, amplificada y hasta emulada por ciertos medios de comunicación de masas. Porque perversión ha habido siempre, no en vano Freud decía que la neurosis es su negativo. Pero diríamos que en otros tiempos su práctica se realizaba con mayor ocultación, cubierta tras un cierto velo de pudor social no exento de hipocresía, de modo que su puesta en evidencia era causa de escándalo. Lo que caracteriza la práctica de la perversión en la sociedad actual no es la hipocresía sino la desfachatez, la ausencia de escándalo, casi se podría afirmar, su elevación a paradigma de conducta, de manera que los no perversos serían unos tontos o unos reprimidos.

Ahora bien, es evidente que en la práctica la perversión es un fenómeno más social o cultural que clínico, de manera que no suele ser motivo de consulta, cosa que ya constató Freud en *Fetichismo*. Por el contrario, lo que sí es motivo de consulta —y con una incidencia creciente— es esa amalgama de cuadros que hemos dado en llamar —en un auténtico galimatías nominativo— trastornos fronterizos, patologías actuales, de vacío, *borderline*, etc.; y uno no puede dejar de preguntarse si no habrá alguna relación entre un fenómeno (la perversión triunfante a nivel social) y el otro (las nuevas formas de psicopatología actuales, diferentes a las neurosis y a las psicosis).

Yago Franco (2011) ha establecido una interesante comparación entre Elizabeth von R, la histérica del Freud de 1895, y Lisbeth Salander, la heroína de Stieg Larsson, como prototipo de la *borderline* contemporánea. Esta comparación nos permite ver la relación entre los cambios de modelo cultural y patología emergente, pero sucede que no todos los cuadros que hoy categorizamos como *borderline* se parecen a la protagonista de *Millenium*. El galimatías nominativo al que antes me refería se corresponde con el variopinto panorama de situaciones clínicas que los psicoanalistas acabamos metiendo en un mismo saco. Personalmente he oído describir casos muy diversos bajo estos rótulos: desde cuadros que nos parecen neurosis complicadas hasta otros que consideraríamos psicosis larvadas, pasando —eso sí— por toda la amplia gama de trastornos de la conducta; y entonces, unas veces predominan actuaciones desinhibidas y verdaderamente locas, acompañadas o no de conductas perversas y/o adictivas; otras, por el contrario, cuadros dependientes, simbióticos, depresiones anaclíticas. También observamos derrumbes yoicos, con ansiedades intolerables, depresiones desesperanzadas, *flashes* o *boufees* delirantes, conductas de riesgo, autolesiones, intentos autolíticos e incluso suicidios consumados. Y asimismo accidentes, con o sin lesiones y, por supuesto, también accidentes psicosomáticos, incluso muertes súbitas. En fin, un *collage* en el que lo mismo encontramos casos agudos que crónicos, sujetos con conciencia de sufrimiento junto con otros en que por el contrario el sufrimiento está masivamente proyectado.

Llegados a este punto, y a pesar de los ríos de tinta que desde hace años efectivamente corren sobre el asunto, no puedo dejar de plantearme una serie de preguntas: ¿de qué estamos hablando?, ¿de qué tipo de patología se trata?, ¿cuál es el denominador común de todos estos cuadros, si es que lo tienen? Este es el motivo por el que ahora cambiaría el título de mi exposición por el siguiente: «Los trastornos fronterizos y su estatuto metapsicológico». Con ello no pretendo más que dar mi opinión personal sobre la cuestión.

Obsérvese que hablo de *estatuto metapsicológico* y no de estructura y voy a tratar de justificar esta opción. Primero —y en esto reconozco una deuda con Lacan— porque considero que estructuras no hay más que tres: neurótica, psicótica y perversa. Por cierto que haríamos bien cambiándoles el nombre y llamándolas, por ejemplo, estructura A, estructura B y estructura C, para depurarlas de prejuicios histórico-sociales e incluso morales, inevitablemente ligados a los nombres de procedencia, todos ellos tomados de la psiquiatría clásica; y esto es especialmente importante sobre todo para la llamada estructura perversa. Creo que esto nos confunde mucho y nos lleva al prejuicio.

Segundo: si hablo de «estatuto metapsicológico» es porque creo justamente que en los fronterizos lo que nos encontramos no es una estructura sino una *desestructuración*, o al menos el fracaso de una estructura, esto es, el fracaso a la hora de dar estabilidad clínica y adaptativa a una estructura metapsicológica. Recordemos que, desde el punto de vista metapsicológico —al menos así lo veo yo—, el concepto de *estructura* debemos entenderlo como una organización psíquica centrada en torno a una determinada estrategia defensiva ante un conflicto (o como preferiría decir Freud, ante una representación intolerable o inconciliable). Así, en el caso de la estructura neurótica la defensa sería la represión del representante pulsional, con el consiguiente retorno de lo reprimido; la estructura psicótica giraría en torno del concepto lacaniano de forclusión del Nombre del Padre, y en la estructura llamada perversa la configuración defensiva vendría dada por la combinación de la desmentida con un objeto fetiche (que puede ser sustituido por un doble, una droga, una conducta, etc.), y por otro lado, por una escisión yoica y una actitud transgresora más o menos manifiesta.

Dicho esto, volvamos a los fronterizos. Me parece que un aspecto que puede contribuir a la confusión es el siguiente: los cuadros que habitualmente observamos responden unas veces a las manifestaciones de una defensa desesperada y otras al fracaso de dicha defensa. Así pues, el que a veces observemos los trastornos fronterizos como perturbaciones de la conducta, pasajes al acto, provocaciones, etc., no es sino un espejismo que hemos de atribuir a las defensas secundarias, muchas veces como digo cargadas de desesperación, defensas puestas en juego ante una vivencia de terror sin nombre, de vacío mental o estado de trauma, que el paciente intenta esquivar apelando a la desmentida, así como a otros procesos, tales como la simbiosis, las relaciones adhesivas y la dependencia del objeto o por el contrario a las defensas maníacas. Cuando tarde o temprano se presenta un fracaso de dichas defensas es cuando aparece un estallido de angustia automática, un estado de descarga emocional que a menudo podemos observar también en un registro clínico en forma de ataques de pánico, hundimientos melancólicos, inhibición, intentos de suicidio, accidentes o crisis somáticas.

Pues bien, tal como exponía en un artículo reciente (Sales, 2011), considero que las llamadas patologías fronterizas o *borderline* corresponden al fracaso de la estructura C, más que de las demás, por cuanto esta estructura se basa en un mecanismo de defensa que es la desmentida, que predispone a grandes cataclismos yoicos cuando falla en su cometido defensivo. Pensemos que la represión neurótica presupone una mayor capacidad simbólica, cabe esperar de ella un mayor juego de intercambios metafóricos, ya desde la niñez (recordemos el *fort-da*, que permite al niño adaptarse a situaciones traumáticas con relativo éxito). Esto no le ocurre al que presenta una estructuración subjetiva tipo C, ya que la capacidad simbólica es menor y la rigidez del objeto fetiche (o del doble), está lejos de la transicionalidad que permite acceder al simbolismo y a la creatividad. Por eso creo que es la estructura C, cuando falla o simplemente cuando no llega a constituirse, la que da como resultado esa patología de déficit que vemos en la clínica y llamamos fronteriza.

J. André (1999) comenta que cuando Margaret Little rompe el jarrón de Winnicott en un ataque de furia y el analista tiene que brindarle *holding* y contención *como si* se tratara de una criatura rabiosa, es probablemente porque en su infancia la paciente (que en el momento era ya una psicoanalista reconocida) no tuvo ocasión de jugar al carretel, lo que equivale a decir que no había accedido a una mínima capacidad para la elaboración simbólica de las pérdidas y los duelos. De otra manera, Winnicott (representado por el jarrón) *era* su madre y, en consecuencia, la ausencia de este generaba una angustia de supervivencia, de la misma manera que cuando el bebé no ha hecho una buena inscripción de la vivencia de satisfacción, la leche es la leche, el pecho es el pecho, y no se produce la metonimia hacia el objeto madre. Cuando el hambre sigue siendo hambre, la falta del pecho se convierte entonces en una situación de supervivencia: el erotismo no logró apuntalarse correctamente sobre la autoconservación, que es la pulsión que predomina en esas circunstancias, y en consecuencia, el deseo y el fantasma no llegaron a circular.

Freud hablaba en 1926 de angustias de desamparo (*Hilflosigkeit*) y de separación. El desamparo del recién nacido es una vivencia constitutivamente traumática, de auténtico peligro vital, porque una *necesidad* puede presentarse y no ser atendida si no está disponible el objeto. Naturalmente, en esas condiciones, como dice M. Little (1985), la sexualidad tiene muy poca significación y la interpretación del *acting* en términos de fantasía sexual por parte del analista hubiera estado fuera de lugar.

Por otra parte, cuando no pueden establecerse las bases del autoerotismo, con su correlato fantasmático, ni la satisfacción alucinatoria del deseo, base del sueño, la evolución libidinal queda paralizada, de manera que no puede llegar a alcanzar la fase fálica, donde la falta (la castración) ya es imaginaria y no real, y el objeto sustituto puede ser simbólico. Tenemos así definida, ya desde 1926, la angustia de separación como contrapuesta a la de castración, y con ello el germen de los desarrollos actuales sobre trauma temprano.

Así pues, como dice André Green (1990), antes de decretar que Freud ha sido superado, conviene repasar bien su obra, especialmente la segunda tópica. Yo añadiría, y así lo he defendido en una publicación anterior (Sales, 2001), que el punto de inflexión hemos de buscarlo antes, en torno a 1914, momento en el que Freud se percata de que los elementos que integran la primera tópica no alcanzan para explicar la mayoría de fenómenos clínicos diferentes de las neurosis de transferencia, por ejemplo, el narcisismo, las psicosis, las perversiones, la melancolía, el masoquismo, la destructividad, etc. Es entonces cuando imprime un giro a su pensamiento con obras como *Introducción del narcisismo* y *Recordar, repetir y reelaborar*, textos en los que nos habla por una parte de la patología yoica, y por otra del concepto de repetición y de actuación (*agieren*) como contrapuestos al recuerdo y a la elaboración. Y un poco más adelante, en *Más allá del principio de placer*, de 1920, se acerca mucho al problema de la patología fronteriza con la nueva concepción del trauma (que, dicho sea de paso, le permite recuperar el modelo de las neurosis actuales), tema que seguirá dándole trabajo en *Inhibición, síntoma y angustia* (1926) y en *Moisés y la religión monoteísta* (1939), por citar solo dos de las obras más importantes de la última etapa.

Cuando M. Little (Ob. cit.) afirma que si está en juego la supervivencia, la sexualidad está fuera de lugar, está diciendo una gran verdad; en realidad sin darse cuenta está citando al Freud de *Más allá del principio de placer*, obra en la que podemos leer que para que el principio de placer —principio que regula, recordémoslo, la satisfacción erótica— pueda ponerse en funcionamiento, es condición necesaria que el aparato haya realizado una tarea «previa y más originaria» que es fundamental: ligar la cantidad de excitación reinante en el recién nacido, excitación que proviene de lo que ya desde el *Proyecto de psicología* Freud llamaba el apremio de la vida.

Para mí, esta idea condensa lo esencial de la segunda tópica, sobre todo en comparación con lo que era esencial en la primera. Freud viene a reconocer nada menos que el postulado más fundamental de la primera tópica, aquel que se centra en un aparato psíquico al servicio del cumplimiento del deseo, correlato de un fantasma inconsciente, debe ser revisado a partir de ciertas observaciones clínicas y sustituido por otro modelo de aparato cuya función previa sea la de ligar la excitación de las pulsiones. Sabemos que cuando el placer no puede regular el proceso de satisfacción pulsional a través de la acción específica, el aparato, que por definición no soporta la estasis, apela a procesos más primitivos de descarga o evacuación: he ahí el germen de la actuación, del principio de inercia, de la compulsión de repetición, de la proyección masiva del sufrimiento, del recurso a drogas excitantes o calmantes, etc., expedientes todos que encontramos en la clínica de los fronterizos.

Un planteamiento como este coincide con el punto de vista de autores como Maldavsky (1992), Green (1990), los Botella (1995), P. Marty (1992), Fain (1992), Smajda (2005) e incluso Ángel Garma (1990).

Por lo tanto, y para concluir, el estatuto metapsicológico de los trastornos fronterizos no nos remite, desde mi punto de vista, a nada nuevo que no fuera ya intuido y prefigurado por el genio de Freud, quien, aunque durante toda su vida se dedicó a defender que el campo preferencial del psicoanálisis eran las neurosis de transferencia, no dejó de observar también aquellas «inconsecuencias, extravagancias y locuras de los hombres [...] semejantes a las perversiones sexuales» en las que el yo tiende a «deformarse, partirse o segmentarse» (Freud, 1924). Las llamadas perversiones sexuales, con independencia de cualquier consideración de tipo moral, representarían sin duda la salida más exitosa y adaptativa, también la más evolucionada metapsicológicamente, dentro de una gama en la que encontraríamos otras manifestaciones menos logradas, más patológicas: las toxicomanías, las psicopatías, la traumatofilia, e incluso todo el capítulo de la psicosomática, tal como sugiere entre otros Claude Smajda (2005) cuando asimila los trastornos fronterizos al concepto de neurosis mal mentalizadas del IPSO. Todos estos desenlaces, que no son sino huídas hacia adelante de carácter defensivo o modos más o menos exitosos de ligar la excitación, compartirían un mismo trasfondo de patología de desamparo como núcleo subyacente común, y por eso el trastorno que se deriva cuando dicho núcleo queda al descubierto algunos lo consideramos una desestructuración. Dejo en el aire algunas cuestiones que considero claves: ¿qué papel juega la mezcla o desmezcla pulsional en los diferentes desenlaces? ¿Cuál es la importancia que debemos conceder al mecanismo de la escisión yoica?

Bibliografía

André, J. (comp.) (1999), *Los estados fronterizos. ¿Nuevo paradigma para el psicoanálisis?* Buenos Aires: Nueva Visión, 2000

Botella, C. y S. (1995), «Sobre el proceso analítico: de lo perceptivo a la cualidad psíquica», *Libro anual del psicoanálisis n.º 1.* Madrid: Biblioteca Nueva, 1998

Fain, M. (1992), «La vie opératoire et les potentialités de nevrose traumatique». *Revúe française de Psychosomatique,* n.º 2/1992. París: PUF, 1992

Franco, Y. (2011), *Más allá del malestar en la cultura.* Buenos Aires: Editorial Biblos, 2011

Freud, S. (1914c), *Introducción del narcisismo.* Obras Completas (OC). Buenos Aires: Amorrortu Editores, 1980, vol. XIV

—. (1914g), *Recordar, repetir y reelaborar.* OC, vol. XIV

—. (1920), *Más allá del principio de placer.* OC, vol. XVIII

—. (1924), *Neurosis y psicosis.* OC, vol. IXX

—. (1926), *Inhibición, síntoma y angustia.* OC

Garma, Á. (1990), *Tratado mayor del psicoanálisis de los sueños.* Madrid: Tecnipublicaciones, 1990

Green, A. (1990), *De locuras privadas.* Buenos Aires: Amorrortu, 1994

—. (1990) *La nueva clínica psicoanalítica y la teoría de Freud.* Buenos Aires: Amorrortu, 1990

Little, M. (1985), *Relato de mi análisis con Winnicott.* Buenos Aires: Lugar Editorial, 1995

Maldavsky, D. (1992), *Teoría y clínica de los procesos tóxicos.* Buenos Aires: Amorrortu, 1992

Marty, P. (1992), *La psicosomática del adulto.* Buenos Aires: Amorrortu, 1992

Sales, L. (2001), «La introducción del narcisismo y sus consecuencias». *Intercambios.Papeles de psicoanálisis* n.º 6, Mayo 2001

—. (2012), «De la estructura perversa al problema de la patología fronteriza». *Intercanvis. Papers de psicoanàlisi* n.º 28, Junio de 2012

Smadja, C. (2005), *La vida operatoria. Estudios psicoanalíticos.* Madrid: Biblioteca Nueva, 2005

www.ingramcontent.com/pod-product-compliance
Lightning Source LLC
Chambersburg PA
CBHW070716280326
41926CB00087B/2388